工程保证担保合同纠纷案例精解

单建国 著

中国建筑工业出版社

图书在版编目（CIP）数据

工程保证担保合同纠纷案例精解/ 单建国著. —北京：中国建筑工业出版社，2019.1
 ISBN 978-7-112-23175-1

Ⅰ.①工… Ⅱ.①单… Ⅲ.①建筑工程—担保—合同纠纷—案例—中国 Ⅳ.①F426.9 ②D923.35

中国版本图书馆CIP数据核字（2019）第007509号

作者结合长期担任专业工程保证担保公司的法律顾问并代理了大量工程保证担保合同纠纷案件的实践经验，精选五个具有代表性的案例，详细介绍案情、诉讼（仲裁）过程、争议焦点及裁判结果；认真分析胜、败的原因，并对存在的问题和不足提出完善和改进的建议；在每个案例后面都附有作者在庭审中发表的代理词。作者希望通过以此"精解"的方式，来全面体现作者代理此类案件的思路、观点和方法，以期能够对相关企业提高风险防范意识和管理水平有所帮助。同时，为方便读者，将与工程保证担保合同纠纷案件相关的常用法律、法规及司法解释附后。

本书面向的读者群体主要为工程保证担保合同的参与者，包括建设工程的发包方、承包方、分包方以及工程保证担保合同的担保方（银行、担保公司）、反担保方等。

责任编辑：刘文昕　刘颖超
责任校对：李美娜

工程保证担保合同纠纷案例精解
单建国　著

*

中国建筑工业出版社出版、发行（北京海淀三里河路9号）
各地新华书店、建筑书店经销
北京点击世代文化传媒有限公司制版
天津翔远印刷有限公司印刷

*

开本：880×1230毫米　1/32　印张：8½　字数：219千字
2019年2月第一版　2019年2月第一次印刷
定价：49.00元
ISBN 978-7-112-23175-1
（33143）

版权所有　翻印必究
如有印装质量问题，可寄本社退换
（邮政编码 100037）

自 序

1999年，笔者因代理一起建设工程施工合同纠纷案件，与刚成立不久的长安保证担保有限公司"结缘"。该公司是中国第一家专业工程保证担保公司，为中国工程保证担保制度的建立和推广做了很多有益的探索、尝试和开创性的工作。正是这一偶然的机遇，让笔者曾经担任该公司法律顾问长达15年之久。

笔者在担任该公司法律顾问期间的主要工作包括：为该公司与工程保证担保有关的经营工作提供法律咨询；参与工程保证担保合同、保函文本等法律文件的起草、修改工作；参与工程保证担保项目的风险评估工作；特别是在此期间，笔者代理了大量的工程保证担保合同纠纷的诉讼及仲裁案件。这一经历让笔者在工程保证担保法律服务领域积累了一定的实践经验。

美国现代实用主义法学的创始人霍姆斯先生有一句名言"法律的生命在于经验，而不在于逻辑"，可见经验在司法实践中的重要作用。

我国虽然不属于判例法系国家，但是，不可否认，生效的判决和仲裁裁决中关于事实认定和法律适用的标准与原则，对今后同类案件的判决和裁决，仍然具有一定的借鉴或指导意义。

在本书中，笔者选择了本人代理的5个已经结案的工程保证担保合同纠纷案例，每一案例都反映出工程保证担保合同纠纷案件中的一些具有代表性的问题。

以"案例精解"作为书名，首先是想在选择案例方面做到"少而精"；其次是想在介绍案件事实经过、争议焦点、庭审过程以及裁判结果时，力求全面、详细；三是在对案例进行点评时，尽量站在客观的立场上，从学理角度去评价裁判结果，认真全面地分析利弊得失，并对当事人存在的问题和不足之处提出完善和改进的建议；四是在每个案例后面都附有笔者的代理词，以此来全面体现笔者办理此类案件的代理思路、观点和方法。

对于专业律师而言，在代理每一个案件时，胜诉都是律师的强烈追求和渴望，但是，败诉的情况也是无法避免的。笔者在本书中并不想回避失败。对于胜诉的案件，可以总结出成功的经验，用以指导今后的工作，这固然很重要。但是，我们常说失败是成功之母，对于败诉的案件，如果能通过分析和总结，"亡羊补牢"，那么也同样具有非常重要的意义。

笔者希望通过这种以案说法的方式，来认真深入地剖析这些案例，"解剖麻雀"，结合相关的法律、法规和司法解释的规定，将胜、败、得、失的原因，都清楚地展现给读者。这样，既达到笔者对多年来代理工程保证担保合同纠纷案件这项工作进行总结的目的，同时也可供包括担保人在内的所有工程保证担保合同的参与者来借鉴或参考。

如果本书能起到抛砖引玉的作用，对与工程保证担保行业相关的企业提高风险防范意识和管理水平有所帮助，笔者将不胜荣幸。

通过担任中国第一家专业工程保证担保公司的法律顾问，让笔者在中国工程保证担保制度刚刚起步阶段就介入到了这个全新的法律服务业务领域，笔者的这一执业经历也是自己的一笔宝贵的财富。值本书出版之际，对长安保证担保有限公司给笔者提供了一个时间跨度长达15年的舞台以及对笔者的信任表示感谢。

今年是笔者执业25周年，本书亦作为笔者执业25周年的系列纪念出版物之一。感谢中国建筑工业出版社能够出版本书。刘文昕编辑为本书的出版做了很多具体工作，特别是对本书的体例、格式及稿件的修改等方面都提出了很好的建议,在此深表谢意。同时感谢罗冬雪律师在本书文字内容的校对方面所做的卓有成效的工作。

因本书精选的5个案例,都是笔者作为担保人或反担保人的代理人办理的案件,因此,本书在案例的选择、解读的角度及观点等方面都不可避免的会带有一定的局限性,且因笔者水平有限,再加之时间仓促,故本书中笔者的观点与意见亦不可避免地会存在错误或不当之处,欢迎读者批评指正。

单建国

2018年6月12日

目 录

1 导言　　1

　1.1 工程保证担保制度概述　　2
　1.2 工程保证担保合同纠纷案件的特征概述　　5
　1.3 工程履约保证担保（预付款保证担保）合同法律关系示意图　　9
　1.4 本书引用法律、法规及司法解释等的简称　　9

2 工程保证担保合同纠纷案例精解　　11

　2.1 因主合同无效导致工程担保合同无效的情况下，担保人的担保责任如何认定？
　　　——工程履约保函与预付款保函的区别　　12
　2.2 保证人向债务人（被保证人）追偿及向反担保人进行索赔的条件
　　　——当事人在担保合同中约定的内容与《担保法》规定发生冲突时如何处理　　42
　2.3 招标人（发包人）未与中标人（承包人）签订施工合同的情况下，担保人出具的履约保函是否生效？
　　　——出具履约保函应注意的问题　　57
　2.4 建设工程施工合同中"阴阳合同"的效力认定
　　　——兼谈仲裁与民事诉讼的区别　　96
　2.5 债权人与债务人之间主合同纠纷的生效仲裁裁决，能否作为债权人向保证人提出预付款保函索赔的依据？

——出具预付款保函应注意的问题 142

3 附录 199

3.1 《中华人民共和国担保法》 200

3.2 《最高人民法院关于适用〈中华人民共和国担保法〉若干问题的解释》 214

3.3 《最高人民法院关于审理独立保函纠纷案件若干问题的规定》 235

3.4 《中华人民共和国物权法》(节录) 242

3.5 《中华人民共和国民法总则》(节录) 254

3.6 《中华人民共和国合同法》(节录) 258

3.7 《中华人民共和国建筑法》(节录) 261

后 记 264

导 言 1

1.1 工程保证担保制度概述

工程保证担保制度起源于美国,至今已经有一百多年的历史,是控制工程建设履约风险的国际惯例。1894年,美国国会通过"赫德法案",要求所有公共工程必须得到保证担保。

工程保证担保是指在工程建设活动中,以保证担保的方式设定的,由保证人向建设工程合同一方当事人(受益人、债权人)提供的,保证合同另一方当事人(被保证人、债务人)履行合同义务的担保行为,在被保证人不履行合同义务时,由保证人代为履行或承担代偿责任。以引入第三方作为保证人的方式,对建设工程中一系列合同的履行进行监督并对被保证人的违约承担相应的保证担保责任,这是一种维护工程建设市场秩序,促使参与工程建设各方守信履约的工程风险管理机制。

在国际工程建设领域,在工程建设施工合同的签订及履行过程中,招标方、发包方、分包方、承包方均普遍会要求提供相应的工程保证担保。

工程保证担保制度在我国起步较晚。据公开信息资料显示:

1996年,国务院颁布了《质量振兴纲要》,强调改变用计划经济手段抓质量的思路,重点解决机制问题,提出建立新型的质量保证监督机制。

1997年11月,建设部(现已改名为"住房和城乡建设部")组织中国建筑业风险管理考察团赴美国访问后认为,借鉴美国工程保证担保,对于推动我国建设工程质量保证监督机制的建立,具有很大的意义。

1998年5月,建设部发出"关于1998年建设事业体制改革工作要点"的文件,明确提出"逐步建立健全工程索赔制度和担保制度";

"在有条件的城市，可以选择一些有条件的建设项目，进行工程、质量保证担保的试点"。

1998年7月，我国第一家专业工程保证担保公司——长安保证担保有限公司正式成立。

1999年2月，国务院办公厅发布《关于加强基础设施工程质量管理的通知》，其中规定："各类合同都要有明确的质量要求、履约担保和违约处罚条款"。

1999年2月，建设部在《关于深化建设市场改革的若干意见》中提出，要将建立以工程保证担保为主要内容的工程风险管理制度作为我国今后改革政府监督管理建设活动方式、以经济手段强化工程质量管理的重要措施。同时指出可以先实行投标保证担保、业主支付保证担保、承包商履约保证担保和质量保证担保等工程保证担保制度。

1999年7月，建设部政策法规司、中国建筑业协会、中国质量万里行杂志社与长安保证担保有限公司联合举行"建立我国工程担保制度高层研讨会"。1999年12月，建设部政策法规司、长安保证担保有限公司、北京经济管理研究培训中心联合举办了为期一周的"建立我国工程保证担保制度第一期高级研修班"。

1999年8月30日第九届全国人民代表大会常务委员会第十一次会议通过，于2000年1月1日开始实施的《招标投标法》中规定："招标文件要求中标人提交履约保证金的，中标人应当提交。"这部法律中提到了履约保证，但没有要求强制性推行，也没有对担保的主体和方式做出明确规定。

2003年5月，国家计委、建设部、铁道部、交通部、信息产业部、水利部和民航总局七部委联合发布《工程建设项目施工招标投标办法》，其中规定"招标人可以在招标文件中要求投标人提交投标保证金，投标保证金除现金外，可以是银行出具的银行保函、保兑支票、银行汇票或现金支票。"还规定"招标文件要求中标人提交履约保证金或其他形式履约担保的，中标人应当提交。"

2004年8月，建设部印发了《关于在房地产开发项目中推行工程建设合同担保的若干规定（试行）》，要求工程建设合同造价在1000万元以上的房地产开发项目，实行业主工程款支付、投标、承包商履约和承包商付款担保。笔者应邀在2014年第十二期《住宅产业》杂志上发表题为《建立和完善工程担保制度的重要举措》一文，对建设部的这一规定进行解读。

2006年12月，建设部下发了《关于在建设工程项目中进一步推行工程担保制度的意见》。该意见中规定，工程建设合同造价在1000万元以上的房地产开发项目（包括新建、改建、扩建的项目），施工单位应当提供以建设单位为受益人的承包商履约担保，建设单位应当提供以施工单位为受益人的业主工程款支付担保。不按照规定提供担保的，地方建设行政主管部门应当要求其改正，并作为不良行为记录记入建设行业信用信息系统。其他工程担保品种除了另有规定外，可以由建设单位、施工单位自行选择实行。除了《关于在房地产开发项目中推行工程建设合同担保的若干规定（试行）》中所规定的投标担保、承包商履约担保、业主工程款支付担保、承包商付款担保等四个担保品种外，各地还应积极鼓励开展符合建筑市场需要的其他类型的工程担保品种，如预付款担保、分包履约担保、保修金担保等。

在建设部等中央政府的主管部门为建立和推广工程保证担保制度而努力实践、探索的同时，地方政府在这方面也做了很多具体工作。

北京市于1999年出台了《关于进一步加强工程招标投标管理的若干规定》和《北京市政府投资建设项目管理暂行规定》，提出"逐步推行发包付款保函制和承包履约保函制，并将其纳入招标程序管理"，这是全国最早以地方行政规章的形式出台的有关工程建设履约担保的规定。深圳市于 2001 年通过《深圳经济特区建设工程施工招标投标条例》，对工程担保做出了强制性规定，这是全国第一个强制推行工程保证制度的地方法规。

经过长期逐步探索、总结和推广，目前，我国已初步建立了工程担保制度。在很多国家重点工程项目，如国家大剧院、广州新白云国际机场、首都博物馆新馆、奥运会主场馆等工程建设项目等都实行了工程担保，在控制工程风险，保证工程质量方面，取得了良好的效果。

工程担保合同的种类比较多，工程担保合同的形式大多以保证人（担保公司、银行）出具的由受益人（债权人）认可的书面担保函的形式出现，但最常见的主要有：投标保函、预付款保函、履约保函、业主支付保函等。

1.2　工程保证担保合同纠纷案件的特征概述

2011 年 2 月 18 日最高人民法院颁布施行的《民事案件案由规定》所规定的合同纠纷案由中，涉及保证担保合同纠纷的案由只有"保证合同纠纷"一类，本书的书名中使用"工程保证担保合同纠纷"的表述只是意在突出其工程保证担保行业的属性，这类案件仍然属于保证合同纠纷案件。

一、工程保证担保合同纠纷案件的常见类型。

国内最常见的工程保证担保合同主要有：投标保证担保合同、预付款保证担保合同、履约保证担保合同、业主支付保证担保合同等。而在工程保证担保合同纠纷案件当中，则以预付款保证担保合同纠纷和履约保证担保合同纠纷这两类案件最为常见。本书选择的案例也都属于这两类案件。根据《担保法》第十六条的规定，保证的方式有两种：一般保证和连带责任保证。在工程保证担保合同中，多数都约定采用连带责任保证方式。

随着工程担保在国内的不断推广和普及，以及"一带一路"建设的推进，有更多的中国建筑施工企业"走出去"到境外承包工程，近年来因履行工程保证担保合同而发生纠纷的案件也呈逐年上升的趋势。

二、工程保证担保合同纠纷案件的特点。

（一）工程保证担保合同的订立及合同组成不同于其他担保合同。

首先，一般是由被保证人（债务人）根据受益人（债权人）的要求或被保证人（债务人）与受益人（债权人）的约定，向担保人申请开具保函；而担保人则是根据被保证人（债务人）提出的申请和提供的基础材料审核出具保函。被保证人（债务人）在取得保函后，将保函交给受益人（债权人），受益人（债权人）认可保函内容后，担保人与受益人（债权人）之间即建立起相应的工程保证担保合同关系。

其次，工程保证担保合同多以书面担保函的形式出现，有的担保函后面还附有更详细的担保条款等。工程保证担保合同的构成文件不仅应包括担保函、担保条款等，还应包括受益人（债权人）和被保证人（债务人）签订的主合同以及招投标文件、中标通知书等被保证人（债务人）向担保人申请出具保函时提交的基础文件，这些都应当是工程保证担保合同不可分割的组成部分。

（二）工程保证担保合同纠纷案件具有很强的专业性。

首先，此类案件不仅涉及担保行业的法律问题，还涉及工程建设行业的专业问题及有关法律问题。因此，代理工程担保合同纠纷案件时，无论担任哪一方当事人的代理人，在客观上都要求律师不仅要能够熟练地掌握和运用担保专业的法律、法规和司法解释，还要了解和掌握一定的工程建设和工程担保行业的专业知识及交易习惯。

比如，在实践中经常遇到这种情况：当事人或其代理人不清楚建设工程行业的工程进度款和预付款在概念及用途方面的区别；不清楚预付款保函和履约保函的概念；分不清两种保函的担保范围和索赔条件，将两种担保范围不同的保函笼统地理解为是同一种性质的保证担保，将两个独立的担保合同关系混淆为一个担保合同法律关系。诸如此类的错误认识，会直接影响到庭审的效果及判决结果。甚至有的承办案件的法官也存在这种情况，以至于造成有些案件出现错判。

在2016年12月1日以前的司法实践中，国内法院基本不认可国内交易中独立保函的法律效力，我国法律和司法解释中也没有关于独立保函的规定。《最高人民法院关于审理独立保函纠纷案件若干问题的规定》已经于2016年12月1日起施行。此后，法院和仲裁机构认可独立保函在国内交易中的法律效力。

值得特别注意的是，对于独立保函纠纷案件的法律适用问题，《独立保函规定》中规定："**当事人主张独立保函适用担保法关于一般保证或连带保证规定的，人民法院不予支持。**"此外，《独立保函规定》和国际商会《见索即付保函统一规则》当中，对于承担担保责任的条件、索赔要求、证据认定的原则等方面的规定，也都与我国《担保法》、《合同法》、《物权法》、《民法总则》、《民事诉讼法》等现行法律规定有不同之处。因此，凡是涉及独立保函纠纷的案件，不论是否适用国际商会《见索即付保函统一规则》，都具有更强的专业性。律师在代理涉及独立保函纠纷的案件时，还需要了解和掌握有关独立保函的相关规定和国际规则及惯例，同时需要进行必要的知识更新。

（三）工程保证担保合同纠纷案件的争议标的金额一般都比较大。

因为建设工程承发包合同的标的金额普遍都比较大，由此也直接造成工程保证担保合同纠纷案件的争议标的金额一般也都比较大。这类案件的判决结果事关当事人的重大利益，因此，律师代理此类案件的责任重大。

（四）工程保证担保合同纠纷案件涉及的当事人主体的法律关系较多，可能涉及的合同纠纷也有多个。

此类案件一般涉及受益人（债权人）、被保证人（债务人）、担保人、反担保人等多个当事人主体。同时还涉及主合同、担保合同、反担保合同等多个合同法律关系。有时，针对一个工程建设项目的承发包合同，还可能存在多个工程保证担保合同。

上述当事人之间可能发生的纠纷案件有：受益人（债权人）与被保证人（债务人）之间的主合同纠纷案件；受益人（债权人）与担保人之间的担保合同纠纷案件；担保人在承担担保责任之后对被保证人（债务人）的追偿、起诉反担保人要求承担反担保责任的案件；反担保人在承担反担保责任后，向被保证人（债务人）进行追偿的案件。

（五）一般情况下，受益人（债权人）向担保人进行索赔时，受益人（债权人）与被保证人（债务人）之间的主合同纠纷的判决书或仲裁裁决书已经发生法律效力，担保人处于被动地位。

根据《最高人民法院关于适用〈中华人民共和国民事诉讼法〉的解释》第九十三条第一款的规定，已为生效判决和仲裁裁决所确认的事实，当事人无需举证。因此，此类案件的受益人（债权人）在向担保人提出索赔之前，为了满足或达到担保函约定的索赔条件，受益人（债权人）往往在担保人不知情的情况下，先行针对主合同纠纷对被保证人（债务人）提起诉讼，在确定被保证人（债务人）责任的判决或裁决生效之后，受益人（债权人）以已生效的判决或裁决作为依据起诉担保人。

而实践中很多受益人（债权人）和被保证人（债务人）之间关于主合同纠纷的已生效的判决或裁决，往往是在担保人不知情或未参与的情况下作出的。所以，此时作为工程保证担保合同纠纷案件被告的担保人会处于被动的地位。但是，《最高人民法院关于适用〈中华人民共和国民事诉讼法〉的解释》第九十三条第二款还规定，对于已为生效判决和仲裁裁决所确认的事实,当事人有相反证据足以推翻的除外。此外,《担保法》第二十条规定:"一般保证和连带责任保证的保证人享有债务人的抗辩权。债务人放弃对债务的抗辩权的,保证人仍有权抗辩。"因此,担保人在这种情况下可以依据保函条款的约定及上述法律规定行使抗辩权。

实践中也有些受益人(债权人)因主合同纠纷起诉被保证人(债务人)时,担保人是知晓的,这种情况下,担保人一般都向法院申请以第三人身份参加诉讼,法院一般也都会裁定准予。

1.3 工程履约保证担保(预付款保证担保)合同法律关系示意图

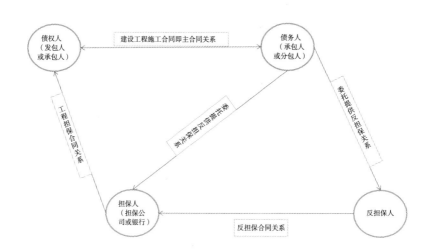

1.4 本书引用法律、法规及司法解释等的简称

1.《中华人民共和国担保法》简称《担保法》

2.《最高人民法院关于适用＜中华人民共和国担保法＞若干问题的解释》简称《担保法解释》

3.《最高人民法院关于审理独立保函纠纷案件若干问题的规定》简称《独立保函规定》

4.《中华人民共和国民法总则》简称《民法总则》

5.《中华人民共和国民法通则》简称《民法通则》

6.《中华人民共和国合同法》简称《合同法》

7.《最高人民法院关于适用＜中华人民共和国合同法＞若干问题的解释（二）》简称《合同法司法解释（二）》

8.《中华人民共和国建筑法》简称《建筑法》

9.《最高人民法院关于审理建设工程施工合同纠纷案件适用法律问题的解释》简称《审理施工合同纠纷案件解释》

10.《中华人民共和国民事诉讼法》简称《民事诉讼法》

11.《最高人民法院关于适用＜中华人民共和国民事诉讼法＞的解释》简称《民诉法解释》

12.《最高人民法院关于民事诉讼证据的若干规定》简称《民事诉讼证据规定》

13.《中华人民共和国仲裁法》简称《仲裁法》

14.《国际商会见索即付保函统一规则（URDG758）》（2010年修订本）简称《见索即付保函统一规则》

15.《中华人民共和国招标投标法》简称《招投标法》

16.《中华人民共和国招标投标法实施条例》简称《招投标法实施条例》

17.《中华人民共和国刑法》简称《刑法》

18.《中华人民共和国公司法》简称《公司法》

工程保证担保合同纠纷案例精解 2

2.1 因主合同无效导致工程担保合同无效的情况下，担保人的担保责任如何认定？
——工程履约保函与预付款保函的区别

2.1.1 案情简介

2009年9月10日，某水利水电有限公司（简称水电公司）通过招投标程序，中标昆明某供水及水源环境管理项目工程（简称清水海项目），并与业主方签订了该项目的建设施工总承包合同即《合同协议书》，中标合同金额为28058879.76元。

同年9月21日，水电公司作为甲方（总包方）与乙方某恒明工程有限公司（分包方，简称恒明公司）签订清水海项目《工序合作协议书》，该协议第二条第一款约定的合作方式为：由甲方组成项目部，乙方作为甲方的施工队伍承担清水海项目的全部施工任务（包括所有中标工程量清单项目和施工过程中发生的合同外项目），同时承担投标期间发生的一切费用。该条第二款约定：乙方必须向甲方提供某担保公司昆明分公司（简称昆明分公司）出具的保证金额为五百万元的履约担保函。该条第三款约定：乙方承担的施工任务按实际与业主结算价款总额向甲方缴纳百分之三的管理费（不含税），业主每一次结算后拨款到项目部账户上后由甲方自行提取。工程的相应税费由乙方承担，所有甲方拨付给乙方的款项由乙方出具相应手续。

水电公司与恒明公司签订《工序合作协议书》之后，经恒明公司提出申请并提供反担保，某担保公司昆明分公司（简称昆明分公司）于2009年11月26日向水电公司出具了《履约保函》，被保证人为恒明公司，保证金额为五百万元，为恒明公司履行除保修条款以外的承包人义务提供履约担保。

该《履约保函》约定：

（一）本保函为不可撤销保函，担保金额为五百万元整，保证方式为一般保证。

（二）保函有效期自签发之日起至2010年11月25日止。

（三）在保函有效期内，若承包人违约，水电公司依法向承包人索偿后，承包人不能支付索赔款，昆明分公司自收到本保函原件及水电公司的索赔通知书及相关证明资料后，经核定在七个工作日内承担保证责任。此外，该《履约保函》中还约定：《履约保证担保条款》是本保函的组成部分，与本保函具有同等法律效力。而《履约保证担保条款》中约定：保函是主合同的从合同。主合同无效，从合同也无效。

在上述《履约保函》保证期间届满（即2010年11月25日）之前，水电公司没有根据这份《履约保函》提出索赔，而是于2010年11月17日，通过恒明公司向昆明分公司出具《续保情况说明》，证明承包人恒明公司在施工过程中一切正常，没有违约，因保函担保期限已到，需要续保。在此前提下，根据恒明公司的申请并落实反担保措施后，在上述《履约保函》担保期限截止时间已到，且水电公司证明恒明公司没有违约，同时水电公司也未向昆明分公司提出索赔的情况下，昆明分公司根据恒明公司的申请，于2010年11月25日向水电公司出具了第二份《履约保函》，保证期间截止至2011年11月24日。其他内容与第一份《履约保函》一致。

此后，2010年12月8日，水电公司通过恒明公司向昆明分公司出具了一份《情况说明》，仍然称"恒明公司工程施工正常，已完成百分之四十工程量没有出现任何违约情况"，"为加快施工进度，业主再向我司（中标单位）拨付伍佰万元的预付款，保函已出具给业主；同时也要求乙方（恒明公司）需向我司出具一份保函金额为伍佰万元，担保期限为一年的公司预付款保函一份。"

经过恒明公司申请并落实反担保措施后，昆明分公司于2010年12月14日出具了一份《预付款保函》，该《预付款保函》主要内容为：

（一）本保函为不可撤销保函，担保金额为伍佰万元，担保金额随承包人在任何月度的工程款付款中所抵扣的金额同步递减。

（二）昆明分公司所提供的保证为一般责任保证。

（三）保函有效期间：自本保函签发之日起至前述合同约定的预付款全额抵扣完毕之日后第30个日历天止，即2011年12月13日止。

在昆明分公司于2010年12月14日出具了上述《预付款保函》之后，水电公司与恒明公司就终止《工序合作协议书》及结算款事宜达成了以下一系列协议。

2011年8月19日水电公司与恒明公司签署《前期工程款结算备忘录（1）》（附工程量结算清单及恒明公司已收款明细），该备忘录载明：

（一）关于结算期限截止时间及结算内容的界定。1.双方定于2011年8月1日将原来的施工队伍撤离，改由水电公司直接施工。为妥善处理双方之间的合作问题，双方同意对2011年8月1日之前的工程量及工程款办理结算，结算截止时间为2011年8月1日。2.对前期工程款的结算，恒明公司同意扣除由水电公司施工队直接完成的施工任务，且不负责该部分工程款的结算。3.由于2011年3月15日之后实际由水电公司对涉案工程予以代管，故工程款结算时应扣除水电公司在代管期间开支的成本费用。

（二）根据前述结算原则，双方认可恒明公司在2011年8月1日前的已完工程量及对应价款为人民币6149521.31元。同时，在结算前期工程价款时应当扣减：1.代管期间水电公司代结恒明公司施工队伍的工程款；2.代管期间水电公司的成本费用；3.代管期间由水电公司购买的原材料，如涉及水电公司拨付给恒明公司施工队伍使用的，则需相应扣减。为此，该备忘录中对于上述结算须扣减的费用明细进一步予以列明并约定另行签署文本予以最终确认。

（三）双方经清理认可，恒明公司已经实际领取的工程款为11801517元，此款包含借支款、预付款及工程款，但未包含业主方要求结算的贷款利息及相应的管理费。

（四）双方同意另行协商结算前期工程的一般性费用及一些需要分摊的费用，并另行签署相关文本。

（五）双方同意恒明公司于2011年8月1日前的债务问题及由水电公司代结的工程款，由双方另行办理结算。

2011年8月19日，恒明公司及保证人邦恒公司、朱某共同签署出具《关于清水海项目的前期工程款结算及工程预付款资金去向的说明、后期继续施工资金保障的说明》，其中载明：恒明公司已经领取工程款11801517元。如解除合作合同，由水电公司接收施工，恒明公司将逐步退还超付工程款，同时，除昆明分公司的担保之外，由邦恒公司和朱某本人对恒明公司应当给付水电公司的超付工程款提供连带责任保证，保障清水海项目顺利完工。

2011年8月23日水电公司与恒明公司签署《前期工程款结算备忘录（2）》（附《主要材料统计表》及《水电公司代支代结费用清单》），载明：

（一）恒明公司外欠材料款462028.46元，所涉材料已全部用于工程，并已纳入前期工程款的结算中，故应从应结工程款中扣除。

（二）代管期间水电公司已经代支代结的款项合计2044138.35元，此款应从恒明公司的应结工程款中相应扣减。

（三）水电公司接收恒明公司因实施项目购买的设备及固定资产的价值，双方协商一致确定为30万元，由水电公司结付给恒明公司。

（四）该备忘录对于恒明公司对外拖欠四家施工队的工程款问题进行核算，并明确所涉工程欠款由恒明公司负责结付。

（五）双方一致同意对前期工程结算涉及的一般性费用分担问题、

业主征地迟延的补偿问题及合理利润分享问题另行协商解决。

2011年8月24日水电公司与恒明公司签署《清水海项目结算备忘录（3）》，载明：

（一）因恒明公司资金断链，导致恒明公司无法继续施工，故水电公司同意恒明公司终止合作关系的请求，从2011年8月1日起全面承接清水海项目后期工程。

（二）在此之前，双方就恒明公司前期工程涉及的下列问题办理了结算：1.恒明公司已领工程预付款及材料款合计11801517元。2.恒明公司已经完成的工程量及对应的价款为6149521.31元（未计税）。3.水电公司在2011年3月15日至同年8月1日期间代结工程款及其他费用合计2044138.35元。4.在工程结算款中应当扣除恒明公司外欠材料款合计462028.46元。5.水电公司接收恒明公司移交的钢板、钢筋、伸缩节价值合计508443.08元。6.水电公司接收恒明公司移交的设备协商定价为30万元。7.应由恒明公司负责结付的外欠施工队伍工程款1551614.56元（暂定）。前述一至六项抵扣之后，恒明公司应付水电公司款项7349719.42元。由于恒明公司的前期应结工程款涉及由水电公司代扣代缴税费问题，双方同意税费暂按3.35%计算，金额为206008.96元。故代缴税后恒明公司仍下欠水电公司款项暂定为7555728.38元，同时，恒明公司承诺，对外欠施工队伍的债务，由恒明公司负责结付，且保证不影响水电公司后期工程的施工。

（三）对双方有争议的疑难结算问题，双方同意按下列方式办理结算：1.根据施工合同及其补充协议，双方确认清水海项目施工合同的一般项目费用总价为2153600元。2.双方同意以一般项目费用总价2153600元的75%与恒明公司办理结算，即水电公司同意向恒明公司结付1615200元。3.对于前期因业主征地原因导致的窝工补偿（截至2011年8月1日前）索赔问题。目前业主未向水电公司结付前期窝工补偿，双方同意在业主向水电公司结算窝工补偿之后，水电公司按业主赔偿金额的70%向恒明公司结付（只计算截至2011年8月1日前的窝工补偿），前述结算款仅作为恒明公司向水电公司的偿债处理。4.对于恒明公司提出的前期投标费用问题、利润分享及工期节点奖励等问题，水电公司提出不予解决，恒明公司表示同意。5.恒明公司希望水电公司在清水海项目的利润中对恒明公司给予的协作予以适当补偿。水电公司提出，若恒明公司积极筹措资金偿还水电公司的债务，确保水电公司后期施工能够顺利推进，且清水海项目工程在竣工结算之后，水电公司的纯利润超过120万元，水电公司愿意将超出120万元的利润全部结付给恒明公司，作为对恒明公司参与清水海项目的补偿，但超额利润与前期征地窝工损失的补偿，并不影响对双方前期债权债务的结算，仅作为恒明公司的偿债手段。6.双方同意本备忘录签署后，恒明公司的前期工程款结算争议就此一次性解决。恒明公司下欠水电公司的债务金额以本条确认的金额为准，即5940528.38元（此金额不包括恒明公司外欠施工队伍的债务金额）。

（四）本备忘录与此前两份结算备忘录具有同等效力，若有冲突，以本备忘录载明内容为准。

需要说明的是，对于上述一系列文件的签署，昆明分公司均既未参与，也不知晓。

在水电公司与恒明公司经协商一致签署上述《备忘录》等文件之后，水电公司即以建设工程施工合同纠纷为由向昆明市中级人民法院起诉恒明公司，并将某担保公司及其下属昆明分公司、保证人邦恒公司及朱某列为共同被告。水电公司主张：恒明公司领取工程款11801517元，而已经完成工程量的价款为6149521.31元，有594万余元的工程款被恒明公司挪作他用。据此，要求判令恒明公司偿还超领的594万余元工程款，要求邦恒公司和朱某个人承担连带保证担保责任，水电公司笼统地依据《履约保函》和《预付款保函》要求某担保公司和昆明分公司承担一般保证担保责任。

在一审过程中，因总包方水电公司与分包方恒明公司均承认双方签署的《工序合作协议书》名为分包实属整体转包协议，因此水电公司与恒明公司之间非法整体转包的事实真相浮出水面。在此前提下，昆明分公司一方提出如下抗辩主张：因主合同《工序合作协议书》属于整体转包，违反《建筑法》、《合同法》的相关规定，属无效协议，所以，根据《担保法》的相关规定，担保合同也属无效合同，昆明分公司不应承担任何担保责任。

本案涉及昆明分公司的争议焦点有三个：一是主合同即《工序合作协议书》是否有效？二是《履约保函》及《预付款保函》是否有效？三是昆明分公司作为担保人是否应承担担保责任？

关于主合同即《工序合作协议书》以及从合同《履约保函》及《预付款保函》是否有效的问题，一审判决认为：根据《中华人民共和国合同法》第五十二条第（五）项规定，有下列情形之一的，合同无效：（五）违反法律、行政法规的强制性规定。第二百七十二条第二款规定，承包人不得将其承包的全部建设工程转包给第三人或者将其承包的全部建设工程肢解以后以分包的名义分别转包给第三人。本案中，根据已经查明的案件事实，即：水电公司在向业主方中标取得涉案工程之后，即将全部工程施工项目交由恒明公司进行施工，同时，恒明公司就涉案工程自负盈亏并在支付约定管理费用的情况下向水电公司收取工程款的情形，能够证实水电公司向恒明公司转包涉案工程的相应事宜。为此，鉴于该转包行为违反法律的强制性规定，依据前述法律规定，所涉转包合同即《工序合作协议书》应属无效。至于《履约保函》及《预付款保函》的效力问题，本案中，《履约保函》及《预付款保函》确立了保证人昆明分公司与债务人（即被保证人）恒明公司以及债权人水电公司之间的担保合同关系，其目的是由昆明分公司对恒明公司向水电公司的履约行为以及预付款的扣还事宜提供担保,故该担保合同应系恒明公司与水电公司所涉建设工程施工合同的从合同,现由于主合同即《工序合作协议书》无效,故从合同《履约保函》及《预付款保函》亦予无效。

关于昆明分公司是否承担一般保证担保责任的问题,一审法院认为:《最高人民法院关于适用<中华人民共和国担保法>若干问题的解释》第八条规定,主合同无效而导致担保合同无效,担保人无过错的,担保人不承担民事责任;担保人有过错的,担保人承担民事责任的部分,不应超过债务人不能清偿部分的三分之一。本案中,根据已经查明的案件事实,担保人昆明分公司在提供担保之初对于水电公司及恒明公司所订主合同的具体内容(即存在工程转包的事宜)应予知晓,故其在明知主合同无效而仍然提供担保的行为已然存在过错。现由于上述担保行为的受益人水电公司客观上存在超付工程预付款不能按约收回(其利益受损)的情况下,依据前述司法解释的规定,昆明分公司仍应对债务人恒明公司不能清偿债务的三分之一承担偿付责任。

一审判决结果为:

一、恒明公司返还水电公司工程款594万余元,并支付自2011年9月27日起至款项付清之日止的利息(利率按同期中国人民银行流动资金贷款利率计);

二、朱某及邦恒公司对恒明公司的前述债务(含本金及利息)承担连带清偿责任;

三、昆明分公司对恒明公司不能清偿其前述债务(含本金及利息)部分的三分之一向水电公司承担支付责任。某担保公司对昆明分公司的上述债务承担连带清偿责任。

2.1.2 二审过程及判决结果

某担保公司不服一审判决提出上诉。上诉理由主要有:

（一）一审判决在未对涉案工程进行造价鉴定的情况下，仅凭水电公司与恒明公司签订的《备忘录》就认定超付工程款等事实，属于认定事实不清。

（二）一审判决对于水电公司与恒明公司恶意串通、骗取担保人提供担保，由此导致担保合同无效的事实没有查明。

（三）昆明分公司在提供担保之前不知晓水电公司及恒明公司所订主合同存在工程转包的事宜，一审判决认定昆明分公司对整体转包事宜应予知晓，毫无根据。某担保公司认为，根据事实和法律规定，昆明分公司没有过错，不应承担担保责任。某担保公司也不应承担任何责任。因此请求二审法院查明相关事实，撤销一审判决第三项。

笔者是在二审开庭前才接受委托，担任上诉人某担保公司的二审代理人参加诉讼。

经过认真研究案情、阅卷等庭前准备工作，笔者认为，一审判决既存在认定事实的错误，又存在适用法律的错误。

在二审法庭调查及法庭辩论过程中，笔者除坚持一审代理人的意见和上诉书的意见之外，还做了一些补充和完善：

第一，昆明分公司是在第一份《履约保函》担保期限届满、水电公司没有提出索赔的情况下，又为水电公司出具了一份《履约保函》和一份《预付款保函》。这两份保函的名称不同、出具的时间不同、有效期截止的时间不同、担保范围也不同，双方之间建立的是履约担保和预付款担保两个不同的担保合同法律关系，一审判决对这两个法律关系的事实没有查明和认定，并未予以区分，而是笼统地、含糊地将两个独立的法律关系合并进行审理和判决，这显然没有查明最基本的法律关系和相关的事实。且一审判决认定应当由恒明公司返还给水电公司的款项是"超付工程款"，而无论是《预付款保函》还是《履约保函》都未对"超付工程款"的返还提供担保，所以，返还"超付工程款"根本不属于两份保函的担保范围。不论保函是否有效，昆明分公司都不应承担担保责任。同时，在《预付款保函》出具之后，水电公司并未实际支付伍佰万元预付款，所以，根本不存在预付款的返还问题。

第二，因为水电公司与恒明公司签订的主合同的名称是"**工序合作协议书**"，而且该协议书的第二条还明确约定："**由甲方（水电公司）组成项目部，乙方（恒明公司）作为甲方的施工队伍**"，在这种情况下，昆明分公司在承保时只能认为水电公司与恒明公司是一种分包性质的劳务合作关系，根本无法判断是整体转包。所以，一审判决认定昆明分公司对于转包事宜应予知晓，由此认定昆明分公司存在过错并承担担保责任，既无任何事实依据和法律依据，又不合常理。

第三，两份保函中都已经明确担保方式属于一般保证担保，根据《担保法》第十七条第二款规定：**一般保证的保证人在主合同纠纷未经审判或仲裁，并就债务人财产强制执行仍不能履行债务前，对债权人可以拒绝承担保证责任**。根据这一规定，一般保证的担保人有先诉抗辩权。一审判决在主合同纠纷未经审判或仲裁，水电公司与恒明公司之间哪一方存在违约行为以及应承担何种责任等一系列具体事宜均未得到生效判决确定的情况下，在根本不存在就债务人财产强制执行仍不能履行债务的前提下，仅凭水电公司与恒明公司之间就终止《工序合作协议书》及结算款事宜达成的约定，就提前判决昆明分公司承担本不应承担的责任，这实际上是剥夺了法律赋予一般保证担保人的先诉抗辩权，显然属于适用法律不当。

水电公司的代理人发表的二审法庭辩论意见认为，只要有《履约保函》和《预付款保函》，就证明昆明分公司提供担保了，而既然提供担保了，就必须承担担保责任。这种似是而非的观点不但没有事实依据和法律依据，而且也不符合逻辑，显然是根本没有正确地理解《履约保函》和《预付款保函》的概念和担保范围，因此，其辩论意见是完全错误的。

二审法院经审理后认为：

第一，本案系水电公司与恒明公司对《工序合作协议书》的履行问题进行协商后，双方决定提前终止合同，并对恒明公司已经领取的工程款、恒明公司完成的工程量和对应价款等问题进行了结算后，水电公司依据双方在协商过程中签订的《备忘录》，要求恒明公司偿还超领取的工程款 5940528.38 元的诉讼，其中并不包含水电公司主张承包人恒明公司违约的索赔内容。但依据昆明分公司出具的《履约保函》第 3 项的约定，即"……若承包人违约，你方依据法律程序向承包人索赔后，承包人不能支付你方索赔款项的，我方自收到本保函原件及你方的索赔通知书及相关证明资料后，经核定在 7 个工作日内承担保证责任。"以及《履约保证担保条款》第三项，即"……被保证人发生违约事故，给受益人造成损失，保证人依据主合同和保函的约定，在保函金额内承担赔付责任和继续采取措施履行主合同……"，水电公司在本案中主张超领工程款款项并不在《履约保函》的担保范围之内，**故昆明分公司无需对本不在无效《履约保函》担保范围之内的超领工程款的退还因过错而承担民事责任**。

第二，2010 年 12 月 8 日水电公司向昆明分公司出具的《情况说明》中载明，"……2010 年 12 月份水电公司已支付恒明公司工程进度款合计 800 万元，预付款合计 300 万元，为加快施工进度，业主再向水电公司（中标单位）拨付伍佰万元的预付款，保函已出具给业主；同时也要求恒明公司向水电公司出具一份保函金额为伍佰万元，担保期限为一年的预付款保函。……"随后，昆明分公司向水电公司出具了有效期间为 2010 年 12 月 14 日至 2011 年 12 月 13 日，担保金额为 500 万元的《预付款保函》，该《预付款保证担保条款》第 3 项约定："在保证期间内，被保证人未按照主合同约定履行扣还工程预付款的义务,给受益人造成损失的,保证人依据主合同和保函的约定,在保函金额内承担保证责任。"故作为受益人的水电公司,应对保证期间内(2010年12月14日至2011年12月13日)是否支付了工程预付款以及支付数额,扣还情况承担举证责任。依据水电公司和恒明公司于2011年8月19日签订的《前期工程款结算备忘录(1)》的附件二《2009、2010、2011年支付恒明公司明细》中记载,恒明公司在保证期间内领取的工程款为185.9万元,并未达到500万元。对于185.9万的工程款中,是否包含工程预付款以及如果包含,那么支付的工程预付款金额是多少,水电公司表示因恒明公司不配合,且恒明公司财务管理混乱而无法查明。本院认为,**尽管昆明分公司就《预付款保函》的无效存在一定过错,但因水电公司无法就保证期间内工程预付款的实际支付数额加以明确,故水电公司将承担举证不能的后果。综上,一审判决未将《履约保函》和《预付款保函》的适用范围加以分别审查、笼统地以保函无效且昆明分公司存在过错而判决昆明分公司承担责任属于事实认定不清,适用法律错误,本院予以纠正。**综上,本院根据《中华人民共和国民事诉讼法》第一百五十三条第一款第(二)、(三)之规定,判决如下:

一、维持云南省昆明市中级人民法院(2011)昆民一初字第140号民事判决第一项和第二项,即"一、恒明公司于本判决生效之日起十五日内返还水电公司工程款5940528.38元,并支付该款自2011年9月27日起至款项付清之日止的利息(利率按同期中国人民银行流动资金贷款利息计)。";"二、朱某及邦恒公司对恒明公司的前述债务(含本金及利息)向水电公司承担连带清偿责任。"

二、撤销云南省昆明市中级人民法院(2011)昆民一初字第140号民事判决第三项,即"昆明分公司对恒明公司不能清偿其前述债务(含本金及利息)部分的三分之一向水电公司承担支付责任。某担保公司对昆明分公司的上述债务承担连带清偿责任。"

三、驳回水电公司的其他诉讼请求。一审案件受理费53384元，由恒明公司、朱某及邦恒公司共同承担。二审案件受理费53384元，由恒明公司、朱某及邦恒公司共同承担。

2.1.3 案例点评

一、根据《担保法》第五条第一款的规定，本案的《预付款保函》和《履约保函》都属于无效合同。

本案是一起典型的以签订建设工程分包合同为名进行建设工程整体转包的案件。因违反了《建筑法》《合同法》等法律的强制性规定，本案的主合同肯定是无效合同。因担保合同是主合同的从合同，根据《担保法》第五条第一款的规定：担保合同是主合同的从合同，主合同无效，担保合同无效。担保合同另有约定的，按照约定。因此，本案的《预付款保函》及《履约保函》均属无效。

二、根据《担保法》及《担保法解释》的规定，担保人在担保合同无效的情形下仍然有可能承担一定的民事责任。

《担保法》第五条第二款规定：**担保合同被确认无效后，债务人、担保人、债权人有过错的，应当根据其过错各自承担相应的民事责任。**

根据上述法律规定，在担保合同无效的情况下，担保人并非一定不承担民事责任，而是仍然有可能要承担民事责任。担保人是否承担民事责任，要根据担保人是否存在过错而定。《担保法解释》第八条规定：主合同无效而导致担保合同无效，担保人无过错的，担保人不承担民事责任；担保人有过错的，担保人承担民事责任的部分，不应超过债务人不能清偿部分的三分之一。

根据上述司法解释的规定，本案中昆明分公司在担保合同无效的情形下是否应承担一定的民事责任，取决于昆明分公司在出具保函时是否有过错。

本案昆明分公司在一审之所以败诉，主要是一审法院在认定事实和适用法律方面存在错误所致，但另一方面也与昆明分公司在主合同无效导致担保合同无效的情况下，对判决结果的预期过于乐观、庭审抗辩准备不充分、抗辩理由不充分等有一定的关系。

三、本案昆明分公司是否有过错？是否应承担责任？

一审判决认定：**昆明分公司在提供担保之初对于水电公司及恒明公司所订主合同的具体内容（即存在工程转包的事宜）应予知晓，故其在明知主合同无效而仍然提供担保的行为已然存在过错。**二审判决也以同样理由认为昆明分公司有过错。

笔者认为，根据本案事实，不能认定昆明分公司是明知主合同无效而仍然提供担保。因为任何以分包名义进行非法整体转包的行为，为了逃避政府主管部门的监管，都是私下秘密进行的，都会进行一定的"伪装"，具有一定的隐蔽性。本案《工序合作协议书》第二条第一款约定的合作方式为：**由甲方（水电公司）组成项目部，乙方（恒明公司）作为甲方的施工队伍承担清水海项目的全部施工任务（包括所有中标工程量清单项目和施工过程中发生的合同外项目），同时承担投标期间发生的一切费用。**因为这里约定由**水电公司组成项目部，"乙方作为甲方的施工队伍"**，这就会给担保人造成一种仍然是由水电公司实际进行工程建设施工、恒明公司只是提供劳务队伍的假象和误解。在本案两审诉讼当中，是因为水电公司和恒明公司双方都主动承认是整体转包，才使这一整体转包的事实得以客观认定。否则，如果水电公司和恒明公司都以各种借口否认整体转包的事实，即便是作为国家审判机关的法院也很难认定是整体转包。因此，不能苛求昆明分公司在出具保函之前能够准确辨别是分包还是整体转包。两审判决因此认定昆明分公司存在过错，显然没有事实依据，过于草率。

笔者坚持认为本案中昆明分公司没有过错。退一步讲，即便昆明分公司存在这一过错，与一审判决认定的所谓**水电公司"客观上**

存在超付工程预付款不能按约收回（其利益受损）"之间也不存在因果关系。

一审判决认定昆明分公司有过错并承担担保责任，显然是认定事实和适用法律的严重错误。虽然二审判决撤销了一审判决第三项，纠正了一审判决的错误，二审判决结果是公正的，但是，二审判决仍然认定昆明分公司存在过错，这一认定也同样很令人遗憾。

四、《履约保函》与《预付款保函》是工程担保行业两种不同性质的担保函，不可混淆。

履约保函与预付款保函属于工程担保行业最常见的两种保函，两种保函的概念不同，担保范围、担保期限、索赔的条件也均不相同。因此，履约保函与预付款保函是两种相互独立的、不同性质的保函，这是工程担保行业的基本常识。

一审判决在认定事实方面的主要错误还在于混淆了本案涉及的《履约保函》与《预付款保函》的概念和担保范围。

履约保证担保保函是承包方在与发包方签订施工合同时向发包方提交的第三方出具的担保函，担保范围是保证承包方按照合同约定全面和实际地履行其合同义务。如果承包方违约，担保人承担相应的担保责任。实践中，承包方与分包方签订分包合同时，也要求分包方出具履约保函，本案即属于此种情形。

支付预付款是建设工程行业的通常做法。《合同法司法解释（二）》第七条规定：下列情形，不违反法律、行政法规强制性规定的，人民法院可以认定为合同法所称"交易习惯"：（一）在交易行为当地或者某一领域、某一行业通常采用，并为交易对方订立合同时所知道或者应当知道的做法；（二）当事人双方经常使用的习惯做法。因此，支付预付款应当属于建设工程行业的交易习惯。预付款的性质不等同于工程款，需要最终抵扣为工程款或返还。《预付款保函》则是在发包方向承包方预先支付一定数额的款项以供承包方使用时，要求承包方提供的第三方出具的担保函,担保范围是对承包方(或分包方)履行正常使用及返还预付款义务的保证。如果出现预付款被挪作他用等情形,则担保人承担相应的担保责任。实践中,承包方与分包方签订分包合同,需要支付预付款时,也要求分包方出具《预付款保函》,本案即属于此种情形。

本案涉及的《履约保函》与《预付款保函》当中都明确约定了各自的担保范围和担保期限,昆明分公司与水电公司依据这两份保函建立起来的是两个独立的担保合同关系,而不是同一个担保合同关系。

二审判决认为,依据《履约保函》第三项及《履约保证担保条款》第三项的约定,水电公司在本案中主张恒明公司返还超领工程款项并不在《履约保函》的担保范围之内,故昆明分公司无需对超领工程款的退还因过错而承担民事责任。而对于《预付款保函》的责任承担问题,二审判决认为,恒明公司在保证期间内领取的工程款为185.9万元,并未达到500万元(注:《预付款保函》的担保金额为500万元)。对于185.9万元的工程款中,是否包含工程预付款以及具体数额,水电公司表示无法查明,故水电公司承担举证不能的后果。二审判决的上述观点都是正确的。

实践中,工程担保合同纠纷案件中最为常见的就是《预付款保函》担保合同纠纷和《履约保函》担保合同纠纷。在这类工程担保合同纠纷案件中,律师无论担任哪一方当事人的代理人,都不仅要熟练掌握《合同法》、《担保法》、《建筑法》及相关司法解释的规定,同时还要了解、掌握建设工程及工程担保行业的常识和交易习惯。律师不仅自己要熟悉《预付款保函》和《履约保函》的概念和特征,还要能够在庭审答辩、举证质证及辩论过程中,把《预付款保函》和《履约保函》的概念和特征清晰地表达出来,以达到影响和说服法官的目的。

一审判决将两份担保范围不同的保函笼统地按照一个担保合同关系来查明和认定，显然对关键事实没有查明，判决结果必然出现错误，这是一审判决第三项被撤销的根本原因。

五、一般保证担保的保证人有先诉抗辩权，但两审判决中都未涉及这一问题。

涉案的两份保函中都明确约定担保方式属于一般保证担保，根据《担保法》第十七条第二款的规定，**一般保证的保证人在主合同纠纷未经审判或仲裁，并就债务人财产强制执行仍不能履行债务前，对债权人可以拒绝承担保证责任**。这就是法律赋予一般保证担保的担保人的先诉抗辩权。简单地说，就是债权人和债务人之间的主合同纠纷未经诉讼和强制执行，债权人无权要求一般保证担保的担保人承担担保责任。

本案在主合同未经审判或仲裁，未对债务人财产强制执行的情况下，水电公司根本无权起诉昆明分公司。

同时，水电公司与恒明公司之间经友好协商所达成的一系列《备忘录》中确定的恒明公司应返还工程款的数额，也不能作为水电公司向担保人主张权利的依据。因为昆明分公司所出具的两份保函所对应的主合同都是《工序合作协议书》，而非《备忘录》。也就是说昆明分公司是为恒明公司履行《工序合作协议书》的履约义务及预付款的使用和返还义务而提供的《履约保函》和《预付款保函》，昆明分公司并未针对《备忘录》确定的恒明公司的还债义务提供任何担保。朱某和邦恒公司才是《备忘录》确定的恒明公司的还债义务的担保人。

水电公司与恒明公司是在没有知会昆明分公司的情况下，擅自解除的主合同，并自行协商确定了恒明公司的欠债数额和还债义务，水电公司没有任何事实依据和法律依据要求担保人昆明分公司为水电公司与恒明公司新设立的债权债务关系承担任何担保责任。

实践中，如果任凭债权人和债务人通过友好协商方式确定债务人的责任后，由债权人向担保人主张权利，那么造成的结果就将是：担保人的责任不是依据事实和法律来确定，而是由债权人和债务人协商确定，这显然是荒谬的。这样不仅违背《担保法》的基本原理，而且此种情况下担保人承担的将不仅是商业风险，更主要的可能是道德风险。

一审判决忽视了《担保法》关于先诉抗辩权的规定，提前判决昆明分公司承担一般保证担保责任，显然属于适用法律的严重错误。二审判决虽然纠正了一审判决存在的其他部分错误，但是二审判决中却未涉及一般保证的保证人有先诉抗辩权的内容，也是一种缺憾。

六、水电公司和恒明公司是否存在用民事欺诈手段骗取保函的行为？

《担保法》第三十条规定：有下列情形之一的，保证人不承担民事责任：

（一）主合同当事人双方串通，骗取保证人提供保证的；

（二）主合同债权人采取欺诈、胁迫等手段，使保证人在违背真实意思的情况下提供保证的。

笔者认为：根据本案事实可见，为了能够让昆明分公司接受恒明公司的申请而出具保函，在昆明分公司出具诉争的《履约保函》和《预付款保函》之前，水电公司分别出具了《续保情况说明》和《情况说明》，并由恒明公司在申请出具保函时将这两份说明材料交给昆明分公司，声称恒明公司施工正常、没有违约。正因如此，昆明分公司才出具了《履约保函》和《预付款保函》。而水电公司在诉讼中却改称恒明公司领取了大量的预付款，却无力支付工程款、致使清水海项目处于瘫痪状态。这一事实足以证明，在昆明分公司出具保函之前，水电公司与恒明公司存在故意隐瞒事实真相的行为，由此导致昆明分公司在未能了解事实真相、违背自己真实意思表示的情况下出具了保函,由此也导致担保合同无效。2011年8月19日以后,在担保人昆明分公司毫不知情的情况下,水电公司与恒明公司经过协商一致签署了《前期工程款结算备忘录(1)》《前期工程款结算备忘录(2)》、《清水海项目结算备忘录(3)》等一系列文件。特别是于2011年8月24日,水电公司与恒明公司签署《清水海项目结算备忘录(3)》,双方通过友好协商的方式确定"恒明公司下欠水电公司的债务金额为5940528.38元"之后,水电公司随即提起诉讼,并且将某担保公司和其下属昆明分公司列为共同被告,要求承担一般保证担保责任。这一事实既能反映出水电公司和恒明公司的主观心理状态,也能够印证水电公司与恒明公司在昆明分公司出具保函之前,存在故意隐瞒事实真相的行为。笔者认为,应当认定水电公司和恒明公司存在民事欺诈行为。所以说涉案担保合同无效、昆明分公司不承担担保责任的理由应当有两个:一是主合同无效;二是水电公司与恒明公司存在用欺诈手段骗取保函的行为。

需要说明的是,虽然二审判决纠正了一审判决的错误,判决昆明分公司不承担责任,但二审判决并未认定水电公司与恒明公司存在用欺诈手段骗取保函的行为,也未说明理由。笔者分析认为,究其原因,有可能是二审判决认为根据本案事实和具体情节,尚不足以证明水电公司与恒明公司存在用欺诈手段骗取保函的行为。

七、问题与建议

第一,在主合同无效导致担保合同无效的情况下,担保人不能掉以轻心,在诉讼中必须要有正确的应诉方案,因为此时担保人如果存在过错,仍然有可能被判决承担一定的责任。

第二,担保公司在出具保函之前必须要认真审查主合同是否合法有效。如果发现主合同有效力存疑或涉嫌违法的情形,必须要求保函申请人(债务人)出具相应的澄清和合理的解释说明或承诺;否则,不应出具保函。本案昆明分公司虽然最终二审胜诉,但是，两审法院都认定昆明分公司对担保合同无效存在过错，可谓涉险过关。

第三，值得注意的是，涉案的两份保函当中都明确约定担保方式为一般保证；但是，两份保函当中又都承诺在收到水电公司的索赔通知等文件后，经核定，承担保证责任。这样的约定存在前后不一致之处，约定的保证方式是一般保证，而承担担保责任的方式实际上约定的却是连带责任保证。

保函中约定的内容必须要非常明确，如果约定不明确，在理解上容易产生歧义，而当发生争议时，则有可能成为不确定的因素而增加风险，影响权利的实现。这一点应当引起工程保证担保合同各方当事人的注意。

第四，担保公司应当在保函当中对担保范围做出特别明确的约定。不仅要自己明白保函中约定的担保范围的具体含义，还要让他人能正确理解，特别是要考虑到一旦因履行担保合同发生纠纷形成诉讼时，要让承办案件的法官能够正确的理解保函中约定的担保范围的具体含义。同时，保函中对担保范围的约定内容及其他条款，都必须意思非常明确且不能产生歧义，因为一旦保函条款的意思不明确或理解上产生歧义，在诉讼当中就可能被对方利用。

本案二审法院正是因为认定水电公司"主张超领工程款并不在《履约保函》的担保范围之内"，才判决昆明分公司"无需对本不在无效《履约保函》担保范围之内的超领工程款的退还因过错而承担民事责任"。可见明确约定担保范围的重要性。笔者作为某担保公司的二审代理人，本案的成功代理，同样值得很好的总结。律师在开庭之前必须要认真地做好庭前准备工作，吃透案情，"做足功课"，这样才能发现问题，才能在法庭上应对自如，游刃有余。

笔者是从二审开庭前才匆忙接手本案的，正是因为在二审的两次庭审中，凭借在建设工程和工程担保方面的专业知识和经验的优势，抓住了一审判决中在认定事实方面存在的错误，才使昆明分公司一方在整个庭审过程中一直占据主动，最终反败为胜。

本案虽然担保公司一方胜诉了，但是，二审判决中对有关事实的认定仍然存在一些问题，因此，并不完美。

2.1.4 二审代理词

2.1.4-1 代理词（二审第一次开庭）

审判长、审判员：

北京市建孚律师事务所接受本案上诉人某担保公司的委托，指派我担任上诉人某担保公司的代理人参加诉讼。对于担保公司及其下属的昆明分公司（简称昆明分公司）一审代理人的代理意见我仍然坚持，同时，根据事实和法律补充发表以下代理意见：

一、一审判决认定事实不清

一审判决没有查明被上诉人水电公司和恒明公司恶意串通、采取欺诈手段合谋骗取昆明分公司《履约保函》和《预付款保函》的事实，没有查明恒明公司与水电公司履行主合同完成工程量的实际情况、付款时间及数额、欠款数额等一系列具体事实。

（一）昆明分公司于2009年11月26日出具了一份被保证人为恒明公司、受益人为水电公司的担保金额为500万元的《履约保函》，这份《履约保函》的有效期间自签发之日起至2010年11月25日止。

根据各方当事人提供的证据和一审当庭的陈述可以证实，在这份保函的有效期间之内，恒明公司按照主合同约定进行施工，水电公司没有针对这份《履约保函》向上诉人或昆明分公司提出任何形式的索赔，也没有对恒明公司提起诉讼或仲裁。对于这份保函，水电公司已经丧失了索赔权。对于这一重要事实，一审判决没有查明，没有做出客观的认定。

（二）在上述保函有效期满之后，根据水电公司2010年11月17

日为昆明分公司出具的《续保情况说明》，昆明分公司根据水电公司2010年11月17日为昆明分公司出具的《续保情况说明》，于2010年11月25日向水电公司出具了担保期限为一年、担保金额为500万元的《履约保函》，这份保函是在水电公司出具《续保情况说明》的前提条件下，昆明分公司才出具的，如果没有水电公司出具的《续保情况说明》，昆明分公司是不会出具第二份《履约保函》的。对于这一事实，一审判决没有查明和客观认定。

水电公司在这份《续保情况说明》中明确写道："目前乙方施工正常，没有出现违约情况"。然而，水电公司在起诉书中却写道："恒明公司已经从原告处领取了大量的预付款，却无力支付工程款，导致清水海项目处于瘫痪状态。"水电公司在起诉书中的说法与《续保情况说明》中的说法截然相反。据此足以认定水电公司采取了欺骗的手段，骗取了昆明分公司的《履约保函》。昆明分公司出具这份《履约保函》是在受到欺骗以后、在违背自己真实意思表示的情况下出具的。对于水电公司采取欺诈手段骗取保函这一事实，一审判决也没有做出正确地查明和客观地认定。

（三）昆明分公司于2010年12月14日向水电公司出具了一份担保期限为一年，担保金额为500万元的《预付款保函》，在此之前，水电公司于2010年12月8日为昆明分公司出具了《情况说明》，从时间上也可以看出，水电公司出具《情况说明》在先，昆明分公司出具这份《预付款保函》在后，水电公司出具的《情况说明》是昆明分公司出具《预付款保函》的前提条件。对于这一事实，一审法院没有做出正确的查明和客观的认定。

水电公司在《情况说明》中明确写道："目前乙方施工正常，已完成40%工程量，没有出现任何违约情况。"而在起诉书中，水电公司却是这样写的："发现恒明公司已经领取的预付款就达到11801517元，而恒明公司所做的工程价款仅为6149521.3元。"工程的合同价款为 28058879.76 元，如果按照起诉书中所称的完成工程价款 6149521.3 元计算，到起诉时为止也仅仅完成了 21.9% 的工程量，然而水电公司于 2010 年 12 月 8 日为昆明分公司出具的《情况说明》中却说"目前乙方施工正常，已完成 40% 工程量，没有出现任何违约情况。"由此可见，水电公司是采取欺骗的手段骗取了昆明分公司的《预付款保函》。昆明分公司出具这份《预付款保函》也是在受到欺骗以后、在违背自己真实意思表示的情况下出具的。对于这一事实一审判决也没有正确地查明和客观地认定。

根据《情况说明》中的内容可以认定，截至 2010 年 12 月的已付款为 1100 万元，起诉书中称已支付款项为 11801517 元，由此可以断定：在昆明分公司出具《预付款保函》后，水电公司根本没有支付 500 万元预付款，所以，仅此一点，水电公司就无权据此保函提出预付款索赔。对于这一事实，一审判决也没有正确查明和客观认定。

（四）水电公司出具《情况说明》和《续保情况说明》骗取昆明分公司出具了《预付款保函》和《履约保函》，水电公司的这一欺骗行为是和恒明公司一起共同实施的，其双方属于恶意串通。因为恒明公司是被保证人，《情况说明》和《续保情况说明》是由水电公司加盖公章之后，由恒明公司交给昆明分公司的。由此可以断定，恒明公司完全知晓并实际参与了这一欺骗行为，事实完全可以证明恒明公司与水电公司恶意串通、共同骗取昆明分公司出具《预付款保函》和《履约保函》，其目的就是骗取昆明分公司的赔款。对于这一关键事实，一审法院没有查明。

（五）对于恒明公司已经实际完成的工程量以及水电公司的付款时间、数额等，一审法院都没有查明。

既然恒明公司与水电公司为了达到损害昆明分公司的利益、骗取赔款的目的，骗取了昆明分公司的保函，那么，也完全有可能再次恶意串通、伪造账目、虚构事实、编造数据，最终骗取担保人的赔款。在上诉人担保公司和昆明分公司在一审诉讼中均对完成工程量和欠款数额提出异议之后,在未进行竣工结算的情况下,一审法院仅仅凭恒明公司与水电公司之间的几份存在诸多疑点的《备忘录》就认定已完成工程量和欠款数额,显然过于草率,且没有事实依据。

(六)一审判决对水电公司与恒明公司已经从2011年8月1日起协议终止主合同的履行、主合同的权利义务已经归于水电公司一方这一事实没有查明。

(七)昆明分公司出具的《预付款保函》和《履约保函》是为恒明公司履行主合同相关义务提供的担保,而邦恒公司、朱某为恒明公司提供的担保则是在主合同终止之后,为恒明公司履行主合同终止之后的付款义务而提供的担保。昆明分公司所提供的担保与邦恒公司、朱某提供的担保不是基于同一个主合同提供的担保,是两个完全独立的担保合同,不是同一法律关系,没有任何关联。对于主合同终止之后恒明公司的付款义务,昆明分公司没有提供担保。一审判决对这两种担保法律关系予以混淆,没有查明。

(八)昆明分公司向水电公司出具了一份《履约保函》和一份《预付款保函》,我们暂且不提主合同及担保合同的效力问题,这两份保函出具的时间不同、有效期截止的时间也不同、担保的内容不同,双方之间建立起的是履约担保和预付款担保两个担保合同法律关系,一审判决中对这两个法律关系的事实没有查明和认定,并未予以区分,而是笼统的、含糊不清的将两个独立的法律关系合并进行审理和判决,这显然没有搞清楚最基本的法律关系以及相关的事实。

二、一审判决适用法律不当

一审判决认定主合同无效,上诉人和昆明分公司同意。但是,一审法院认定昆明分公司承担债务人恒明公司不能清偿债务部分的三分之一的责任,并判决担保公司承担连带责任,这一判决没有法律依据。

一审法院根据《合同法》第五十二条第（五）项、第二百七十二条第二款，认定本案所涉及的主合同属于非法转包而无效，同时在认定了担保合同无效之后，又根据最高人民法院关于适用《担保法解释》第八条的规定，认定昆明分公司有过错而承担三分之一的责任。

代理人认为，一审判决在此适用法律存在严重错误。理由如下：

第一，在水电公司和恒明公司恶意串通、共同采取欺诈手段合谋骗取昆明分公司出具保函的情况下，昆明分公司是在违背自己真实意思表示的情况下出具的保函，属于上当受骗，如果让上当受骗一方向欺诈行为的实施者承担三分之一的责任，则属于对法律和司法解释的完全错误理解，颠倒了是非与黑白，同时也违背法律本身应当具有的公平正义的价值取向，这样的判决没有法律依据，没有公平正义可言。

第二，本案的担保合同无效的原因应当有两个：一是根据《担保法》第五条的规定，因为非法转包导致主合同无效，进而导致担保合同无效；二是因为水电公司和恒明公司恶意串通，采取了欺诈手段合谋欺骗了昆明分公司，昆明分公司是在违背自己真实意思表示的情况下出具的保函，根据《民法通则》第五十八条第（三）项的规定：因为恒明公司和水电公司以欺诈的手段，使昆明分公司在违背真实意思表示的情况下出具了保函，所以，这两份保函都无效。

也就是说，即使不存在非法转包的问题，仅仅因为存在一个恶意串通、骗取保函的问题，这两份保函也是无效的，昆明分公司也不应承担任何责任。而本案的事实是水电公司存在两个民事违法行为，而且情节都特别严重，既有恶意串通骗取保函的问题又有非法转包的问题，而且恒明公司还没有相应的施工资质，在这种情况下水电公司和恒明公司应承担的民事责任应当比只有一个恶意串通骗取保函的行为所应承担的民事责任只能更重而不应减轻，一审判决让昆明分公司承担三分之一的责任，实际上是减轻了水电公司和恒明公司应承担的民事责任,由此判决可以推导出:"违法情节越重而民事责任越轻"这样的谬论。

因为水电公司和恒明公司既有恶意串通骗取保函的行为,又有非法转包的严重民事违法问题,一审判决不能简单、草率的适用最高人民法院关于适用《担保法解释》第八条的规定。而且该规定的原文是:担保人有过错的,担保人承担民事责任的部分,不应超过债务人不能清偿部分的三分之一。也就是说,即使担保人有过错,对于担保人的责任也要视情节轻重酌情裁量,最高不能超过债务人不能清偿部分的三分之一。结合本案事实,对于本案的担保人不应适用这条规定。

因为水电公司与恒明公司签订的主合同的名称是"工序合作协议书",而且协议书的第二条还明确约定:"由甲方(水电公司)组成项目部,乙方(恒明公司)作为甲方的施工队伍",在这种情况下,昆明分公司在承保时只能认为水电公司与恒明公司是一种劳务合作或其他合作关系,根本无法判断是整体转包。事实上很多转包行为人为了规避主管部门的监管和法律制裁,在合同内容上都绞尽脑汁,让专业的主管机构都无法看出是转包。所以,一审判决认定昆明分公司对于转包事宜应予知晓,由此认定昆明分公司存在过错,既无任何事实依据和法律依据,也毫无道理。

综上,一审判决在此适用法律存在严重错误。

第三,本案在任何情况下,昆明分公司对于2010年12月8日之前恒明公司的违约行为都不应当承担任何担保责任。

(1)主合同无效,担保合同无效,担保人没有过错,不承担担保责任。

(2)履约保证担保条款和预付款保证担保条款的第五条中都有明确的约定:"受益人和被保证人采取欺诈、胁迫等手段或恶意串通,使保证人违背真实意思情况下提供保证的,保证人不承担责任。"保函条款是保函的组成部分,这是双方的明确约定。根据这条约定,因受益人和被保证人有恶意串通及欺诈行为,保证人的保证责任应当免除。

(3)即使主合同有效,不存在恶意串通骗取保函的行为,那么,水电公司于2010年12月8日为昆明分公司出具的《情况说明》中明确写道:"目前乙方施工正常,已完成40%工程量,没有出现任何违约情况。"所以,担保人据此也不应承担2010年12月8日之前的任何担保责任。

(4)两份保函中都已经明确担保方式属于一般保证担保,根据《担保法》第十七条第二款的规定,一般保证的保证人在主合同纠纷未经审判或仲裁,并就债务人财产强制执行仍不能履行债务前,对债权人可以拒绝承担保证责任。

根据这一规定,即使本案不存在主合同无效导致担保合同无效以及因恶意串通骗取保函而导致担保合同无效的问题,即使担保人应当承担责任,那么也应当在主合同经审判或仲裁,并就债务人财产强制执行仍不能履行债务以后,水电公司才能有权向昆明分公司主张权利,而一审判决在因非法转包和恶意串通骗取保函的双重原因导致担保合同无效,且本案的基本事实都未查明的情况下,却提前判决昆明分公司承担本不应承担的责任,这显然属于有法不依甚至就是枉法裁判。

一审判决认定担保人承担恒明公司不能清偿部分三分之一的清偿责任,没有任何事实依据和法律依据,纯属适用法律的严重错误。

第四,一审判决不仅混淆了预付款担保合同和履约担保合同这两种法律关系,还混淆了昆明分公司是为恒明公司履行主合同提供的相关担保与邦恒公司和朱某是为恒明公司履行主合同终止之后的债务给付提供的担保这两个法律关系。其判决第二项是由邦恒公司和朱某对恒明公司的前述债务承担连带清偿责任,而第三项则判决昆明分公司对恒明公司不能清偿部分(含本金及利息)的三分之一承担支付责任,这一判决不仅没有搞清法律关系,没有事实依据和法律依据,而且从逻辑上也是完全混乱的。特别是判决担保人对不能清偿的利息承担支付责任,这更没有任何事实依据和法律依据。

本代理人认为,本案的基本事实没有查明,同时,因为水电公司和恒明公司存在非法转包和恶意串通骗取保函行为的双重原因导致担保合同无效,且担保人昆明分公司没有任何过错,不应承担任何民事责任。一审判决认定事实不清,适用法律不当,应当予以撤销。

以上意见恳请二审合议庭予以采纳。

此致

云南省高级人民法院

2012年9月11日

2.1.4-2 补充代理意见（第二次开庭）

审判长、审判员：

在前一次开庭时,我已经发表了详细的代理意见,本次开庭作如下补充：

一、本案被上诉人即一审原告水电公司所提起的诉讼,其实质是其与恒明公司之间的债务纠纷之诉而非施工合同纠纷之诉,上诉人及下属的昆明分公司并未为其双方之间的债务关系提供担保,所以,上诉人及下属的昆明分公司不应承担担保责任。

根据水电公司的起诉书以及其提交的证据和庭审陈述可见：水电公司与恒明公司都确认他们之间为解决《昆明清水海工程工序合作协议书》的善后事宜已经达成协议,双方之间已经确立了新的债权债务关系,而且邦恒公司、朱某作为恒明公司向水电公司支付该笔债务的保证人已经分别在相关文件上签字盖章。

我方在上次开庭时已经提出水电公司和恒明公司存在恶意串通,采用欺诈手段骗取我方出具保函的主张,我方认为,水电公司与恒明公司签署的所谓解除工序合作协议书、对账、形成新的债权债务关系等一系列行为也都存在恶意串通之嫌,其最终目的就是骗取我方承担保证责任。但是,根据《保函条款》的约定:受益人和被保证人采取欺诈、胁迫等手段或恶意串通,使保证人在违背真实意思情况下提供保证的,保证人不承担保证责任。退一步讲,即便水电公司与恒明公司签署的所谓解除工序合作协议书、对账、形成新的债权债务关系等一系列行为都是真实有效的,我方也不能承担保证担保责任。因为,水电公司与恒明公司之间因《昆明清水海工程工序合作协议书》而产生的施工合同关系已经不存在,其双方之间已经形成了新的债权债务关系,上诉人及下属的昆明分公司从未对水电公司与恒明公司双方之间的这一新的债务关系提供过任何形式的担保,所以,从这一点来说,上诉人及下属的昆明分公司在本案中不应承担担保责任。

二、担保合同对应的主合同虽然不是前面所述的债权债务合同,但主合同具体是什么并不明确。所以,上诉人及下属的昆明分公司在本案中不应承担担保责任。

上诉人及下属的昆明分公司先后出具过两份《履约保函》和一份《预付款保函》,这三份保函中都提到:恒明公司中标、招标文件要求其出具保函,以及"为其履行施工承包合同(或《建设工程施工合同》)中约定的"义务。而事实上,到今天为止,水电公司与恒明公司双方都未出示过恒明公司的中标通知书及招标文件,也未出示过施工合同,所以,我方出具的保函所对应的主合同实际上是不存在的。特别是三份保函所对应的《保函条款》《委托保证担保合同》中都提及保函的主合同是《建设工程施工合同》,而实际上不存在这份合同。

从上述事实可以看出,上诉人及下属的昆明分公司没有因水电公司与恒明公司之间的债权债务关系为恒明公司提供担保,不应承担该担保责任。同时，保函中约定的施工合同（或《建设工程施工合同》）并不存在；《委托保证担保合同》中约定的《建设工程施工合同》也未签订；所谓的工序合作协议书是因非法转包而无效的合同，所以，上诉人及下属的昆明分公司在本案中不应承担任何担保责任。

三、重申我方观点：

（一）2009年11月26日出具的《履约保函》的有效期截止时间是2010年11月25日，在此之前水电公司并未向恒明公司或担保人提出任何形式的索赔；相反，水电公司出具的《情况说明》中已经认定恒明公司不存在违约行为，所以，水电公司无权依据该保函向我方主张任何权利。

（二）2010年11月25日出具的《履约保函》是在水电公司出具了《续保情况说明》的前提下出具的，该说明中明确写道："目前乙方工程施工正常，没有出现违约情况。"而原告在起诉书中以及庭审中的说法与此截然相反，足以证明水电公司和恒明公司采用了欺诈手段骗取了上诉人下属昆明分公司的保函，根据《保函条款》的约定："受益人和被保证人采取欺诈、胁迫等手段或恶意串通，使保证人在违背真实意思情况下提供保证的，保证人不承担保证责任。"

（三）2010年12月14日出具的《预付款保函》是在水电公司和恒明公司出具了《情况说明》的前提下出具的，该说明中明确：施工正常，完成40%工程量，没有出现违约情况，为支付500万元预付款而需要恒明公司出具预付款保函一份。首先，根据《保函条款》的约定：受益人和被保证人采取欺诈、胁迫等手段或恶意串通，使保证人在违背真实意思情况下提供保证的，保证人不承担保证责任。其次，保函中约定的《建设工程施工合同》并不存在；《委托保证担保合同》中约定的《建设工程施工合同》也未签订；所谓的工序合作协议书是因非法转包而无效的协议，所以，上诉人及下属的昆明分公司不应承担任何担保责任。再次，在2010年12月14日出具《预付款保函》之后,水电公司并未向恒明公司支付过预付款,所以,也不存在抵扣预付款的问题。最后,工序合作协议中未约定预付款的支付及抵扣方式,且该协议是无效协议。所以,上诉人及下属的昆明分公司不应承担任何担保责任。

此致

云南省高级人民法院

2012 年 11 月 20 日

2.2 保证人向债务人(被保证人)追偿及向反担保人进行索赔的条件

——当事人在担保合同中约定的内容与《担保法》规定发生冲突时如何处理

2.2.1 案情简介

上海某工程有限公司(简称上海工程公司)系虹桥国际机场西航站楼装饰工程某标段的主承包单位。2009 年 4 月 1 日,上海工程公司与陕西某实业公司(简称实业公司)签订《上海虹桥机场扩建工程西航站楼某装饰工程合同书》(以下简称《工程合同》)。实业公司成为上述工程的分包单位。

根据《工程合同》第四条的约定,总包方上海工程公司要向分包方实业公司支付工程价款(3600 万)百分之十的预付款计 360 万元,并要求实业公司提供一份担保金额为 360 万元的预付款保函。《工程合同》第四条第一款约定:本工程合同价暂定人民币 3600 万元。该条第三款约定:乙方预收百分之十的预付款(注:360 万元),在工程款累计支付达合同工程进度款总价百分之五十(含预付款)的当月起,当月超过部分的百分之五十工作量金额抵扣预付款,以后按每月完成工作量的百分之五十金额抵扣工程预付款,直至扣完。这一条款明确约定了预付款的抵扣条件和方式。

根据实业公司的申请,北京某担保公司(简称担保公司)与实业公司签订了《委托保证担保合同》(简称《担保合同》),担保公司就上述《工程合同》向总包方上海工程公司出具了担保金额为360万元的《预付款保函》。担保公司在《预付款保函》中明确向上海工程公司承诺:愿意接受该承包方的委托,作为保证人,为其履行《工程合同》中约定的承包方扣还预付款的义务,向你方提供预付款保函。担保公司在这一承诺中已经明确了《预付款保函》的担保范围。该《预付款保函》中还明确约定:担保金额为360万元;担保方式为连带责任保证;担保期限为2009年4月1日至2009年7月31日。

担保公司与实业公司签订的《担保合同》第八条明确约定:"发包方(上海工程公司)依据《预付款保函》向乙方(担保公司)提出索赔时,甲方(实业公司)保证在收到乙方(担保公司)要求其履行相应义务(包括赔偿损失)的书面通知后3天内主动履行相应义务或赔偿损失。"《担保合同》还约定:若实业公司违反上述约定,**应向担保公司支付违约金,违约金为上海工程公司向担保公司提出预付款保函索赔金额的20%。**

担保公司在出具《预付款保函》的同时,要求实业公司提供反担保,陕西某房地产公司(简称某房地产公司)和赵某为担保公司提供了反担保,就上述《预付款保函》分别向担保公司出具了《预付款保函反担保保证书》和《个人反担保保证书》。

上述两个反担保人均在反担保保证书中对担保公司承诺:**当你方凭本反担保书和发包人(上海工程公司)要求你方承担担保责任的索赔通知向我方提出索赔时,我方将在收到你方索赔通知之日起5日内无条件地承担赔偿责任。若你方已先行承担保证责任,我方无条件地立即对你方承担赔偿责任。**

2009年7月27日,担保公司收到上海工程公司针对《预付款保函》提出的《索赔通知书》，主要内容为：上海工程公司应向实业公司支付360万元预付款，在扣除管理费、水电费等各项费用后，已向实业公司实际支付3186352元预付款。因实业公司施工进度严重滞后，现合同工期即将届满，累计完成工程量还不到合同价的四分之一，以致我司至今未能扣到预付款。索赔金额为3186352元。

担保公司在收到《索赔通知书》之后，通知了债务人实业公司和反担保人，并依据《担保合同》及反担保证书向债务人实业公司和反担保人主张了权利。实业公司认为自己并未违约，担保公司也认为上海工程公司的索赔不属于预付款保函的担保责任范围，因此未向上海工程公司进行赔偿。同时，实业公司未按照《担保合同》第八条的约定向上海工程公司履行义务，实业公司及二反担保人也未依据《担保合同》及反担保书的承诺向担保公司履行义务。

上海工程公司在向担保公司提出索赔后，因担保公司没有予以赔付，上海工程公司依据与实业公司在《工程合同》中约定的仲裁协议，向上海仲裁委员会提出仲裁申请。上海仲裁委员会于2010年12月3日作出仲裁裁决书，裁决实业公司退还工程款277万余元并承担违约金等，合计应向上海工程公司支付款项为343万余元。

鉴于上述仲裁裁决书已经生效，实业公司应返还上海工程公司工程款的责任及违约责任已经确定，因为实业公司未履行仲裁裁决，担保公司也未承担担保责任，上海工程公司根据保函当中的争议解决条款的约定，向北京市东城区人民法院（以下简称东城区法院）起诉担保公司，要求担保公司依据《预付款保函》承担担保责任。同时，因债务人实业公司既未按照仲裁裁决履行义务，也未按照《担保合同》第八条的约定向担保人履行义务，两名反担保人也未依据反担保书的约定履行反担保义务，在上海工程公司起诉担保公司之后，担保公司于2011年7月，根据《预付款保函》条款中约定的关于受益人、被保证人与保证人之间的一切有关保函的争议"应向保证人所在地有管辖权的人民法院起诉"的争议处理条款，以实业公司为第一被告、两名反担保人为第二被告和第三被告向东城区法院起诉，根据《担保合同》第八条和反担保保证书中的前述约定，请求判决第一被告赔偿原告3186352元及违约金，同时判决第二被告和第三被告承担连带保证责任。东城区法院受理了担保公司的起诉，担保公司在起诉的同时，申请财产保全，法院裁定查封了反担保人某房地产公司的房产。笔者在本案中担任原告担保公司的代理人参加诉讼。

在东城区法院受理了担保公司的起诉尚未作出判决之前，与本案相关的事实发生了以下四个新的情况：

第一，上海工程公司依据已经发生法律效力的仲裁裁决，向被告实业公司住所地的陕西省西安市中级人民法院（以下简称西安市中院）申请执行仲裁裁决，而实业公司以执行依据认定事实的主要证据不足，适用法律错误等为由，向西安市中院提出不予执行仲裁裁决申请。西安市中院于2011年11月23日作出裁定书，认为仲裁庭认定事实的主要证据不足，故实业公司提出的不予执行理由成立，遂裁定对仲裁裁决书不予执行。

第二，因仲裁裁决被裁定不予执行，上海工程公司对其在东城区法院起诉担保公司一案撤回起诉。

第三，因实业公司与上海工程公司未能达成新的仲裁协议，2012年3月20日，实业公司将上海工程公司、某机场（集团）有限公司等诉至上海市闵行区人民法院（以下简称闵行区法院），法院立案的案号为（2012）闵民五（民）初字第921号，实业公司要求判令被告支付工程款295万余元，以及迟延付款违约金44万余元等。

第四，2012年5月14日，上海工程公司将实业公司及担保公司诉至闵行区法院，法院立案的案号为（2012）闵民五（民）初字第1125号，上海工程公司要求判决实业公司返还预付款及工程款277

万余元并赔偿违约金93万余元等，同时要求判决担保公司承担连带清偿责任。闵行区法院于2012年7月9日作出（2012）闵民五（民）初字第1125号民事裁定书，认为因该案必须以另一案（2012）闵民五（民）初字第921号案件审理结果为依据，而另一案尚未审结，故裁定该案中止诉讼。

2.2.2 本案诉讼过程及判决结果

根据本案的事实可见，担保公司没有向债权人上海工程公司实际赔偿，还没有发生实际损失，但是，鉴于《担保合同》第八条约定："发包方（上海工程公司）依据《预付款保函》向乙方（担保公司）提出索赔时，甲方（实业公司）保证在收到乙方（担保公司）要求其履行相应义务（包括赔偿损失）的书面通知后3天内主动履行相应义务或赔偿损失。"反担保人在反担保书中对担保公司承诺：当你方（担保公司）凭本反担保书和发包人（上海工程公司）要求你方（担保公司）承担担保责任的索赔通知向我方（反担保人）提出索赔时，我方将在收到你方索赔通知之日起5日内无条件地承担赔偿责任。若你方（指担保公司）已先行承担保证责任，我方（反担保人）无条件地立即对你（指担保公司）方承担赔偿责任。所以，担保公司据此提出起诉。同时，担保公司在接到上海工程公司的索赔函件后，担心债务人及反担保人转移财产、逃避债务，急于立即通过诉讼对债务人及反担保人采取诉讼保全措施。法院在立案后，根据原告担保公司的财产保全申请，作出保全裁定，采取了财产保全措施。

在诉讼中，债务人实业公司的主要答辩意见为：

（一）原告的诉求违反《担保合同》的相关约定，没有依据。根据《担保合同》第三条约定，一旦原告履行保证责任，便有权开始对第一被告的追偿程序。目前，原告尚未履行保证责任，原告追偿的前提条件不具备。

(二)《预付款保函》所担保的360万元预付款已在《工程合同》实际履行过程中抵扣完毕,不存在索赔问题。同时,《工程合同》是上海工程公司违约单方终止的,上海工程公司尚拖欠第一被告的工程款。在本案诉讼中,上海仲裁委员会的仲裁裁决已经被西安市中院裁定不予执行,实业公司已就与上海工程公司的《工程合同》纠纷在闵行区法院提起诉讼,该案正在审理当中。

(三)鉴于实业公司与上海工程公司的《工程合同》纠纷,正在闵行区法院审理中,原告与被告之间的《担保合同》是《工程合同》的从合同,因此本案应当依据主合同纠纷审理的结果来认定实业公司是否违约及是否应当返还工程款,故原告目前起诉没有法律和事实依据。

第二被告(反担保人)某房地产公司的主要答辩意见是:第一被告实业公司与上海工程公司因《工程合同》产生的纠纷尚在审理,原告是否应承担保证责任尚不确定,故要求反担保人承担反担保责任的前提尚未满足。第三被告赵某未出庭应诉。

鉴于在诉讼过程中,仲裁裁决被法院裁定不予执行。在双方未能达成新的仲裁协议的情况下,需要通过诉讼方式解决纠纷,目前实业公司与上海工程公司之间因《工程合同》纠纷产生的两个诉讼案件都尚未结案,无法确定实业公司与上海工程公司在履行《工程合同》过程中的违约责任及相关法律后果。所以,原告担保公司在此情况下,申请东城区法院裁定中止诉讼,等待闵行区法院对《工程合同》纠纷案件的裁判结果。

东城区法院经审理后认为:根据《担保法》第三十一条规定:"保证人承担保证责任后,有权向债务人追偿。"依据上述规定,保证人行使追偿权的前提应为已向债权人代偿债务,就其代债务人向债权人清偿的债务,方有权向债务人追偿。本案中,被告实业公司与原告担保公司在《担保合同》中有关"上海工程公司依据《预付款保函》

向原告提出索赔时，被告实业公司即应在收到原告要求其履行相应义务的书面通知后3天内主动履行相应义务或赔偿损失"的条款约定，违反了上述《担保法》关于保证人向债务人行使追偿权应具备条件的规定，应当根据《担保法》规定处理。根据已查明事实，原告作为本担保的保证人，其尚未承担保证责任代被告实业公司向上海工程公司偿还债务，故根据上述法律规定，原告行使追偿权，要求被告实业公司向其承担赔偿责任的条件尚未成就。同时，本案本担保法律关系基于主合同《工程合同》产生，现主合同双方当事人上海工程公司与被告实业公司的纠纷尚在审理过程中，本案涉及的预付款是否应当返还，如需返还的具体金额均未确定。原告应否承担保证责任、承担金额及是否实际承担该责任亦不确定，其仅依据上海工程公司发出的《索赔通知书》即向被告实业公司确定追偿及金额，依据不足。故原告要求被告实业公司承担赔偿及违约责任的诉求缺乏事实和法律依据，本院不予支持。

在反担保中，债权人为原告，债务人为被告实业公司，保证人为被告房地产公司及被告赵某。《担保法》第四条第2款规定："反担保适用本法担保的规定"；第十八条第2款规定："连带责任保证的债务人在主合同规定的债务履行期届满没有履行债务的，债权人可以要求债务人履行债务，也可以要求保证人在其保证范围内承担保证责任。"根据上述法律规定，只有符合条件的债权人方能行使要求保证人承担保证责任的权利。**而反担保所担保的是本担保保证人基于担保合同关系及代债务人为债务清偿之事实而产生的一种新债权。该新债权的行使前提应为本担保保证人成为反担保的债权人，即代债务人清偿债务。**故本案中，原告作为本担保保证人，其行使反担保的债权人权利（即新债权权利），要求反担保人被告房地产公司及被告赵某承担保证责任，应以其取得本担保中对债务人被告实业公司的追偿权为前提。但目前本担保保证人（即原告）尚未取得该追偿权,故其要求反担保人被告房地产公司及被告赵某承担反担保责任的条件亦未成就。本案中被告房地产公司、被告赵某分别出具的《预付款保函反担保保证书》《个人反担保保证书》中关于"当原告向被告房地产公司、被告赵某提出索赔时,被告房地产公司、被告赵某将在收到原告索赔通知之日起5日内无条件地承担赔偿责任"的条款约定,违反上述《担保法》的规定,应当根据《担保法》的规定处理。同时,如上所述原告应否承担保证责任等问题尚未确定,其仅依据上海工程公司发出的《索赔通知书》即要求被告房地产公司及被告赵某承担责任、确定金额,依据亦不足。故原告要求被告房地产公司、被告赵某承担反担保责任及支付逾期违约金的诉讼请求,缺乏事实和法律依据,本院不予支持。

判决驳回原告担保公司的诉讼请求。

2.2.3 案例点评

一、当事人在担保合同中约定的内容与《担保法》规定发生冲突时如何处理?

原告担保公司与被告实业公司在《担保合同》第八条约定了"发包方(上海工程公司)依据《预付款保函》向乙方(担保公司)提出索赔时,甲方(实业公司)保证在收到乙方要求其履行相应义务(包括赔偿损失)的书面通知后3天内主动履行相应义务或赔偿损失"的条款,原告担保公司与反担保人也约定了类似条款。根据上述约定,一旦上海工程公司向担保公司提出索赔,担保公司可以依据上海工程公司的索赔通知书等材料,要求实业公司和反担保人**履行相应义务或承担赔偿责任**。这些约定虽然是双方的真实意思表示,但是,因《担保法》第三十一条规定:"保证人承担保证责任后,有权向债务人追偿。"所以,原告担保公司与被告实业公司在《担保合同》中约定的上述内容明显违反了《担保法》第三十一条的规定。反担保人在反担保书中对担保公司所做出的承诺内容也同样存在违反《担保法》第三十一条规定的问题。

在合同约定与《担保法》规定发生冲突时，应当依据《担保法》规定处理。根据实体法的规定，担保公司尚没有承担实体责任，也没有造成实体损失。因此，仅从实体方面来说，法院的一审判决结果在认定事实和适用法律方面应当都无可厚非。

二、本案是否符合裁定中止诉讼的情形？

《民事诉讼法》第一百五十条的规定：**有下列情形之一的，中止诉讼：（五）本案必须以另一案的审理结果为依据，而另一案尚未审结的。**根据这一法律规定，笔者认为，在本案已经立案并采取了保全措施的情况下，既然实业公司与上海工程公司之间的《工程合同》纠纷已经在闵行区法院立案并开庭审理，本案需要等待该案的判决结果来确定本案涉及的预付款是否应当返还及返还的具体金额，这恰好属于法律规定的应当中止诉讼的情形。因此，从程序法的角度来说，东城区法院应当裁定中止诉讼更为合理，而不应判决驳回原告的诉讼请求。这样不仅可以减少诉累，而且在已经采取保全措施的情况下，一旦将来判决担保公司承担责任，也有利于判决的执行，提高执行的效率。

三、本案上海工程公司向担保公司提出的索赔是否属于《预付款保函》的担保范围？

首先，《工程合同》第四条第三款明确约定了预付款的抵扣条件和方式：乙方预收百分之十的预付款（注：360万元），在工程款累计支付达合同工程进度款总价百分之五十（含预付款）的当月起，当月超过部分的百分之五十工作量金额抵扣预付款，以后按每月完成工作量的百分之五十金额抵扣工程预付款，直至扣完。

其次，担保公司在《预付款保函》中向上海工程公司承诺的内容已经明确了《预付款保函》的担保范围：**愿意接受该承包方的委托，**

作为保证人，为其履行《工程合同》中约定的承包方扣还预付款的义务，向你方（上海工程公司）提供预付款保函。

最后，上海工程公司的《索赔通知书》中称：上海工程公司应向实业公司支付360万元预付款。在扣除管理费、水电费等各项费用后，已向实业公司实际支付3186352元预付款。因实业公司施工进度严重滞后，现合同工期即将届满，累计完成工程量还不到合同价的四分之一，以致我司至今未能扣到预付款。索赔金额为3186352元。

根据上述《工程合同》及《预付款保函》中的约定，以及上海工程公司《索赔通知书》中所主张的事实和理由，可以得出以下结论：

1. 上海工程公司并没有按照《工程合同》第四条第三款的约定足额支付360万元预付款，而是在擅自扣除管理费、水电费等各项费用后，仅向实业公司实际支付3186352元预付款。上海工程公司已经先行违约。

2. 上海工程公司认为实业公司施工进度严重滞后，现合同工期即将届满，累计完成工程量还不到合同价款的四分之一。如果上海工程公司所言属实，那么，实业公司也构成违约。而对于实业公司的违约行为，显然属于履约保函的担保范围，而不属于本案《预付款保函》的担保范围。

四、本案抵扣预付款的条件是否成就？

根据《工程合同》第四条第三款约定的预付款的抵扣条件和方式，应当在工程款累计支付达合同工程进度款总价百分之五十（含预付款）的当月起开始抵扣预付款，这是附条件的合同约定。而上海工程公司在索赔通知书中称"实际累计完成工程量还不到合同价的四分之一"，所以，即便上海工程公司所言属实，抵扣预付款的条件也没有成就。根据《合同法》第45条规定："当事人对合同的效力可以约定附条件。附生效条件的合同，自条件成就时生效。"且不说事实能够证明本案涉及的预付款已经使用在工程建设上，不存在实际返还问题。很显然，主合同约定的抵扣预付款的条件还没有成就。既然如此，就不能认定实业公司在预付款的使用和返还方面有任何违约行为，因此，担保公司就不应当承担《预付款保函》约定的担保责任。

五、仲裁裁决被法院裁定不予执行的法律后果

在执行程序中，被申请人提供相应的证据并申请法院对仲裁裁决不予执行，这是当事人在不服仲裁裁决时的一项救济措施。

新修订的《民事诉讼法》第二百三十七条规定：对依法设立的仲裁机构的裁决，一方当事人不履行的，对方当事人可以向有管辖权的人民法院申请执行。受申请的人民法院应当执行。

被申请人提出证据证明仲裁裁决有下列情形之一的，经人民法院组成合议庭审查核实，裁定不予执行：

（一）当事人在合同中没有订有仲裁条款或者事后没有达成书面仲裁协议的；

（二）裁决的事项不属于仲裁协议的范围或者仲裁机构无权仲裁的；

（三）仲裁庭的组成或者仲裁的程序违反法定程序的；

（四）裁决所根据的证据是伪造的；

（五）对方当事人向仲裁机构隐瞒了足以影响公正裁决的证据的；

（六）仲裁员在仲裁该案时有贪污受贿，徇私舞弊，枉法裁决行为的。

人民法院认定执行该裁决违背社会公共利益的，裁定不予执行。

裁定书应当送达双方当事人和仲裁机构。

仲裁裁决被人民法院裁定不予执行的，当事人可以根据双方达成的书面仲裁协议重新申请仲裁，也可以向人民法院起诉。

六、问题与建议

第一，担保人在起诉债务人及反担保人、申请财产保全时，应

当谨慎行事。笔者当初并不同意担保公司在这种情况下起诉。值得注意的是,即使"有案必立",但也不等于立案后必胜。本案原告就最终败诉。根据《民事诉讼法》第一百零五条的规定,**申请有错误的,申请人应当赔偿被申请人因保全所遭受的损失**。本案反担保人并未要求原告赔偿损失。

近年来,全国各地法院在采取诉讼保全措施时,都要求申请人提供保险公司出具的诉讼保全责任保险单。这一保险措施也能够降低申请人承担赔偿责任的风险。

第二,本案的《担保合同》的条款不严谨,第三条与第八条的内容存在冲突。

《担保合同》第八条约定:"发包方(上海工程公司)依据《预付款保函》向乙方(担保公司)提出索赔时,甲方(实业公司)保证在收到乙方要求其履行相应义务(包括赔偿损失)的书面通知后3天内主动履行相应义务或赔偿损失。"而第三条却约定:一旦乙方(担保公司)履行保证责任,便有权开始对甲方(实业公司、第一被告)的追偿程序。很显然,这两条规定的内容并不严谨,存在冲突之处。这是在签订工程保证担保合同时应当注意的问题。

第三,工程担保行业是高风险行业。在多数情况下,工程担保法律关系中的债务人向担保人提供的反担保都是保证担保。在工程担保实践中,担保人普遍面临这样一个困境:一旦债权人向担保人提出索赔之后,担保人就会立即产生一种不安甚至是恐惧心理,迫切的希望尽快对债务人和反担保人采取诉讼保全措施来防范和化解风险,以防止债务人及反担保人转移财产、逃避债务。可是,恰恰在此时,因为担保人尚未承担担保责任,所以,担保人起诉债务人、采取诉讼保全措施的条件尚不具备。对于这个两难的问题,笔者认为,一方面要在出具保函之前,对被保证人的资信情况以及项目存在的风险情况作出认真全面的调查了解和风险评估,以决定是否承保,另一方面要在落实反担保措施方面多下功夫。笔者对此也曾提出过一些具体建议措施，需要担保人在实践中进行检验并逐步探索、总结。约定一些不具有可操作性或不切实际的自我保护条款，看似很稳妥，但实际上并不能达到防范风险的目的。

注：

1. 本案一审判决后，担保公司上诉，但未能改变一审判决结果。

2. 在上海工程公司向闵行区法院起诉实业公司及担保公司的（2012）闵民五（民）初字第1125号案件中，笔者担任担保公司的代理人提出的主要抗辩意见为：因为《预付款保函》条款中明确约定：关于受益人、被保证人与保证人之间的一切有关保函的争议"应向保证人所在地有管辖权的人民法院起诉"。所以，上海工程公司与担保公司之间涉及保函的争议应由东城区法院管辖。闵行区法院作出的一审判决中虽然判决实业公司返还工程款及违约金三百余万元，但采纳了担保公司的抗辩意见，未判决担保公司承担连带责任。一审判决认为：**保函条款中对争议解决有明确的约定，担保公司提出了异议，且保证合同纠纷与施工合同纠纷并非同一法律关系，因此，上海工程公司可就担保公司保证责任之具体事宜，另行主张权利。**但此后上海工程公司并未起诉担保公司。

2.2.4　一审代理词

审判长、审判员：

北京市建孚律师事务所依法接受本案原告的委托，指派我担任原告担保公司的代理人参加诉讼，根据事实和法律，发表以下代理意见：

一、原告的起诉符合起诉条件，一审法院已经按照法定程序予以立案，且本案已经进入第一审开庭审理程序。

原告提起诉讼的合同依据主要有两个：

第一个依据是：原告与第一被告实业公司签订的《委托保证担保合同》第八条第（一）款第5项约定："发包人依据预付款保函向乙方提出索赔时，甲方保证在收到乙方要求甲方履行相应义务（包括赔偿损失）的书面通知后3天内主动履行相应义务或赔偿损失。"对于发包人向原告提出的索赔通知，原告已经书面通知第一被告，但被告未履行义务，所以，原告有权提起诉讼。

第二个依据是：反担保人即第二被告某房地产公司、第三被告赵某在向原告出具的反担保书中的第三条明确向原告承诺："当你方（反担保人）凭本反担保保证书和发包方要求你方承担保证责任的索赔通知向我方（担保公司）提出索赔时，我方将在收到你方索赔通知之日起5日内无条件地承担赔偿责任。若你方已先行承担保证责任，我方无条件地立即对你方承担赔偿责任。"

根据第二、第三被告的上述承诺可见，不论原告是否向债权人承担了担保责任，原告仅凭反担保保证书和发包方要求原告方承担保证责任的索赔通知就可以向第二、第三被告提出索赔。且原告提出索赔后，如果原告未先行承担保证责任，那么第二、第三被告将在收到索赔通知之日起5日内无条件地承担赔偿责任。如原告方已先行承担保证责任，则第二、第三被告将无条件地立即向原告方承担赔偿责任。

《民事诉讼法》第一百一十九条规定："起诉必须符合下列条件：（一）原告是与本案有直接利害关系的公民、法人和其他组织；（二）有明确的被告；（三）有具体的诉讼请求和事实、理由；（四）属于人民法院受理民事诉讼的范围和受诉人民法院管辖。"

本案原告的起诉完全符合法律规定的起诉条件，所以，一审法院才依法予以立案；反之，如果原告的起诉根本不符合法定条件，一审法院也不应该并且也不可能予以立案。且一审法院在立案之后进行了证据交换，依原告的申请进行了财产保全，对第三被告赵某做了公告送达，今天又组成合议庭进行开庭审理。代理人认为，这一切程序都是依法进行的。原告的起诉是完全符合法定的立案条件的。

二、鉴于在原告立案以后，与本案有关的客观情况发生了变化，造成本案的审理必须以另一案件的审理结果为依据，而另一案件尚未审结，所以，本案应当中止诉讼。

在本案一审诉讼期间，与本案相关的客观情况发生以下变化：首先是已经发生法律效力的上海市仲裁委员会做出的关于第一被告与发包方之间的《工程合同》纠纷的仲裁裁决被西安市中院裁定不予执行，由此导致第一被告与发包方之间的合同纠纷及债权债务关系处于不确定状态。

虽然在本案一审期间，与本案有直接关系的事实发生以上变化，但是，第一被告与发包方之间的《工程合同》纠纷案并未了结，原告方的担保责任从理论上说并未免除。随后，第一被告因施工合同纠纷起诉了发包方，该案目前正在一审诉讼之中。在此情况下，本案也必须以第一被告与原告之间的《工程合同》纠纷案件的判决结果为依据，这完全符合《民事诉讼法》第一百五十条规定的中止诉讼情形，所以，本案应当中止诉讼。

代理人认为，本案符合《民事诉讼法》第一百五十条规定的中止诉讼的情形，且本案的原告和第一被告均提出了中止诉讼的申请，一审法院应当根据《民事诉讼法》第一百五十条的规定裁定中止诉讼。因为本案已经进入开庭审理阶段，现在需要考虑的问题是：是否应当依法中止诉讼的问题，而不是是否应当立案的问题。

因为第一被告与发包方之间的施工合同纠纷案件正在诉讼当中，原告的担保责任尚未免除，且本案在法院立案后，原告已经申请了财产保全，如果一审法院因中止诉讼会增加未结案数量或其他原因就驳回原告的起诉或诉讼请求,一旦第一被告与原告之间的施工合同纠纷案件的结果是判决第一被告承担责任,导致原告承担相应的担保责任,那么原告也将再次起诉本案的三名被告,重复的诉讼势必将造成诉讼资源的严重浪费,同时将来也可能因判决结果无法执行而给原告造成严重的经济损失。在此,代理人恳请一审法院以事实为依据,以法律为准绳,裁定本案中止诉讼。

以上意见,恳请合议庭予以采纳。

此致

北京市东城区人民法院

2013 年 7 月 3 日

2.3 招标人(发包人)未与中标人(承包人)签订施工合同的情况下,担保人出具的履约保函是否生效?
—— 出具履约保函应注意的问题

2.3.1 案情简介

炎陵至汝城高速公路(简称炎汝高速)土建工程第 34 标段施工工程项目(简称炎汝 34 标)系依法进行招投标的项目,某高速公路建设开发总公司(简称建设总公司)系炎汝 34 标的招标人即发包人,某市道桥工程有限公司(简称道桥公司)系投标人。

2010 年 6 月 23 日,建设总公司就炎汝 34 标工程向道桥公司发出《中标通知书》,中标价格为 247374298 元(大写:贰亿肆仟柒佰叁拾柒万肆仟贰佰玖拾捌元整),该通知书要求道桥公司 30 日内"与**我方(建设总公司)签订施工承包合同,在此之前按招标文件第二章规定向我方(建设总公司)提交履约担保**。"根据招标文件第二章的规定:中标方应提供银行保函形式的履约担保,担保金额为签约金额的 10% 即 24737429.8 元(大写:贰仟肆佰柒拾叁万柒仟肆佰贰拾玖元捌角)。

2010年7月23日,道桥公司与某银行深圳市分行(简称深圳分行)签订《出具保函协议》,约定:道桥公司因由炎汝高速项目土建工程第34标段施工需要,申请深圳分行出具以建设总公司为受益人的保证金额为贰仟肆佰柒拾叁万柒仟肆佰贰拾玖元捌角整的履约保函。

深圳分行于2010年7月23日向建设总公司出具了《履约担保》,该保函中写明"鉴于建设总公司(简称发包人)接受道桥公司(简称承包人)参加炎陵至汝城高速公路项目土建工程第34标段施工的投标,我方(深圳分行)愿意无条件地、不可撤销地就承包人履行与你方(建设总公司)订立的合同,向你方提供担保。"该保函中还约定:"担保有效期自发包人与承包人签订的合同生效之日起至发包人签发工程接收证书之日止。但担保有效期最迟不应超过2013年1月22日,届时,本保函即告解除,我方(深圳分行)担保责任也当然解除。"深圳分行在保函中承诺:"在本担保有效期内,因承包人违反合同约定的义务给你方(建设总公司)造成经济损失时,我方(深圳分行)在收到你方(建设总公司)以书面形式提出的在担保金额内的赔偿要求后,在15天内无条件支付,无须你方(建设总公司)出具证明或陈述理由。"

与此同时,依据道桥公司的委托,某担保公司为深圳分行出具的上述《履约保函》提供了等额的反担保。

建设总公司接受了深圳分行出具的《履约担保》,但建设总公司却并未以发包人身份与道桥公司签订炎汝34标工程的承发包合同,而是由建设总公司安排其下属炎汝公司与道桥公司签订了炎汝34标工程的承发包合同。对于这一事实,深圳分行当时并不知晓。

2012年6月,建设总公司向深圳分行发出书面索赔通知,称道桥公司在履行合同过程中违约,给其造成巨大经济损失,提出索赔。此后,建设总公司又委托某律师事务所于2012年7月10日向深圳分行发出《律师函》，要求深圳分行按《履约担保》之约定将24737429.8元人民币打入建设总公司的账户。因深圳分行未向建设总公司赔付，建设总公司向深圳市福田区法院起诉深圳分行，要求法院判决深圳分行支付24737429.8元及利息。

2.3.2 两审诉讼过程及判决结果

针对原告建设总公司的起诉，被告深圳分行的主要答辩意见为：一、《履约担保》系担保合同，法律性质为从合同，不能脱离主合同单独发生法律效力，因建设总公司并未与道桥公司签订施工合同，所以本案没有主合同。二、《合同法》第四十五条规定"附生效条件的合同，条件成就时生效"。《履约担保》第2条对保函的生效条件进行了明确约定："担保有效期自发包人（建设总公司）与道桥公司签订的合同生效之日起至发包人（建设总公司）签发工程接收证书之日止。"原告与道桥公司未就《履约担保》所指向的施工项目签订主合同，《履约担保》所附的生效条件并未成就，该保函自始未生效且已废止。三、根据《履约担保》第3条约定，被告承担担保责任的前提为"因道桥公司违反合同约定的义务给你方（建设总公司）造成经济损失"。首先，本案《履约担保》明确指向的受益人为原告，而原告并未就《履约担保》所担保的施工项目与道桥公司签订施工合同，施工合同的签订方为炎汝公司，但被告未出具过任何以炎汝公司为受益人的履约保函；其次，炎汝公司与道桥公司因炎汝高速34标工程的施工合同发生争议另案诉讼未决，湖南省高级人民法院的(2015)湘高法民一终字161号案件的当事人为道桥公司及炎汝公司，原告并未作为案件当事人参与该案诉讼，案件审理结果与原告没有关系，该案的审理结果与本案无关。因此，被告没有向原告承担担保责任的前提和基础。

在原告建设总公司与被告深圳分行的诉讼过程中，道桥公司及为深圳分行提供反担保的某担保公司都认为该案的诉讼结果与自己有法律上的利害关系，均申请以第三人身份参加诉讼，一审法院裁定追加道桥公司和某担保公司为该案第三人。笔者作为第三人担保公司的代理人参加诉讼。

担保公司在开庭时发表的意见为：原告拟与第三人道桥公司签订施工合同，按原告的要求，第三人道桥公司需要先提供保函，在此前提下，第三人道桥公司委托被告深圳分行出具保函，第三人担保公司作为反担保人为被告深圳分行提供了反担保。被告出具保函对应的主合同应当是原告与第三人道桥公司准备签订的施工合同，现在事实证明原告与第三人道桥公司并没有签订施工合同，也就造成主合同不存在，担保合同作为主合同的从合同，自然也就没有发生法律效力。同时原告在起诉状中提到的第三人道桥公司违约，也就不能成立，因为原告与道桥公司没有签订合同，所以也就不可能出现违约，更不可能出现因违约给原告造成损失的事实，原告的起诉既无事实依据也无法律依据。被告根本不应当承担任何担保责任，第三人担保公司也就不应承担任何反担保责任。原告的起诉不符合《民事诉讼法》的规定，应驳回其起诉。

第三人道桥公司述称：1. 银行保函为无效担保。第一，主体不适格，在本案中原告应当是发包人。而涉案工程炎汝34标实际发包人突然变更为炎汝公司，因此本案主体不适格；第二，炎汝公司违反了《招投标法》，没有通过招投标就将炎汝34标发包给第三人道桥公司，因此本案主体不适格。2. 银行保函上有明确约定，第三人道桥公司违约与原告方的书面索赔要同时存在，被告才无条件支付保证金。本案在没有确定第三人道桥公司是否违约的前提下被告是不应当支付此保证金的，因此本案被告不应当支付2000万余元保证金，本案所诉争的保函第四条也明确约定，发包人为原告，事实上炎汝34标的发包人为炎汝公司，同时第四条有"按合同15条"这样的字样，在炎汝34标中标合同中根本就没有此15条款,因此保函也约定不明确,故在第三人道桥公司既没有违约,保函也没有效力,以及相关条款约定不明确的情况下,被告不应当支付本案争议的保证金。3.道桥公司没有违约,道桥公司与炎汝公司签订的中标合同,姑且不论有无效力,按照施工企业的规则,道桥公司并没有违约,有如下两点:(1)炎汝34标前期工程有大量的工程变更,道桥公司工期应当顺延,道桥公司和炎汝公司就顺延问题一直没有达成协议;(2)炎汝公司支付工程款时也有两个方面地违反约定的地方,违规支付材料款。

一审法院经审理查明,**原被告双方及第三人对被告深圳分行出具的《履约担保》受益人为原告、担保项目为炎汝34标工程、原告未与第三人道桥公司签订主合同,第三人道桥公司系与案外人炎汝公司签订施工合同、被告未向炎汝公司出具保函的事实无异议,本院予以确认。**

另查明,由被告向原告出具的《履约担保》的主要内容为:"鉴于建设总公司(以下简称发包人)接受道桥公司(以下称承包人)于×年×月×日参加炎陵至汝城高速公路项目土建工程第34标段施工的投标,我方愿意无条件地、不可撤销地就承包人履行与你方订立的合同,向你方提供担保。1.担保金额人民币(大写)贰仟肆佰柒拾叁万柒仟肆佰贰拾玖元捌角整(24737429.8元)。2.担保有效期自发包人与承包人签订的合同生效之日起至发包人签发工程接收证书之日止,但担保期限/有效期最迟不应超过2013年1月22日,届时,本保函即告解除,我方担保责任也当然解除。3.在本担保有效期内,因承包人违反合同约定的义务给你方造成经济损失时,我方在收到你方以书面形式提出的在担保金额内的赔偿要求后,在15天内无条件支付,无须你方出具证明或陈述理由。4.发包人和承包人按合同条款第15条变更合同时,我方承担本担保规定的义务不变"。

另查明,第三人道桥公司与炎汝公司就履行双方签订的涉案炎汝 34 标合同所生纠纷进行了诉讼。湖南省高级人民法院终审作出的（2015）湘高法民一终字第 161 号判决，判令：道桥公司向炎汝公司退还多支付的工程款 27520097.77 元，支付违约金 24737429 元。该终审判决书中载明了**由湖南省郴州市中级人民法院作出的（2012）郴民一初字第 18 号一审判决部分内容：**一审法院对炎汝公司与道桥公司签订的涉及炎汝 34 标的《合同协议书》认定为有效，并认为"炎汝公司是由省高速集团有限公司独资成立的，而省高速集团有限公司是由建设总公司独资成立的，实际上炎汝公司是建设总公司成立的负责从炎陵至汝城段高速公路投资建设的管理机构。因为炎汝公司不具有自行招标资格，故由建设总公司作为招标人对炎汝高速公路 34 标进行招标，招标文件明确注明炎汝公司为招标执行机构，而非招标代理机构，炎汝公司的行为代表建设总公司的行为。道桥公司也明知招标人是建设总公司，而与其签订《合同协议书》的主体是炎汝公司，但未提出异议，因此炎汝高速公路 34 标的招标程序并未违反《中华人民共和国招标投标法》关于招标人、招标代理机构的规定，道桥公司该项诉讼主张不能成立。"终审判决对该部分认定予以维持。

　　以上事实有原告提交的《履约担保》、律师函、监理单位关于 34 标已完工程量以及延长工期的报告、中标通知书、招标文件、投标文件、湖南省炎陵至汝城高速公路项目土建工程第 34 标合同文件、省交通厅文件等，被告提交的民事起诉状、投标函、中标通知书、合同协议书等，第三人担保公司提交的委托协议书、履约保函反担保证书、反担保保证合同、出具保函协议，致道桥公司索赔通知书、索赔函、索赔通知书、起诉书、案件受理通知书，第三人道桥公司提交的营业执照、企业注册登记资料、律师函、招标文件、投标文件、计量规则、会议纪要及相关情况等证据，及庭审笔录予以证实，法院予以确认。

一审法院认为，本案争议焦点在于被告出具的《履约担保》是否生效；如果生效，被告是否需要承担担保责任。首先，从查明的事实来看，被告为第三人道桥公司向原告履行有关炎汝高速34标工程施工合同而出具了《履约担保》，而非向炎汝公司出具。原告与炎汝公司的关系，（2015）湘高法民一终字第161号判决书已经明确了炎汝公司是原告的子公司。炎汝公司依法具有独立的法人资格。原告与炎汝公司虽有关联关系，但不能认为二者法人可混同。其次，《履约担保》约定，担保有效期为发包人与承包人签订合同生效之日起。该《履约担保》中的发包人指的是原告而非炎汝公司。由于与第三人道桥公司签订合同的是案外人炎汝公司而非被告，被告作为担保人不可能明确地知晓炎汝公司是实际发包人，炎汝公司的行为就是代表原告的行为。《履约担保》作为保证人出具的单方面保函，应当严格依照字面内容解释，因此不能以炎汝公司的行为就是代表原告的行为为由，而认定被告在作出《履约担保》的意思表示时是认可被担保人为炎汝公司的，在炎汝公司与道桥公司签订合同时担保即告生效。最后，由于《履约担保》中明确约定，对承包人给发包人造成的损失承担担保责任，而（2015）湘高法民一终字第161号判决中判令道桥公司系向炎汝公司支付违约金，并非是原告，由于炎汝公司与原告系不同的独立法人，无法依生效判决认定系原告已经实际遭受损失。故即使在《履约担保》生效的情况下，因原告无损失，被告亦不承担担保责任。

综上所述，法院认为原告的诉请无事实与法律依据，不予支持。依照《中华人民共和国合同法》第八条、第四十五条，《中华人民共和国担保法》第五条，《中华人民共和国民事诉讼法》第六十四条的规定判决如下：驳回原告建设总公司的诉讼请求。

一审宣判后，建设总公司提起上诉。

二审法院经审理认为：本案双方当事人争议的焦点问题是《履约担保》是否生效。对此，二审法院评判如下：

首先，在道桥公司向深圳分行申请出具保函时，作为专业的金融机构，基于审慎原则，深圳分行会对保函担保的基础交易作相应审查。深圳分行称其仅依据道桥公司提供的投标函、中标通知书即出具保函，与常理不符，也与《履约担保》第4条所述内容不符。因此，法院采信道桥公司的陈述，即在申请出具保函时道桥公司向深圳分行提供了招标文件、投保文件、中标通知书、未签署的合同条款等。发生法律效力的（2012）郴民一初字第18号民事判决确认，招标文件注明招标人为建设总公司，招标执行机构为炎汝公司。也就是说，在出具保函时，深圳分行知道或应当知道可能由炎汝公司代表发包人建设总公司就炎汝高速公路34标段与承包人道桥公司签订施工合同。因此，深圳分行以建设总公司与道桥公司未签订合同为由，主张《履约担保》未生效，理据不足。

其次，《履约担保》记载，担保有效期自发包人建设总公司与承包人道桥公司签订的合同生效之日起至发包人建设总公司签发工程接收证书之日止。需要说明的是，《履约担保》并未对发包人建设总公司可委托他人与承包人道桥公司签订合同作限制性规定。而且，深圳分行系在道桥公司中标、**道桥公司与建设总公司之间的权利义务关系在已经确定的情况下**，依据道桥公司的申请，为道桥公司可能向建设总公司承担的赔偿责任出具保函。在此情形下，建设总公司委托炎汝公司与道桥公司根据中标文件签订施工合同，不影响道桥公司亦或深圳分行的权利，亦不违背深圳分行为道桥公司可能承担的责任提供担保的真实意思。

再次，建设总公司在《履约担保》有效期届满前向深圳分行提出索赔后，深圳分行向道桥公司、担保公司发出《索赔通知书》，要求道桥公司承担赔偿责任、担保公司向深圳分行承担担保责任，亦印证了前述两点分析，表明深圳分行对于其应按《履约担保》向建设总公司承担责任不持异议。

另外,(2015)湘高法民一终字第 161 号民事判决判令道桥公司向炎汝公司支付 2473 万余元,系因道桥公司延误工期导致涉案高速路段不能按时通车造成的损失。如前所述,**炎汝公司系受建设总公司委托与道桥公司签订合同**,遭受损失的是建设总公司。因此,深圳分行以建设总公司未有损失为由,拒绝承担担保责任,与事实不符。

综上,深圳分行以建设总公司与道桥公司未签订施工合同,是炎汝公司与道桥公司签订施工合同,建设总公司未有损失为由,拒绝承担担保责任,理据不足,法院不予支持。深圳分行未按《履约担保》承担责任,势必造成建设总公司的资金损失,建设总公司主张深圳分行承担 2012 年 7 月 10 日至 2012 年 11 月 16 日期间的利息,符合法律规定,法院予以支持。

综上所述,二审法院认为建设总公司的上诉请求成立,作出判决如下:

一、撤销深圳市福田区人民法院(2013)深福法民二初字第 3735 号民事判决;

二、被上诉人深圳分行应于本判决生效之日起十日内向上诉人建设总公司支付 24737429.8 元及 2012 年 7 月 10 日起至 2012 年 11 月 16 日期间的利息 725631.6 元;

三、被上诉人深圳分行向上诉人建设总公司承担前项付款责任后,有权向原审第三人道桥公司追偿。

2.3.3 案例点评

一、涉案《履约担保》是否生效?

对于本案的《履约担保》是否生效这一争议焦点问题的认定,两审判决中的观点截然相反。笔者同意一审判决的观点,即《履约担保》没有生效。具体理由如下:

第一,该《履约担保》附有生效条件,即自发包人建设总公司与承包人道桥公司签订的施工合同生效之日起生效。而事实上发包人建设总公司与承包人道桥公司没有签订施工合同。

第二,《合同法》第四十五条第一款规定:当事人对合同的效力可以约定附条件。附生效条件的合同,自条件成就时生效。因所附生效条件没有成就,所以,本案《履约担保》没有生效。

既然该保函没有生效,那么,建设总公司自然不能依据该保函向深圳分行索赔,这应当是简单的法律常识和逻辑常识,其实也是日常生活常识。

二、二审判决认为《履约担保》生效的理由是否成立?

笔者认为,二审判决认为《履约担保》生效的理由并不成立,即《履约担保》没有生效。主要谈五点理由:

《履约担保》未生效的理由之一,二审判决认为:在道桥公司向深圳分行申请出具保函时,作为专业的金融机构,基于审慎原则,深圳分行会对保函担保的基础交易作相应审查。深圳分行称其仅依据道桥公司提供的投标函、中标通知书即出具保函,与常理不符,也与《履约担保》第4条所述内容不符。

笔者为工程担保公司担任法律顾问10多年来,接触过很多工程担保的法律事务。事实上,实践中很多发包方要求承包方必须在中标后、正式签订施工合同之前提供履约保函,这属于行业惯例。就本案而言,发包人建设总公司出具给承包人道桥公司的中标通知书中也明确要求道桥公司:"**30日内与我方签订施工承包合同,在此之前按招标文件规定向我方提交履约担保。**"因为发包方建设总公司在招标文件中就已经明确提出了承包方在中标之后要提供履约保函,而道桥公司在投标时也接受这一条件,所以说,道桥公司要在签订正式施工合同之前提供履约保函,不仅是行业惯例,还是作为招标人的建设总公司与中标人道桥公司已经达成的合意。中标人道桥公司在向深圳分行申请出具保函时，因为施工合同还没有签订，因此，只能提供依法通过招投标程序得到的中标通知书等具有法律效力的文件，而不可能提供基础合同。这不存在与常理不符的情形。

正如二审判决中所称：**"深圳分行系在道桥公司中标，道桥公司与建设总公司之间的权利义务关系已经确定的情况下，依据道桥公司的申请，为道桥公司可能向建设总公司承担的赔偿责任出具保函。"** 也就是说，根据二审判决的这一认定原文可以得出两个结论：第一，二审判决本身已经认定深圳分行在出具保函时，**"道桥公司与建设总公司之间的权利义务关系已经确定"**！第二，二审判决也认定深圳分行的真实意思表示是为**"道桥公司可能向建设总公司承担的赔偿责任出具保函"**，这也就是深圳分行所出具的保函中关于受益人和担保范围的约定。笔者认为，二审判决的这一认定是正确的！正因如此，深圳分行才可能根据中标通知书出具以建设总公司为受益人的保函，有何与常理不符呢？

然而，二审判决一方面认定**"道桥公司与建设总公司之间的权利义务关系已经确定"**，另一方面，二审判决又对深圳分行出具保函的行为提出质疑，认为："在道桥公司向深圳分行申请出具保函时，作为专业的金融机构，基于审慎原则，深圳分行会对保函担保的基础交易作相应审查。深圳分行称其仅依据道桥公司提供的投标函、中标通知书即出具保函，与常理不符"。对于二审判决的这一理由，笔者认为根本不能成立。首先，二审判决中已经认定**"深圳分行系在道桥公司中标，道桥公司与建设总公司之间的权利义务关系已经确定的情况下，依据道桥公司的申请，为道桥公司可能向建设总公司承担的赔偿责任出具保函"**，在此前提之下，又提出上述所谓**"与常理不符"**的观点，二审判决显然存在**自相矛盾**。其次，所谓**"与常理不符"**的观点和理由，实际上反映出二审法院的承办法官根本不了解工程担保行业的惯例或交易习惯。第三，深圳分行在中标通知书等有法律效力的文件已经证实"道桥公司中标，道桥公司与建设总公司之间的权利义务关系已经确定的情况下"出具履约保函，已经尽到了相应的审慎审查义务，不存在与常理不符。同时，深圳分行出具的是附生效条件的保函，其行为显得更加审慎。再有，深圳分行出具涉案保函之前，还要求道桥公司提供反担保，本案的第三人某担保公司为深圳分行提供了等额的反担保。在此情况下，可以说深圳分行出具涉案保函的行为是极度审慎和万无一失的。那么，所谓"与常理不符"的观点从何而来又从何说起呢？笔者认为二审判决的这一观点和理由显然不具有说服力。

《履约担保》未生效的理由之二，二审判决以"《履约担保》并未对发包人建设总公司可委托他人与承包人道桥公司签订合同作限制性规定"为由，认定炎汝公司与道桥公司签订施工合同也满足《履约担保》生效的条件。笔者认为，为了评判二审判决的这一理由是否成立或是否存在合理性，在此首先需要搞清楚五个问题：

第一，谁是依据《招投标法》进行招投标活动的招标人和投标人？答案是：建设总公司是招标人，道桥公司是投标人。

第二，谁是中标人？答案是：道桥公司是中标人。

第三，依法进行招投标项目的施工合同应当由哪两个主体签订？答案是：应当由招标人建设总公司作为发包方和中标人道桥公司作为承包方来签订。

第四，依据《履约担保》所建立的担保合同关系中，谁是担保人？谁是债权人（即受益人）？谁是被保证人（即债务人）？答案是：深圳分行是担保人；建设总公司是债权人（即受益人）；道桥公司是债务人（即被保证人）。

在清楚了上述四个问题之后，再来看第五个问题，即《履约担保》中是否需要"对发包人建设总公司可委托他人与承包人道桥公司签订合同作限制性规定"？答案是：当然不需要，而且也没必要。具体理由如下：

第一，深圳分行没有权利在保函中"**对发包人建设总公司可委托他人与承包人道桥公司签订合同作限制性规定**"。深圳分行既非建设总公司的上级主管机关，也不是建设行政主管机关，所以，深圳分行不具有在保函中"**对发包人建设总公司可委托他人与承包人道桥公司签订合同作限制性规定**"的权利来源和法律依据。

第二，深圳分行没有义务在保函中"**对发包人建设总公司可委托他人与承包人道桥公司签订合同作限制性规定**"。遵纪守法、合法经营是每一个企业法人和其管理者的义务，也是应当具备的基本常识。招标人、发包人应当知道，依据法律规定要以自己的名义与中标人、承包人签订施工合同。

第三，深圳分行没有必要在保函中"**对发包人建设总公司可委托他人与承包人道桥公司签订合同作限制性规定**"。

首先，该《履约担保》中已经明确了受益人为建设总公司，如果建设总公司不与中标人道桥公司签订合同而委托他人与道桥公司签订该合同，那么，保函不生效，深圳分行不承担担保责任即可，何必要在保函中"**对发包人建设总公司可委托他人与承包人道桥公司签订合同作限制性规定**"呢？

其次，《履约担保》附有生效条件，如果发包人建设总公司不与道桥公司签订施工合同，《履约担保》就不发生法律效力。而《履约担保》不发生法律效力，深圳分行也就不承担担保责任。如果深圳分行不承担担保责任，就可能损害建设总公司的利益。从这一简单的道理来说，无论如何，建设总公司也不应当公然违反《招投标法》等法律规定，故意损害自己的利益，不与道桥公司签订施工合同而安排炎汝公司与道桥公司签订施工合同。

既然发包人建设总公司不与道桥公司签订施工合同的法律后果是深圳分行不承担担保责任，那么，建设总公司就不可能"**委托他**

人与承包人道桥公司签订合同",为何要在保函中"**对发包人建设总公司可委托他人与承包人道桥公司签订合同作限制性规定**"呢?

深圳分行出具保函的行为是商业行为,而不是政府管理行为。深圳分行在出具保函时应当考虑到在合法经营的前提下,维护自己的合法权益,实现利润,防范风险。深圳分行既没有权利,也没有义务在保函中"**对发包人建设总公司可委托他人与承包人道桥公司签订合同作限制性规定**",也根本没有必要做这样的限制性规定。无论是否做这样的约定,都不会影响深圳分行的商业目的。换而言之,如果建设总公司不与中标人道桥公司签订合同而委托他人与道桥公司签订该合同,那么等于是建设总公司放弃了自己依据《履约担保》享有的权利。

深圳分行有权在保函不生效的情况下拒绝承担担保责任;但是,既没有权利,也没有义务要求建设总公司必须要保证保函生效,也没有权利要求建设总公司不能放弃权利或不能自己损害自己的利益。

第三,建设总公司作为一家省级政府国资部门成立的从事高速公路开发建设的大型国企,无论是在高速公路建设的招投标程序、签订及履行高速公路开发建设合同等方面,都具有丰富的经验,其应当明知其自己是保函的受益人,也应当明知,根据法律规定应由其自己与道桥公司签订主合同,更应当明知违背招投标法、委托他人与道桥公司签订合同的法律后果。所以说,即使深圳分行在保函中没有"**对发包人建设总公司可委托他人与承包人道桥公司签订合同作限制性规定**",发包人建设总公司也应当依据法律规定,自己规范自己的行为,并且也应当知道如何依法规范、约束和限制自己的行为。绝不能因为深圳分行在保函中没有"**对发包人建设总公司可委托他人与承包人道桥公司签订合同作限制性规定**",发包人建设总公司就可以不顾法律的规定为所欲为。所以,从这一角度说,深圳分行在保函中也没有必要"**对发包人建设总公司可委托他人与承包人道桥公司签订合同作限制性规定**"。

笔者认为，从法理角度讲，深圳分行既没必要、也没有权利、义务在保函中"**对发包人建设总公司可委托他人与承包人道桥公司签订合同作限制性规定**"。比如，在《刑法》中并没规定"禁止放火"、"禁止盗窃"、"禁止抢劫"等，但是，这绝不能理解为"未作限制性规定"，更不能理解为可以实施这些行为。《刑法》规定了对"放火"、"盗窃"、"抢劫"等犯罪行为的严厉的刑事惩罚措施，任何人如果以身试法，实施了"放火"、"盗窃"、"抢劫"等违法行为、构成犯罪的，必将受到法律的严厉制裁，必须要承担相应的法律后果。

同样道理，深圳分行没有在保函中"**对发包人建设总公司可委托他人与承包人道桥公司签订合同作限制性规定**"，不等于发包人建设总公司就可以随便委托他人与承包人道桥公司签订合同。不论是依据法律规定还是保函的约定，发包人建设总公司也都应当为自己随便委托他人与承包人道桥公司签订合同的行为付出代价，承担法律后果。

对于深圳分行在极度审慎和万无一失的情况下出具保函的行为，二审判决认为"**与常理不符**"，而对于发包人建设总公司不顾招投标法律规定，将自己作为业主和招标人的项目随意委托他人与中标方签订合同的行为，二审判决却认为是合理合法的。笔者认为，仅从法理角度讲，二审判决的这一理由就明显不能成立，而且其执法理念有失公正。

需要强调的是，在两审诉讼过程中，建设总公司一直坚持辩称炎汝公司是招标代表机构及招标执行人、建设总公司与炎汝公司法人人格混同，认为炎汝公司与道桥公司签订施工合同等同于建设总公司与道桥公司签订施工合同，因此认为炎汝公司与道桥公司签订施工合同的事实构成了保函生效条件的成就。在本案两审诉讼中，建设总公司自己都没有以深圳分行在保函中没有"对发包人建设总公司可委托他人与承包人道桥公司签订合同作限制性规定"为由进行抗辩，二审判决中以深圳分行在保函中没有"对发包人建设总公司可委托他人与承包人道桥公司签订合同作限制性规定"为由为建设总公司进行开脱，不仅有偏袒之嫌，而且与建设总公司的两审抗辩意见相矛盾。

《履约担保》未生效的理由之三，笔者认为，二审判决中所主张的"建设总公司委托炎汝公司与道桥公司根据中标文件签订施工合同，不影响道桥公司亦或深圳分行的权利"这一观点，同样不能作为认定保函生效的理由。

第一，合同是否生效，取决于法律的规定和合同的约定的生效条件是否成就。

具体到本案而言，涉案保函是否生效，取决于保函中所附生效条件是否成就。并不取决于"建设总公司委托炎汝公司与道桥公司根据中标文件签订施工合同"是否"影响道桥公司亦或深圳分行的权利"。因此，无论"建设总公司委托炎汝公司与道桥公司根据中标文件签订施工合同"是否"影响道桥公司亦或深圳分行的权利"，都不能改变涉案保函中所附的生效条件，也都不能改变涉案保函中所附的生效条件没有成就的事实。因此也就不能以"建设总公司委托炎汝公司与道桥公司根据中标文件签订施工合同，不影响道桥公司亦或深圳分行的权利"为由，来认定涉案保函已经生效。

第二，二审判决中的这一观点，既不能改变因为发包人建设总公司未与承包人道桥公司签订施工合同，而导致《履约担保》未生效的事实；也不能改变炎汝公司不是《履约担保》中约定的债权人、与深圳分行之间根本不存在担保合同关系的事实。

第三，因为炎汝高速项目立项在建设总公司名下，建设总公司是建设方、招标人和发包人，炎汝公司既不是招标人，也不是发包人，同时也不具备相应的资质和实力,如果道桥公司在向深圳分行申请出具保函时,明确告知深圳分行,将来签订合同时的发包方不是建设总公司,而是炎汝公司,那么,深圳分行肯定不会出具《履约担保》。由这样的既没有资格又没有资质和实力的炎汝公司作为发包人与道桥公司签订施工合同,名不正、言不顺,为合同的正常履行埋下隐患,也必然会影响到道桥公司或深圳分行的权利。炎汝公司与道桥公司发生纠纷的事实也证明了这一点。因此,二审判决的这一理由不能成立。

《履约担保》未生效的理由之四,二审判决认为"深圳分行未按《履约担保》承担责任,势必造成建设总公司的资金损失"。笔者认为,深圳分行出具保函的行为是商业行为,而非慈善行为,深圳分行是否依据涉案保函承担担保责任,首先要看保函是否生效,其次要看是否属于担保责任范围,而不是看是否会"势必造成建设总公司的资金损失"。涉案保函是否生效,也并不取决于建设总公司是否有资金损失。二审判决的这一观点可以理解为:只要建设总公司有资金损失,保函就必然生效,深圳分行也就必然要赔偿。这样的逻辑肯定是不成立的,这样的理念也绝不是法治理念。因此,不能以建设总公司是否有"资金损失"作为判断保函是否生效的标准,更不能因为建设总公司有"资金损失",就以倒推的方式将一个没有生效的保函认定为已经生效。

《履约担保》未生效的理由之五,二审判决认定《履约担保》生效的另一个理由是:建设总公司在《履约担保》有效期届满前向深圳分行提出索赔后,深圳分行向道桥公司、担保公司发出《索赔通知书》,要求道桥公司承担赔偿责任、担保公司向深圳分行承担反担保责任,亦印证了前述两点分析,表明深圳分行对于其应按《履约担保》向建设总公司承担责任不持异议。

笔者认为,建设总公司在《履约担保》有效期届满前向深圳分行提出索赔后，深圳分行之所以向道桥公司、担保公司发出《索赔通知书》，要求道桥公司承担赔偿责任、担保公司向深圳分行承担反担保责任，原因是深圳分行当时尚不知晓发包人建设总公司未与承包人道桥公司签订施工合同的事实，所以，不能据此认定深圳分行对于其应按《履约担保》向建设总公司承担责任不持异议。

综上，二审判决认定涉案保函已经生效的事实认定显然值得商榷。在这一问题上，笔者完全赞同一审判决的观点。

三、本案担保公司为何申请以第三人身份参加诉讼？

《民事诉讼法》第56条规定：对当事人双方的诉讼标的，第三人认为有独立请求权的，有权提起诉讼。

对当事人双方的诉讼标的，第三人虽然没有独立请求权，但案件处理结果同他有法律上的利害关系的，可以申请参加诉讼，或者由人民法院通知他参加诉讼。人民法院判决承担民事责任的第三人，有当事人的诉讼权利义务。

本案的判决结果如果是由深圳分行承担担保责任，那么，担保公司为深圳分行提供了反担保，也就相应的会承担反担保责任，因此说，原告建设总公司起诉被告深圳分行一案的判决结果，与担保公司有法律上的利害关系。担保公司根据《民事诉讼法》第56条第二款的规定，有权申请参加诉讼。此种情况在工程担保合同纠纷诉讼中较为常见，有时在承发包双方就主合同纠纷进行诉讼时，担保人如能知晓，在必要的情况下，也应当及时申请以第三人身份参加诉讼。而在债权人与担保人之间因本担保合同纠纷进行诉讼时，反担保人也应积极申请参加诉讼。

利害关系人依法以第三人身份申请参加诉讼，一方面有利于保护自己的合法权益，同时也有利于法院查明事实。正因如此，在工程保证担保合同纠纷案件中，担保方及反担保方申请以第三人身份参加诉讼的情况比较多见。

四、问题与建议

终审判决后,深圳分行没有申请再审,二审判决已经生效。对于一份已经生效的法院判决,我们虽然可以从学理角度对其中的认定事实和适用法律问题进行探讨和评价,但是,无法改变其法律效力和影响力,不仅必须尊重法院生效的判决,而且当事人还必须履行判决确定的义务。因此,作为当事人,在败诉时,能够做的和应当做的不是指责法院,而是要反省自己,应当根据法院的判决结果来对照、检讨自己,尽量查找自己的不足之处。

(一)结合本案的二审判决,笔者认为,保证人在出具工程担保履约保函时需要注意以下问题:

第一,必须要在保函当中明确约定主合同的名称和签约主体。工程履约担保是针对承包方履行施工合同的义务提供的担保,施工合同是主合同,担保合同则是从合同。基于此,担保人在出具履约保函时,必须要在保函内容中明确是针对哪个主合同提供的担保。

鉴于在实践中的习惯做法是:发包方在承包方中标之后,往往先不与承包方签订施工合同,而是要求承包方在取得发包方认可的履约保函之后,才与承包方签订施工合同。在此情况下,保函条款中就应当对承发包双方的名称、拟签订主合同但目前还尚未签订的事实、拟签订主合同的名称、内容,以及保函所附生效条件等都要作出具体、全面的约定和说明。

同时,笔者还建议,针对实践中发包方要求先出具保函后签订施工合同的情况,担保人在审核出具保函时,应当要求中标人(被保证人)提供由发包人确认的、承发包双方即将签订的施工合同的专用条款、通用条款、补充条款等全部书面的合同文本及条款,将上述合同条款作为履约保函的附件,并在保函中明确约定以下两点:一是担保人只针对承发包双方按照上述合同文本及条款内容签订的施工合同中承包人的履约义务提供履约担保，未经担保人书面同意，任何合同条款内容的增加、变更等，担保人均不承担担保责任。二是必须要求承发包双方在签订书面施工合同之后，在规定的时间之内将承发包双方确认的施工合同副本提交给担保人一份，亦可将此项约定作为担保合同所附生效条件之一。

第二，在承包人委托担保方出具担保函的合同文件中以及担保函的内容中，应当写明保函的申请人（承包方、债务人）在申请出具保函时，向担保方所提供的证据材料清单，这些材料上应当由保函申请人加盖公章和骑缝章，并明确约定将这些材料作为委托出具担保函的基础材料以及担保函的附件。这样，承包方在申请开立保函时都提交了哪些材料就会一目了然。一旦进入诉讼或仲裁程序，有利于查明事实。

第三，如果保函内容中的全部条款或主要条款不是经过协商一致达成的，而是由发包方出具的格式合同条款，那么应当在保函文本中对此予以明确说明。

《合同法》第三十九条第二款规定："格式条款是当事人为了重复使用而预先拟定，并在订立合同时未与对方协商的条款。"采用格式条款的合同称为格式合同，或制式合同。《合同法》第四十条规定："格式条款具有本法第五十二条和第五十三条规定情形的，或者提供格式条款一方免除其责任、加重对方责任、排除对方主要权利的，该条款无效。"第四十一条规定："对格式条款的理解发生争议的，应当按照通常理解予以解释。对格式条款有两种以上解释的，应当作出不利于提供格式条款一方的解释。格式条款和非格式条款不一致的，应当采用非格式条款。"

实践中发包方要求承包方出具工程履约保函时，因发包方占据强势和主导地位，保函的文本一般都是由发包方提供的格式文本，且明确要求不得改动。在此情况下，为了保护担保人的利益，担保方在出具保函时，首先要在保函当中说明保函文本是发包方提供的格式文本；另一方面还应当争取采取语词定义等方式，在保函文本中对招标人、投标人、受益人、发包人、承包人的身份以及概念等做出定义或解释性的约定。比如在本案中，约定：发包方仅指招标人即建设总公司；承包方仅指中标人道桥公司；《施工合同》仅指发包人建设总公司与承包人之间根据中标文件签订的施工合同。如做这样的约定，在发生纠纷进行诉讼时有利于法院查明事实，而且担保方在诉讼中会更加主动。

第四，本案二审判决中将深圳分行在保函中没有"**对发包人建设总公司可委托他人与承包人道桥公司签订合同作限制性规定**"作为认定涉案保函已经生效的理由之一，虽然这非常值得商榷，但是，毕竟二审判决已经生效，这样的判例对今后类似案件的事实认定和法律适用肯定会有一定的影响力，所以，担保人为了保护自己的合法权益，今后在出具保函时就应当对此予以高度重视，而且应据此有针对性的对保函的条款内容进一步规范和完善，并采取相应的风险防范对策，比如可以约定：

"本保函所对应的主合同仅指招标人与中标人已经签订（或拟签订）的某工程施工承发包合同。受益人仅指保函中所写明的受益人。"

"任何情况下，如招标人未与中标人签订承发包合同，则本保函不生效，担保人不承担任何担保责任。"

"任何情况下，如招标人未经担保人书面同意而委托他人与中标人签订施工合同，则本保函不生效，担保人不承担任何担保责任。"

"任何情况下，本保函约定的受益人以外的其他任何法人或自然人都无权持本保函向担保人提出任何索赔；对本保函受益人以外的其他任何人提出的索赔，担保人均不承担任何担保责任。"

第五，担保人在出具工程担保履约保函时，要尽量在保函中对免责事项约定清楚。应当积极争取在保函中约定以下免责事项，以下事项如不能约定为免责事项，担保人也必须要有相应的风险防范意识和防范措施：

1. 如果主合同被仲裁或法院认定为无效合同，担保人不承担担保责任。

2. 如果在主合同履行过程中，在未经担保人书面同意的情况下，债权人与债务人（被保证人）协商变更《施工合同》的原有条款，加重担保人担保责任的。担保人不承担加重的担保责任。

3. 如因债权人违约在先，导致债务人（被保证人）违约或解除、终止主合同的，担保人不承担担保责任。

4. 债权人与债务人（被保证人）因履行主合同发生争议而进行诉讼或仲裁时，如涉及债务人违约责任认定事宜，有可能影响到担保人利益或造成担保人可能承担担保责任的，则债权人和债务人必须立即书面通知担保人，并提交相应的诉讼或仲裁资料。如果债权人和债务人均未通知担保人的，担保人免除担保责任。

5. 如债权人与债务人（被保证人）协议终止或解除主合同，涉及债务人违约责任认定，有可能影响到担保人利益或造成担保人可能承担担保责任的，债权人与债务人也应事先书面通知担保人，并提供相关材料。如果债权人和债务人均未通知担保人的，担保人免除担保责任。

6. 如债权人和债务人（被保证人）在债务人申请出具本保函时存在欺诈行为，影响担保人真实意思表示的，担保人免除担保责任。

第六，履约保函中应约定索赔通知等资料的送达方式，并明确约定双方的电话、邮箱、通讯联络地址、邮政编码、具体联系人或部门等信息。

（二）笔者认为，虽然本案的判决结果是招标人、债权人建设总公司胜诉了，但是，通过本案的两审诉讼，同样也反映出债权人在签订及履行工程保证担保合同时存在的一些问题，结合本案的两审判决，招标人（发包方、债权人）在签订及履行工程履约保证担保合同时需要注意以下问题：

第一，应当明确担保合同对应的主合同。法律应当公平保护合同的每一方当事人，而当事人在签订及履行合同时应诚实守信。本案的招标人（债权人、发包人）建设总公司当初在要求道桥公司提供履约保函时，如果已经确定由下属炎汝公司作为实际发包方与道桥公司签订施工合同，那么就应当明确告知道桥公司，也应当由道桥公司明确告知深圳分行。深圳分行可以在此前提下进行风险评估并决定是否出具保函。如果建设总公司当初已经确定自己不亲自签订合同，而是由下属炎汝公司作为实际发包方与道桥公司签订施工合同，但是故意不将这一事实告知道桥公司或深圳分行，则属于故意隐瞒事实真相，有民事欺诈之嫌，可能导致担保合同无效，这样也不利于保护自己的利益。

第二，如果建设总公司当初已经确定自己不亲自签订合同，而是由下属炎汝公司作为实际发包方与道桥公司签订施工合同，那么，在收到道桥公司提供的深圳分行出具的以建设总公司为受益人，且明确发包方为建设总公司、保函生效时间为"自发包人建设总公司与承包人道桥公司签订的施工合同生效之日起生效"的履约保函时，就不应当接受该保函，而应要求重新出具符合要求的保函。因为该保函的受益人即债权人并不是未来可能签订施工合同的实际发包人炎汝公司，而是不可能签订施工合同的建设总公司，接受这样的履约保函，在发生纠纷时，作为债权人很可能不能依据该保函实现自己的担保权利。一审判决的结果也已经证明了这一点。

第三，笔者坚持认为，本案建设总公司作为项目的建设方，在完成招投标程序、发出中标通知书并取得履约保函之后，将工程委托下属炎汝公司作为实际发包人与中标单位签订施工合同的行为实不可取，这种行为肯定不符合法律规定，实践中，招标人、发包人切勿效仿。虽然二审判决支持了建设总公司的诉讼请求，但是，我国毕竟不是判例法系国家，且一审判决与二审判决结果截然相反，也充分说明两审审判机关对本案的事实认定和法律适用是存在明显本质分歧的。在此情况下，效仿建设总公司的上述做法，极有可能存在巨大的风险。

2.3.4 代理词

2.3.4-1 一审第一次开庭代理词

审判长、审判员：

北京市建孚律师事务所接受本案第三人担保公司的委托，指派我担任担保公司的代理人参加诉讼，鉴于本案被告深圳分行出具受益人为原告建设总公司的保函时，担保公司为其提供了相应的反担保，本案的处理结果与担保公司有法律上的利害关系，根据《担保法》第二十条等相应规定，担保公司享有相应的抗辩权，本代理人根据事实和法律发表以下代理意见：

一、本案被告深圳分行向本案原告建设总公司出具的、落款时间为 2010 年 7 月 23 日的《履约担保》尚未发生法律效力。理由如下：

（一）本案原告与第三人道桥公司之间并未签订湖南省炎陵至汝城高速公路项目土建工程第 34 标段的施工承包合同，主合同根本不存在，担保合同作为主合同的从合同自然也就没有法律效力。

第三人道桥公司在取得原告（即招标人）签发的中标通知书后，为了能够满足原告招标文件中的签约条件，顺利与原告签订施工承包合同，而向被告深圳分行申请开具《履约担保》，在被告深圳分行出具的该保函中已经清楚地写明："鉴于建设总公司（以下简称"发包人"）接受道桥公司（以下简称"承包人"）参加炎陵至汝城高速公路项目土建工程第 34 标段施工的投标，我方（深圳分行）愿意无条件地、不可撤销地就承包人与你方（建设总公司）订立的合同，向你方（建设总公司）提供担保。"

由该保函原文中的上述内容可见，被告出具保函所依据的主合同非常明确，就是特指原告建设总公司以发包人的身份与承包人即本案的另一第三人道桥公司签订的施工合同。同时，第三人道桥公司在向被告深圳分行申请出具保函时以及委托本案另一第三人担保公司向被告提供反担保时，均提供了以原告建设总公司作为招标人签发给道桥公司的中标通知书，该中标通知书中明确通知第三人道桥公司"**在接到本通知书后的 30 日内到炎陵县与我方（建设总公司）签订施工承包合同。**"

通过本案各方当事人提交的证据和今天庭审时各方当事人陈述的事实及对证据的质证意见，已经完全能够证实：原告从未以发包人的身份与本案第三人道桥公司签订该工程的施工合同。

根据《担保法》第五条第一款的规定："担保合同是主合同的从合同"，本案原告与第三人道桥公司之间的主合同自始至终就不存在，所以，原告与被告之间拟建立的担保合同关系自然成为无源之水和无本之木，该保函显然未发生法律效力。

（二）该保函所附生效条件并未成就，所以该保函并未发生法律效力。

《合同法》第四十五条规定：当事人对合同的效力可以约定附条件。附生效条件的合同，自条件成就时生效。附解除条件的合同，自条件成就时失效。

该保函的第 2 条明确规定："**担保有效期自发包人（建设总公司）与承包人（道桥公司）签订的合同生效之日起至发包人签发工程接收证书之日止，但担保期限有效期最迟不应超过 2013 年 1 月 22 日，届时，本保函即告解除，我方的担保责任也当然解除。**"

根据保函中的上述内容可见，该保函的效力是附有生效条件的，该生效条件就是：发包人（原告建设总公司）与承包人（第三人道桥公司）签订的施工合同生效。因为事实上原告与第三人道桥公司之间从未签订施工合同，更谈不到合同是否生效，所以，该保函因所附的生效条件未成就而未生效，也就是说该保函尚未发生法律效力，且因为现在已经超过了保函有效期的截止期限2013年1月22日，该保函已经永远不可能发生法律效力。

综上，原告未与第三人道桥公司签订施工合同，被告出具的保函未生效。

二、原告为了达到其索赔目的，在法庭上根本不尊重事实，原告为了回避其未与道桥公司签订合同以及保函未生效的事实，而提出的炎汝公司是其下属派出机构，以及炎汝公司是招标执行机构，炎汝公司是原告的代表人，炎汝公司是原告的职能机构，炎汝公司与道桥公司签订了施工承包合同等同于原告已经与道桥公司签约、炎汝公司完全等同于原告等一系列辩解均不能成立，不能否认或改变原告未与道桥公司签订施工合同的事实，所以，不能否认或改变保函没有生效的事实。

（一）被告开具保函依据的主合同是原告与道桥公司即将签订的施工承包合同，而非炎汝公司与道桥公司签订的施工合同。

在被告深圳分行出具的该保函中已经清楚地写明："**鉴于建设总公司（以下简称"发包人"）接受道桥公司（以下简称"承包人"）参加炎陵至汝城高速公路项目土建工程第34标段施工的投标，我方（深圳分行）愿意无条件地、不可撤销地就承包人与你方（建设总公司）订立的合同，向你方（建设总公司）提供担保。**"根据保函中的这段原文内容可以认定，被告开具保函依据的主合同是原告与道桥公司即将签订的施工承包合同，而非炎汝公司与道桥公司签订的施工合同。

《招投标法》第四十五条第二款规定：中标通知书对招标人和中标人具有法律效力。第四十六条第一款规定：招标人和中标人应当自中标通知书发出之日起三十日内，按照招标文件和中标人的投标文件订立书面合同。招标人和中标人不得再行订立背离合同实质性内容的其他协议。**根据上述法律规定，中标通知书对招标人和中标人是具有法律效力的，招标人和中标人之间应当订立书面合同。该合同的主体不应是招标人和中标人以外的第三人。

被告在出具保函时收到了保函申请人道桥公司提供的由原告签发的中标通知书，这是被告出具保函所依据的最重要的且有法律效力的文件，担保公司在提供反担保时也收到道桥公司提供的中标通知书。该中标通知书中有原告方的签字盖章，其中还明确通知第三人道桥公司"在接到本通知书后的 30 日内到炎陵县与我方（建设总公司）签订施工承包合同。"这也再一次证明被告出具保函所依据的主合同只能而且也必须是原告与道桥公司签订的施工合同。

（二）保函中约定的生效条件是原告与道桥公司即将签订的施工承包合同生效，而非炎汝公司与道桥公司签订的施工合同生效，所以，炎汝公司是否与道桥公司签订施工合同以及合同是否生效不是保函生效的前提条件。被告和担保公司当庭都已经明确表述在被告出具保函和担保公司提供反担保之前，都根本不知道也不可能知道炎汝公司将违反法律规定取代原告的招标人和发包人的法律地位与道桥公司签订合同，**不论炎汝公司与道桥公司签订合同的时间是在何时，**都与保函没有任何关系。相反，炎汝公司与道桥公司签订的施工合同生效，恰好证明原告未与道桥公司签订该施工合同，并且也不可能再与道桥公司签订该施工合同，这从另一个方面再一次证明保函未生效，且该保函也不可能生效。

（三）根据工商登记材料证实，炎汝公司为独立法人，在此前提下，不论原告与炎汝公司之间存在何种法律关系，原告给炎汝公司何种授权，都改变不了炎汝公司是独立法人的事实，也同样改变不了原告未与道桥公司签订该施工合同，而炎汝公司却以独立法人的身份与道桥公司签订了施工合同的事实。

（四）原告为了规避自己未与道桥公司签订该施工合同而是由炎汝公司以独立法人的身份与道桥公司签订了施工合同这一事实，在法庭上竟然提出炎汝公司完全等同于原告、炎汝公司与道桥公司签订合同完全等同于原告与道桥公司签订合同这样既不符合客观事实及法律规定，也不符合逻辑常识的无理狡辩。原告甚至在法庭上回答担保公司的提问时，竟然声称原告和炎汝公司同时都是该工程的发包人，原告的这种行为既没有尊重最基本的事实，又违背了最基本的常识和常理。

原告在法庭上对其与炎汝公司的关系做了以下语无伦次和前后矛盾的多种解释：（1）炎汝公司是其下属的派出机构；（2）炎汝公司是其代表机构；（3）炎汝公司是其招标执行机构；（4）炎汝公司是其招标代理机构；（5）炎汝公司是其职能部门；（6）炎汝公司等同于原告等。《招投标法》中不存在招标执行机构这一概念，炎汝公司是否是原告所谓的招标执行机构、派出机构、代表机构、职能部门，都不能对抗第三人，都不能改变和否认原告是招标人这一事实。道桥公司中标后，原告应当与作为中标人的道桥公司签约，而不应由所谓的招标执行机构炎汝公司与道桥公司签约。如果原告承认炎汝公司就是其招标代理机构，那么炎汝公司只能是其代理人，炎汝公司作为其代理人对外签约必须使用原告的名义，而不应使用炎汝公司自己的名义，这是最基本的法律常识。

如果要由炎汝公司与道桥公司签订施工合同，那么，首先要看炎汝公司是否是该高速公路的建设方，是否具备招标人的资格，如果炎汝公司是建设方且具备招标人的资格，那么必须以炎汝公司作为招标人，重新进行招投标。在重新进行招投标时，如果需要被告出具保函，那么应当由保函申请人持有炎汝公司以招标人和发包人的身份签发的中标通知书等文件另行申请开具以炎汝公司为受益人的保函。

原告未与道桥公司签约的行为是不信守承诺的表现,不仅直接导致保函未生效,同时还属于严重违反《招标投标法》及《招标投标法实施条例》规定的行为,应当受到相应的严厉的行政处罚。

(五)原告关于被告出具保函之前知道原告与炎汝公司的关系以及炎汝公司是招标人和发包人的主张不能成立。

1.在今天的庭审调查中,在法官的再三询问之下,原告对于自己与炎汝公司之间的关系都不能作出明确的回答,至少说出了炎汝公司是其下属的派出机构、是其代表机构、是其招标执行机构、其招标代理机构、是其职能部门、等同于原告六种关系,自己都说不清楚原告与炎汝公司到底是何种关系,如何让被告清楚?如何能认为被告清楚?被告又如何能判断出炎汝公司将违法的取代原告的发包人和招标人的地位而与道桥公司签订施工合同?其观点显然不成立。

2.不论是原告还是道桥公司在保函出具之前都从未向被告和担保公司提供过任何涉及炎汝公司将违法取代原告而成为招标人及发包人的文件。相反,道桥公司在向被告申请开具保函和委托担保公司提供反担保时出具的中标通知、招标文件等文件上都非常清楚地写明招标人和发包人为原告。

3.炎汝公司是否与道桥公司签订施工合同以及何时签订的该施工合同,与被告和担保公司无关,也与被告出具的该保函无关。

4.被告已经当庭说明:在原告提出索赔时,被告最初只知道炎汝公司是招标执行机构,根本不知道原告未与道桥公司签订施工合同而是炎汝公司以自己的名义与道桥公司签订施工合同,在此情况下,被告向担保公司提出了索赔。担保公司也已经当庭提出,直到接到被告的索赔函后,且担保公司尚不知原告未与道桥公司签订施工合同而是由炎汝公司与道桥公司签订了施工合同,在此情况下,担保公司才向道桥公司和反担保人提出索赔。在此之后,经过了解道桥公司是否存在违约事实时,被告和第三人担保公司才逐渐知道原告未与道桥公司签订施工合同,而是由炎汝公司与道桥公司签订了施工合同的部分事实。原告没有证据证明,在出具保函之前被告和担保公司知道是炎汝公司与道桥公司签订施工合同。

根据《招投标法》第十三条规定:招标代理机构是依法设立、从事招标代理业务并提供相关服务的社会中介组织。《招投标法》第十五条规定:招标代理机构应当在招标人委托的范围内办理招标事宜,并遵守本法关于招标人的规定。因为在原告的招投标文件中都写明原告是招标人和发包人,而炎汝公司只是招标执行机构,虽然《招投标法》中没有招标执行机构这一概念,但炎汝公司的所谓"招标执行机构"的身份充其量不过是一个招标代理机构,所以,无论如何招标执行人也不可能取代招标人和发包人。

被告已经当庭提出,如果事先知道发包方或招标人是炎汝公司,那么根本不可能出具该保函,因为炎汝公司不可能通过被告出具保函之前的审核。第三人担保公司也表示,如果知道炎汝公司是招标人和发包人,也不可能提供反担保,因为炎汝公司的注册资金、业绩等都不可能通过担保公司提供担保之前的审核。

(六)原告提出道桥公司曾经向炎汝公司提供授权书,以此证实道桥公司知道炎汝公司是发包人和招标人。代理人认为,其观点同样不能成立。

首先,相关的招投标文件中已经写明原告是招标人和发包人,招标人这三个字是一个法律概念,**《招投标法》第八条规定招标人是依照本法规定提出招标项目、进行招标的法人或者其他组织**。一个工程项目是否需要招投标,谁是招标人,这都是法律规定的,并非是谁想当招标人谁就能当招标人。其次,谁是招标人,是由相关的有法律效力的工程项目立项批复等文件和招投标文件中确定的,不是可以随意变更和依靠推测来认定的。不是说原告想让谁当招标人,谁就能当招标人。炎汝公司充其量只能作为一个招标代理机构，不可能成为招标人和发包人，即便其作为招标代理机构接受了建设总公司的授权书，也只不过是履行代理人的职责，而不能成为招标人和发包人。

（七）原告出具的湖南省政府交通厅等部门的文件也不能改变和否认原告未与道桥公司签订施工合同、保函未生效这一事实。

综上所述，原告提供的所有证据以及原告的所有主张、辩解，都不能改变原告是工程的招标人和发包人以及原告未与道桥公司签订施工合同的事实，所以，不能否认或改变保函没有生效的事实。

三、原告的起诉不能成立，应当予以驳回。

（一）因原告未与第三人道桥公司签订施工合同，在没有施工合同关系的前提下，原告在起诉书中主张第三人道桥公司严重违约并给原告造成巨大的经济损失纯属无稽之谈。

（二）因保函所附条件并未成就，保函未生效，所以，原告要求被告依据履约保函承担担保责任的主张没有任何事实依据和法律依据，而且荒诞至极。

（三）根据本案已经查明的事实，原告根本不具备本案适格的原告主体资格。

首先，如果是因为道桥公司与炎汝公司签订的施工合同而产生的争议，应当由道桥公司与炎汝公司之间解决，事实上道桥公司与炎汝公司之间的施工合同纠纷之诉正在湖南省郴州市中级法院审理，当然，道桥公司与炎汝公司之间这一案件与本案争议无关。

其次，原告与第三人道桥公司之间从未签订该施工合同，该保函因所附的生效条件未成就而未生效，所以，被告不应承担原告所主张的履约担保责任。虽然炎汝公司与道桥公司签订了施工承包合同，但是，因为被告从未以炎汝公司与道桥公司签订的施工承包合同为主合同提供过任何形式的担保，所以，被告也不应对炎汝公司与道桥公司签订的施工承包合同承担任何履约担保责任。

总之，原告的起诉既无事实依据又无法律依据，且原告根本不具备本案适格的主体资格，其起诉不能成立。代理人认为，原告的起诉不符合《民事诉讼法》第一百一十九条规定的起诉条件，应当裁定驳回其起诉。

以上意见，恳请合议庭予以采纳。

此致

深圳市福田区人民法院

2013 年 11 月 5 日

2.3.4-2　一审补充代理意见（第二次开庭）

审判长、审判员：

我依法担任本案第三人担保公司的代理人，发表以下补充代理意见：

一、本案涉及的炎汝高速公路第 34 标段工程项目的招标人、发包方都应当是本案原告建设总公司。

（一）原告自己提交的招标文件中的第一章"招标邀请书"中写明的招标人是建设总公司。

（二）原告自己提交的招标文件中的第二章"招标人须知"内容中也已经明确：招标人是建设总公司。

（三）原告自己提交的招标文件中的《项目专用条款》第 1.1 条语词定义中再一次明确："发包人：建设总公司"。

（四）原告向道桥公司（简称承包方）签发的《中标通知书》中也仍然明确招标人是建设总公司。

本案各方当事人提交的证据中还有其他诸多证据能够证明炎汝高速公路第 34 标段工程项目的招标人、发包方都应当是本案原告建设总公司。大量的事实足以证明，炎汝高速公路第 34 标段工程项的招标人、发包方就是建设总公司。

二、炎汝公司不是炎汝高速公路第 34 标段工程项目的招标人、发包方。

（一）根据原告自己提交的招标文件中的第一章"招标邀请书"、第二章"投标人须知"中的内容，炎汝公司是招标执行机构，所谓招标执行机构的法律地位只不过是招标人建设总公司的招标代理机构，而不是招标人。

（二）原告自己提交的招标文件中的《项目专用条款》第 1.1.2.2 条词语定义中再一次明确："发包人代表机构为炎汝公司。发包人代表机构受业主委托承担本项目的建设管理工作。"根据这一词语解释，炎汝公司与建设总公司之间的法律关系是委托代理关系，炎汝公司仅仅是发包人委托的代表机构，而绝对不是发包人。

综上，炎汝公司不是炎汝高速公路第 34 标段工程项目的招标人、发包方。

三、湖南炎汝高速公路第 34 标段工程项目的施工合同，应当由招标人、发包方建设总公司与中标人道桥公司签订，而不应由炎汝公司与道桥公司签订。

《建筑法》第十五条规定："建筑工程的发包单位与承包单位应当依法订立书面合同，明确双方的权利和义务。"由此可见，法律规定的建设工程施工合同的签约主体应当是发包单位与承包单位，而不是由发包人的代表机构以该代表机构的名义与承包单位签订。

《招投标法》第四十六条规定："招标人和中标人应当自中标通知书发出之日起三十日内，按照招标文件和中标人的投标文件订立书面合同。招标人和中标人不得再行订立背离合同实质性内容的其他协议。"根据这一规定，经过招投标程序的施工合同，应当并且只能由招标人和中标人签订合同，而不应由招标代理机构以代理机构的名义和中标人签订合同。

作为炎汝高速公路第 34 标段工程项目招标人、发包方的建设总公司，在道桥公司中标之后，没有以自己的名义与道桥公司签订施工合同，这本身就是明显的违法和严重的违约行为。而炎汝公司本身不是招标人，其与道桥公司签订施工合同的行为，是在不具备招标人的主体资格、未经过招标程序的情况下进行的，而炎汝高速项目按法律规定是必须进行招投标的项目，炎汝公司与道桥公司的签约行为严重违反《招投标法》第三条的禁止性规定，所以，其与道桥公司签订的施工合同是无效合同。

四、原告提交的授权炎汝公司以自己名义签订相关协议的"授权委托书"不能改变原告是招标人和发包方的事实，也不能使炎汝公司因此成为招标人和发包方。

（一）该授权委托书中的被授权人不是炎汝公司的单位名称，而是炎陵某高速公路建设开发有限公司。这一名称上的区别也就决定了这份授权委托书与炎汝公司不存在任何法律关系。

（二）该授权委托书的形成时间是在项目的招投标已经完成且中标通知书已经发出之后，无法改变原告是招标人和发包方的事实。

（三）本案被告深圳分行、道桥公司、担保公司均未收到该授权书所以该授权书与本案无关。

（四）原告的招标人、发包人身份不是能够通过授权委托的方式转让给他人的，其授权无效。

五、原告不能依据深圳分行出具的担保函得到任何赔偿。

（一）深圳分行出具的担保函附有生效条件，即：自发包人与承包人签订的合同生效之日起该保函生效。而原告未与承包人签订合同，所以该保函尚未发生法律效力。因为客观上原告已经无法和道桥公司签订炎汝高速公路第 34 标段工程项目的施工合同，所以，该保函永远不会生效。因此，原告提出索赔没有法律依据。

（二）鉴于原告未与承包人签订施工合同，客观上也就绝对不可能存在承包人违约、给原告造成损失的情形,所以,原告提出索赔也就没有事实依据。

(三)炎汝公司与道桥公司虽然签订了合同,但是,炎汝公司不是该保函的受益人,与该保函及保函的出具人深圳分行不存在任何法律关系,所以,炎汝公司也无权提出索赔。

六、炎汝公司与道桥公司之间的施工合同纠纷终审判决不能作为原告向被告主张保函索赔权利的依据。

首先,该终审判决审理的是炎汝公司与道桥公司之间的合同纠纷,而不是审理的原告与道桥公司之间的施工合同纠纷,该判决与被告出具的保函既无法律上的关系,也没有逻辑上的关系,与本案无关。

其次,根据《担保法》的规定,被告作为担保人享有独立的抗辩权。该生效判决在认定事实和适用法律方面都存在非常严重的错误,不论是何种原因造成的该判决的公然违背事实、枉法裁判,但是因为保函的受益人是原告,而非炎汝公司,所以,该判决结果与被告无关。

综上所述,原告的诉讼请求既无事实依据,又无法律依据,本代理人恳请合议庭判决驳回原告的全部诉讼请求。

此致

深圳市福田区人民法院

2016年3月16日

2.3.4-3 二审代理词

审判长、审判员:

北京市建孚律师事务所受本案原审第三人担保公司的委托,指派我担任本案原审第三人担保公司的二审代理人参加诉讼,根据《担保法》第二十条等相应规定,担保公司享有相应的抗辩权,本代理人根据事实和法律发表以下代理意见:

一、一审判决认定《履约担保》未生效并驳回了上诉人（原审原告）建设总公司的原审全部诉讼请求，认定事实清楚，适用法律正确，审判程序合法，应当予以维持。

首先，根据本案事实可见，原审第三人道桥公司向原审被告深圳分行申请开具《履约担保》时，仅取得了上诉人建设总公司为招标人签发的中标通知书，尚未与上诉人签订施工合同。原审第三人道桥公司是为了能够满足上诉人招标文件中的签约条件，与上诉人签订施工承包合同，才依据中标通知书向原审被告申请开具履约保函。原审被告深圳分行出具的该《履约担保》中已经清楚地写明："鉴于建设总公司（以下简称"发包人"）接受道桥公司（以下简称"承包人"）参加湖南省炎陵至汝城高速公路项目土建工程第34标段施工的投标，我方（深圳分行）愿意无条件地、不可撤销地就承包人履行与你方（建设总公司）订立的合同，向你方（建设总公司）提供担保。"

由该保函原文中的上述内容可见，原审被告出具的保函所依据的主合同非常明确，就是特指上诉人建设总公司以发包人的身份与承包人即本案的原审第三人道桥公司签订的施工合同。同时，原审另一第三人道桥公司在向原审被告深圳分行申请出具保函时以及委托本案第三人担保公司向原审被告提供反担保时，均提供了以上诉人建设总公司作为招标人签发给道桥公司的中标通知书，该中标通知书中明确通知第三人道桥公司"在接到本通知书后的30日内到炎陵县与我方（建设总公司）签订施工承包合同。"

上诉人提出的所谓炎汝公司是"招标执行机构"的主张，本身意思含混不清，《招投标法》中没有招标执行机构这一概念，根据《招投标法》第十三条规定：招标代理机构是依法设立、从事招标代理业务并提供相关服务的社会中介组织。《招投标法》第十五条规定：招标代理机构应当在招标人委托的范围内办理招标事宜，并遵守本法关于招标人的规定。因为在上诉人的招投标文件中都写明上诉人是招标人和发包人,在炎汝公司只是招标执行机构的情况下,其身份充其量不过是一个招标代理机构,所以,无论如何招标执行人也不可能成为招标人和发包人。

根据原审已经查明的事实,原审第三人道桥公司从未与上诉人签订湖南省炎陵至汝城高速公路项目土建工程第34标段的施工承包合同,而是与炎汝公司签订了湖南省炎陵至汝城高速公路项目土建工程第34标段的施工承包合同。

根据《担保法》第五条第一款的规定:"担保合同是主合同的从合同,主合同无效,担保合同无效"。本案上诉人与原审第三人道桥公司之间的主合同自始至终根本不存在,所以,该保函显然未发生法律效力。

其次,该保函所附生效条件并未成就,所以该保函并未发生法律效力。《合同法》第四十五条规定:当事人对合同的效力可以约定附条件。附生效条件的合同,自条件成就时生效。附解除条件的合同,自条件成就时失效。

该保函的第2条明确规定:**"担保有效期自发包人(建设总公司)与承包人(第三人道桥公司)签订的合同生效之日起至发包人签发工程接收证书之日止,但担保期限/有效期最迟不应超过2013年1月22日,届时,本保函即告解除,我方担保责任也当然解除。"**

根据保函中的上述内容可见,该保函是附有生效条件的,即:发包人(上诉人建设总公司)与承包人(原审第三人道桥公司)签订的施工合同生效。因为事实上上诉人与原审第三人道桥公司之间从未签订施工合同,更谈不到合同是否生效,所以,该保函因所附的生效条件未成就而未生效,因此该保函尚未发生法律效力,且因现已经超过了保函的有效期截止期限2013年1月22日,该保函已经永远不可能发生法律效力。

基于上述事实和有关法律规定，一审判决认定《履约担保》未生效，并驳回了上诉人原审的全部诉讼请求，属认定事实清楚、适用法律正确，并且审判程序合法，所以，一审判决应当予以维持。

二、针对在二审谈话调查时法官向被上诉人所提有关《履约担保》第四条所指的变更合同是指哪一份合同这一问题的补充意见。

虽然这一问题是法官在二审调查时向被上诉人提出的问题，但因本案的第三人担保公司为被上诉人出具《履约担保》提供了反担保，所以，有权且也应当就这一问题发表意见：

1. 首先要说明的是，原审第三人道桥公司在委托被上诉人出具保函及委托担保公司提供反担保时，其目的是为了满足上诉人在招标文件中要求的条件，从而与上诉人签订炎汝公司34标段的施工合同，当时炎汝公司34标段的施工合同确定尚未签订。此时，道桥公司只向被上诉人提供了保函申请书、中标通知书、投标函等文件，因为当时道桥公司尚未与上诉人或其他任何单位签订炎汝公司34标段的施工合同，所以，道桥公司也不可能向被上诉人提交有关炎汝公司34标段的任何施工合同。

基于上述事实和逻辑，《履约担保》第四条中所称"变更合同"当中的"合同"所指的只能是道桥公司在取得《履约担保》以后与上诉人拟签订的施工合同，而不可能是指其他任何合同，更绝对不可能指炎汝公司违反招投标法与道桥公司签订的那份施工合同。而这一道桥公司与上诉人拟签订的施工合同的空白文本条款内容则已经包括在上诉人的招标文件当中。上诉人提交的证据五就是招标文件，其中就有这一道桥公司与上诉人拟签订的炎汝公司34标段的施工合同的空白文本。

2. 至于《履约担保》第四条提及的"按合同条款第十五条变更合同时"，本代理人认为，因为《履约担保》的文本内容是上诉人制定的，所以，其中所提到的同条款第十五条应当并且肯定指的是上诉人招标文件中所附的拟签订的施工合同文本的第十五条，而绝对不是指道桥公司与炎汝公司签订的施工合同及其第十五条。上诉人的这一主张根本不能成立。

三、本案不存在上诉人与炎汝公司法人人格混同的问题。

根据《公司法》第三条规定：公司是企业法人，有独立的法人财产，享有法人财产权。公司以其全部财产对公司的债务承担责任。

根据本案事实，有充分的证据能够证明炎汝公司是独立的企业法人。首先，道桥公司和担保公司在一审阶段作为证据提交的工商管理部门关于炎汝公司的注册登记材料，完全能够证明炎汝公司是经工商部门登记注册的有限责任公司。其次，上诉人在一审提交的湖南郴州中级人民法院、湖南省高级法院作出的关于道桥公司与炎汝公司施工合同纠纷的判决，不仅能够再次证明炎汝公司是独立法人，而且炎汝公司的独立法人地位和资格还是由法院的生效判决所确认的。在这种情况下，上诉人为了达到自己的目的而声称炎汝公司与上诉人法人人格混同的主张显然是不成立的。

此外，《公司法》第二十条和第六十三条有关公司人格混同的概念及规定，是禁止性和义务性的规定。其立法的本意是禁止和限制股东滥用权力，并且要对股东滥用权力的行为进行制裁和惩罚，滥用权力的股东要为自己的行为付出代价，要承担责任！本案上诉人即使有证据证明因上诉人的行为导致炎汝公司与上诉人法人人格混同，那么，上诉人依法也不可能得到任何权力和利益，而是要付出义务和代价。

《公司法》第二十条和第六十三条有关公司人格混同的规定，都是针对股东滥用权力导致人格混同的规定，而炎汝公司是上诉人的孙公司并非子公司。事实上，上诉人的子公司才是炎汝公司的股东，上诉人根本不是炎汝公司的股东，所以，无论从事实、法理和逻辑上，上诉人都不可能与炎汝公司法人人格混同。本代理人认为，炎汝公司是否具有企业法人的地位和资格是根据事实和法律认定的，而不能根据上诉人的意志来决定。上诉人作为炎汝公司的股东的上级单位，根本无权非法干预孙公司——炎汝公司的正常经营，即使能够证明上诉人非法干预了炎汝公司的正常经营，也不能因此对抗法律，以此否认炎汝公司的企业法人地位和资格，更不能因此对抗第三人。上诉人更不能因违法行为而获利。所以，上诉人关于所谓炎汝公司与上诉人法人人格混同的主张纯属无稽之谈。

综上，本代理人认为，本案的事实非常简单明了，总结归纳起来就是：保函的受益人即上诉人没有与中标人签订施工合同，所以，不可能依据保函得到担保赔偿；而与中标人签订合同的法人即炎汝公司因不是保函的受益人，也不应依据保函得到赔偿。

一审判决认定事实清楚，适用法律正确，审判程序合法，应当予以维持。而上诉人所提出的上诉主张和请求，既无事实依据，又无法律依据，纯属搬弄是非、无理取闹，一方面浪费了宝贵的社会公共司法资源，另一方面也给本案原审其他当事人造成了时间、精力和经济方面的损失。本代理人恳请二审法院，驳回上诉，维持原判。

此致

深圳市中级人民法院

2017 年 7 月 23 日

2.4 建设工程施工合同中"阴阳合同"的效力认定
——兼谈仲裁与民事诉讼的区别

2.4.1 案情简介

由花都某房地产有限公司（简称花都公司）开发的住宅楼（自编：第三期 V1、T1、V2a、V3 型）项目，是依法进行招投标的项目。花都公司是招标人，茂南某建安有限公司（简称茂南公司）参与投标后，经招投标程序，于2009年12月28日接到《中标通知书》，中标价格为19106833.98元（大写：壹仟玖佰壹拾万陆仟捌佰叁拾叁元玖角捌分）。之后，茂南公司与花都公司于2009年12月31日签订了住宅楼（自编：第三期V1、T1、V2a、V3型）《建设工程施工合同》（简称《施工合同》），合同编号为HD/M/08/ZF/01，承包范围为住宅楼（自编：第三期V1、T1、V2a、V3型），承包方式为包工包料，工期为650天，合同价款为中标价即19106833.98元。

茂南公司在取得《中标通知书》并与花都公司签订《施工合同》之后，因《施工合同》中约定，茂南公司需向花都公司提供银行《履约保函》，保函金额为合同总价的10%。因此，茂南公司向某银行深圳分行（简称深圳分行）提供了上述《中标通知书》和《施工合同》，申请深圳分行以该《施工合同》为主合同开具《履约保函》。

2010年2月8日，深圳分行在对《中标通知书》和《施工合同》进行审核后，出具了受益人为花都公司的《无条件、不可撤销履约保函》（简称《履约保函》）。该保函中约定：鉴于茂南公司已与花都公司签订了工程编号为HD/M/08/ZF/01的某住宅三期住宅项目总承包工程的施工合同，工期自2010年2月1日至2011年11月12日。我方接受被保证人的委托，向受益人提供无条件、不可撤销的履约保证。最高担保金额为人民币6118000元（大写：陆佰壹拾壹万捌仟元）。保证期为：自2010年2月8日至2012年5月11日。该保函第三条约定：保证期内，我方将在收到受益人、某工程监理有限公司（简称监理公司）两方法定代表人或其授权委托代理人签字确认并加盖公章的书面索赔通知之日起30个工作日内，不争辩、不挑剔、无条件、不可撤销地向花都公司支付索赔款，直至本保证担保的最高担保金额。该保函第八条约定：本保证担保适用中国法律，若因本保函发生纠纷，当事人均可向广州仲裁委员会申请仲裁解决。

2012年5月7日，深圳分行补充出具《无条件、不可撤销履约保函修改函》将保证期修改为"至 2013 年 5 月 11 日止"。

此后,花都公司于 2013 年 3 月 25 日向深圳分行提交索赔通知等文件,提出索赔称:茂南公司违约,索赔金额为最高担保金额 6118000 元。

深圳分行收到索赔通知等文件之后,随即也收到了茂南公司于 2013 年 3 月 26 日发出的《拒绝索赔抗辩通知》。茂南公司在该通知中明确要求深圳分行对花都公司的索赔予以拒绝,并提出三点理由:一是花都公司有欺诈行为,与茂南公司签订"阴阳合同",即针对同一个住宅开发项目,与茂南公司签订了两份承发包合同,属于虚构事实、恶意串通、签订虚假的合同,以合法形式掩盖非法目的,严重违反《招投标法》,因此主合同无效,该《履约保函》也无效。二是茂南公司不存在违约。三是茂南公司与花都公司就履行主合同存在争议,茂南公司近期拟对花都公司提起仲裁。

2013 年 4 月 26 日,深圳分行根据被保证人茂南公司的通知要求,并结合相关事实及证据作出《关于索赔的复函》,复函受益人花都公司,以基础合同纠纷仲裁书或判决书生效前,无法判定茂南公司具体违约情况,无法判断是否应承担保证责任及赔付金额为由,未对花都公司提出的索赔予以赔付。需要说明的是,事实上花都公司就同一个住宅建设开发项目,与茂南公司签订两份承发包合同,一份是经过招投标程序、依据《中标通知书》于 2009 年 12 月 31 日签订的《施工合同》,合同价款为中标价 19106833.98 元,茂南公司申请开具保函时提供给深圳分行的就是这份合同,且深圳分行只知道有这份《施工合同》,因此,这份《施工合同》是《履约保函》所对应的主合同。花都公司就同一项目与茂南公司签订另一份承发包合同,是在没有进行相应的招投标程序、茂南公司没有取得相应的《中标通知书》的情况下,双方私下于 2010 年 1 月 4 日签订的名称为《某住宅项目总承包协议书》(简称《协议书》),工程价款为 61180000

元（大写：陆仟壹佰壹拾捌万元）。

茂南公司在向深圳分行申请开具《履约保函》时，既没有告知深圳分行承发包双方存在"阴阳合同"的情况，也没有向深圳分行提交未经招投标程序签订的《协议书》。因此，客观地说，该《协议书》确实不是深圳分行出具的《履约保函》所对应的主合同。

花都公司在2013年3月26日向深圳分行提出索赔的同时，根据其与茂南公司签订的《协议书》中约定的仲裁协议条款，向广州仲裁委员会申请仲裁。花都公司在仲裁申请书中称：2010年1月4日，经招投标决定，花都公司与茂南公司签订了《协议书》及相关附件。总包干价为人民币6118万元……仲裁请求为：解除《协议书》；要求茂南公司支付逾期竣工赔偿金、管理费、退还工程款等7640867.32元（大写：柒佰陆拾肆万零捌佰陆拾柒元叁角贰分）。

茂南公司提出答辩及反请求主张为：一、双方针对同一个住宅开发项目，签订了两份承发包合同即《施工合同》和《协议书》，而两份合同的工程价款相差四千多万元，违反《招投标法》等法律规定，都是无效合同。因此，请求确认《施工合同》和《协议书》无效。同时认为花都公司要求茂南公司支付各种款项的请求没有事实依据，花都公司应按无效合同的财产返还原则，对已完工工程进行折价补偿，向茂南公司支付折价补偿款3231万余元。

在该仲裁案开庭时，茂南公司与花都公司都认可双方针对同一个住宅开发项目签订了两份承发包合同即《施工合同》和《协议书》，存在签订"阴阳合同"的情况，双方也同时都认可实际履行的是《协议书》，《施工合同》是为了备案而签订的。

仲裁庭认定：双方签订《施工合同》和《协议书》是双方的真实意思表示，签约主体适格，没有违反《招投标法》、《合同法》的强制性规定，应认定为合法有效合同。在合同订立后，双方已经按照《协议书》履行了合同义务，确认不按《施工合同》来履行。因此，仲裁庭以《协议书》作为处理该案的依据，《施工合同》不作为依据。

中国广州仲裁委员会于 2015 年 12 月 31 日对花都公司与茂南公司之间的建设工程合同纠纷案件作出（2013）穗仲案字第 591 号裁决书（简称 591 号裁决书），其裁决结果主要内容为：解除《协议书》及合同附件；茂南公司支付逾期完工违约金（以 38530906.74 元为基数，按中国人民银行一年期同类贷款利率计算，自 2012 年 3 月 28 日起算至 2012 年 12 月 27 日止）；茂南公司退还花都公司工程款 31 万余元；不支持茂南公司的反请求。

在 591 号仲裁裁决书作出一年多以后，花都公司根据深圳分行出具的《履约保函》中关于"若因本保函发生纠纷，当事人均可向广州仲裁委员会申请仲裁解决"的约定，于 2017 年 7 月 31 日，向中国广州仲裁委员会提起仲裁申请。花都公司的理由是：其与茂南公司因履行《协议书》的纠纷已经仲裁结案，茂南公司未履行该生效裁决书（即 591 号仲裁裁决书）的义务，故申请裁决深圳分行支付担保金额 6118000 元及逾期付款利息等，合计 7640867.32 元。

2.4.2　本案仲裁过程及裁决结果

笔者在本仲裁案中担任被申请人深圳分行的代理人。

深圳分行针对花都公司的仲裁请求和理由所提出答辩意见的主要内容如下：

第一，花都公司于 2017 年 7 月 31 日向中国广州仲裁委员会申请本案仲裁已经超过两年的仲裁时效期间，花都公司的申请应当依法予以驳回。

深圳分行认为，综合花都公司仲裁申请书及提供的证据材料内容可见，花都公司主张其共计四次致函深圳分行提出索赔：

第一次索赔的时间是 2013 年 3 月 25 日，其提出索赔申请之后，深圳分行在《关于索赔的复函》中，以花都公司与茂南公司之间的工程纠纷未解决为由拒绝赔付。

第二次索赔的时间是2013年5月3日,花都公司称收到深圳分行的拒赔回复后,向深圳分行寄送了《对<关于索赔的复函>的回函》,对深圳分行的拒赔理由提出反驳,并再次主张权利,但深圳分行未再作回复。

第三次索赔的时间是2015年4月16,花都公司称其以快递方式向深圳分行提交了《再次要求承担责任的函》,深圳分行无理拒绝。

第四次索赔的时间是2016年3月1日,以快递方式向深圳分行提交了《再次请求承担责任的函》,深圳分行未作任何回应。

对于花都公司所主张的曾提出上述四次索赔申请,深圳分行则主张只收到了第一次即2013年4月25日花都公司所提出的索赔申请材料,已经于2013年4月26日向花都公司作出《关于索赔的复函》,拒绝了花都公司的索赔。

深圳分行认为,在2013年4月26日针对花都公司的索赔作出《关于索赔的复函》之后至本次花都公司提出仲裁之前,深圳分行与花都公司及茂南公司再无联系。甚至花都公司与茂南公司之间因履行《协议书》纠纷向中国广州仲裁委员会申请仲裁以及进行仲裁的过程和已经作出591号仲裁裁决书的仲裁结果,也无人告知深圳分行,深圳分行对此并不知晓。

此外,对于花都公司主张的第二次索赔即2013年5月3日向深圳分行寄送了《对<关于索赔的复函>的回函》,深圳分行主张没有收到该索赔资料,而花都公司在仲裁开庭时提交了国内标准快递的查询结果,显示该函件于2013年5月6日"投递并签收"。

而对于花都公司主张在此之后提交的其余两次索赔申请材料(花都公司主张每次都同时寄至深圳分行的注册地及保函所载明的地址),深圳分行主张并未收到,且花都公司提供的相关国内标准快递的查询结果显示为"他人收"或"他人收前台"或"退回妥投",没有一份是"投递并签收"。

深圳分行认为,"他人签收"足以证明深圳分行未收到该函件,而"退回妥投"则只能证明邮件被退回寄件人并妥投退给了寄件人,这样的证据显然不能证明深圳分行收到了这两份索赔函件。

综上,深圳分行认为,根据《民法通则》第一百三十五条规定(注:在庭前答辩及2017年9月16日仲裁开庭时,《民法总则》还尚未实施):向人民法院请求保护民事权利的诉讼时效期间为二年,法律另有规定的除外。《仲裁法》第七十六条规定:法律对仲裁时效有规定的,适用该规定。法律对仲裁时效没有规定的,适用诉讼时效的规定。所以,本案应当适用"诉讼时效期间为二年"的规定。根据《民法通则》第一百三十七条的规定:诉讼时效期间从知道或者应当知道权利被侵害时起计算。因此,深圳分行认为,对于花都公司主张的第二次索赔即2013年5月3日向深圳分行寄送了《对<关于索赔的复函>的回函》,虽然深圳分行主张没有收到该索赔资料,但是,花都公司提交了证据证明该函件于2013年5月6日"投递并签收",可以视同深圳分行收到了该函件。但是,即使仲裁庭认定深圳分行于2013年5月6日收到了花都公司寄送的《对<关于索赔的复函>的回函》,那么,本案的仲裁时效期间最迟也应当从此开始计算,两年诉讼时效期间届满的时间应当是2015年5月6日。花都公司于2017年7月31日申请仲裁,已经超过仲裁时效期间,其仲裁请求应当予以驳回。

第二,深圳分行出具的《履约保函》所依据的基础合同即主合同,是承、发包双方依据《中标通知书》签订的、合同价款为19106833.98元的《施工合同》,而不是《协议书》。深圳分行向仲裁庭提交了茂南公司出具的《说明》,该《说明》的内容为茂南公司在申请出具保函时,只向深圳分行出具了《中标通知书》和《施工合同》,这足以证实茂南公司在向深圳分行申请开具保函时提交的是《施工合同》，而不是《协议书》。因此，茂南公司履行该《协议书》是否存在违约行为都不属于《履约保函》的担保范围，深圳分行都不应当且不可能承担任何担保责任。

第三，本案还存在《协议书》无效的问题。且不说《协议书》根本不是保函所对应的基础合同即主合同，即使《协议书》是主合同，因其存在违反法律禁止性规定，违反《合同法》和《招投标法》的问题，存在签订过程未经合法的招投标程序、承发包双方签订"阴阳合同"，明显故意规避国家税费、逃避政府部门监管等问题，根据《审理施工合同纠纷案件解释》第一条的规定：建设工程施工合同具有下列情形之一的，应当根据合同法第五十二条第（五）项的规定，认定无效：（三）建设工程必须进行招标而未招标或者中标无效的，该《协议书》也属无效合同。根据《担保法》第五条的规定：担保合同是主合同的从合同，主合同无效，担保合同无效，所以，即便《协议书》是涉案保函对应的主合同，深圳分行也同样不承担担保责任，花都公司无权依据保函向深圳分行主张担保责任。

《担保法》第二十条规定：一般保证和连带责任保证的保证人享有债务人的抗辩权。债务人放弃对债务的抗辩权的，保证人仍有权抗辩。在本案中，深圳分行作为保证人具有独立的抗辩权。

中国广州仲裁委员会在591号裁决书中，将花都公司与茂南公司就同一个开发项目先后签订的两份承发包合同即《施工合同》和《协议书》同时都认定为有效合同，这种认定本身就违反法律规定，且这一裁决中的认定不能约束深圳分行，深圳分行作为担保人，仍然有权行使《担保法》赋予的独立的抗辩权。鉴于《施工合同》和《协议书》是茂南公司与花都公司为规避法律规定，违反《招投标法》等规定，而签订的"阴阳合同"，属于无效合同，所以，深圳分行有权对《施工合同》和《协议书》的效力问题提出抗辩。

第四，涉案《履约保函》约定的担保方式为保证担保，虽未约定保证方式,但是,根据《担保法》第十九条规定:当事人对保证方式没有约定或者约定不明确的,按照连带责任保证承担保证责任。该保函的保证方式应当推定为连带责任保证担保。该保函并非独立保函,花都公司不能依据独立保函的相关规定进行索赔。

综合以上意见,深圳分行请求仲裁庭驳回花都公司的仲裁请求。

中国广州仲裁委员会经审理于2017年12月21日作出裁决书,对主要事实的认定、理由和裁决结果如下:

第一,仲裁庭认为,花都公司提起本案仲裁并未超过仲裁时效。

理由之一,2013年4月26日深圳分行向花都公司出具的《关于索赔的复函》载明,因花都公司与茂南公司在施工合同项下纠纷尚未解决,在基础合同纠纷尚未被裁决前,无法判定茂南公司具体违约情况,因此深圳分行暂无法判定是否承担保证责任。据此,深圳分行针对花都公司的索赔并未做出明确拒赔的意思表示,而是考虑到《履约保函》所对应的基础合同纠纷尚未解决,茂南公司的违约责任尚未确定,深圳分行暂时无法判定是否应承担保证责任进行赔付及赔付金额。因此,《关于索赔的复函》并不视为深圳分行拒赔的意思表示。2013年5月3日,花都公司向深圳分行寄送了《对〈关于索赔的复函〉的回函》,深圳分行于2013年5月6日收到该函件,即花都公司于2013年5月3日再次向深圳分行主张了索赔的权利。

理由之二,对于花都公司主张已于2015年4月23日向深圳分行的注册地及《履约保函》所载地址寄送了注明为《再次要求承担担保责任的函》,再次向深圳分行进行索赔。仲裁庭则认为,在深圳分行注册地址未变更的情况下,"他人收"、"他人收前台"应视为深圳分行已经签收。花都公司于2015年4月23日向深圳分行寄送《再次要求承担责任的函》产生了仲裁时效中断的效力,此时本案的仲裁时效从深圳分行收到该函件后(2015年4月24日)重新计算。

理由之三,仲裁庭还认为,花都公司于2016年3月3日向深圳分行的注册地及《履约保函》所载地址分别寄送了注明为《再次请求履行责任的函》的邮件,向深圳分行主张索赔的权利,显示"他人收前台",结合前述分析,同样应视为深圳分行已经于2016年3月4日签收,此时亦发生仲裁时效中断的效力。

基于上述理由,仲裁庭认为,**本案仲裁时效从2016年3月4日重新计算,花都公司于2017年7月31日提起本案仲裁,未超过仲裁时效**。

第二,仲裁庭认为,《履约保函》所对应的基础合同是《协议书》。主要理由如下:

理由之一,《履约保函》所载合同编号、工程项目名称与《协议书》的合同编号、工程项目名称一致。

理由之二,《保证额度使用申请书》所载合同编号、工程项目名称与《协议书》、《履约保函》所载的合同编号、项目名称一致。

理由之三,《履约保函》中的担保金额与《协议书》、《保证额度使用申请书》中约定一致。《协议书》附件十四《关于履约担保的规定》约定履约担保的金额为合同总价的10%,即6118000元,与《保证额度使用申请书》、《履约保函》中的保证金额一致。

理由之四,花都公司在2013年4月26日向深圳分行寄送的《索赔通知》,载明根据茂南公司与花都公司签订的工程施工合同(编号:HD/M/08)约定,总承包工程未按期完工,茂南公司存在严重违约行为,深圳分行应向花都公司支付赔付款6118000元。深圳分行在向花都公司寄送的《关于索赔的复函》中拒赔的理由为:"施工合同项下存在纠纷尚未解决,在基础合同纠纷解决且相关仲裁书或判决书生效前,无法判定被保证人具体违约情况……暂无法判断是否应承担保证责任进行赔付及赔付金额"。因此,深圳分行并没有提出《履约保函》不是为《协议书》担保而拒赔。

深圳分行抗辩称,茂南公司出具的《说明》已表明茂南公司在申请保函时只向深圳分行提交《中标通知书》和《施工合同》。仲裁庭认为，因茂南公司与深圳分行存在利害关系，且茂南公司出具《说明》的时间是在其与花都公司发生纠纷及本会受理本案以后，即该证据在证明效力上存在瑕疵。因此，对深圳分行的抗辩，仲裁庭不予采信。

第三，仲裁庭认为《协议书》及《履约保函》均合法有效。

仲裁庭认为，《履约保函》是茂南公司与深圳分行的真实意思表示，合法有效，对深圳分行具有约束力。仲裁庭还认为，第591号《裁决书》已认定《协议书》合法有效，该《裁决书》已经生效，具有法律效力，故对深圳分行关于《协议书》无效的抗辩，仲裁庭不予采信，即《履约保函》不存在因《协议书》无效而无效的情形。此外，深圳分行根据茂南公司的申请出具《履约保函》，《履约保函》是深圳分行的真实意思表示，不存在《合同法》第五十二条规定的无效的情形，即《履约保函》合法有效，对深圳分行具有约束力。

第四，关于《履约保函》的性质，仲裁庭认为《履约保函》符合独立保函的相关规定，应认定为独立保函。

仲裁庭认为：《独立保函规定》第一条规定，本规定所称的独立保函，是指银行或非银行金融机构作为开立人，以书面形式向受益人出具的，同意在受益人请求付款并提交符合保函要求的单据时，向其支付特定款项或在保函最高金额内付款的承诺。前款所称的单据，是指独立保函载明的受益人应提交的付款请求书、违约声明、第三方签发的文件、法院判决、仲裁裁决、汇票、发票等表明发生付款到期事件的书面文件。第三条规定：保函具有下列情形之一，当事人主张保函性质为独立保函的，人民法院应予支持，但保函未载明据以付款的单据和最高金额的除外；（一）保函载明见索即付……《履约保函》第三条约定：深圳分行在收到索赔通知后，应不争辩、不挑剔、无条件、不可撤销地向花都公司支付索赔款，直至本保证担保的最高担保金额。仲裁庭根据上述约定内容认为,《履约保函》实际为见索即付,是独立保函。

仲裁庭裁决结果如下：

（一）深圳分行向花都公司支付担保款2545061.49元（注：系按591号裁决书计算）；

（二）深圳分行向花都公司支付逾期付款利息，逾期付款利息包括：1. 以2488485.05元为基数、按照中国人民银行同期贷款利率的标准计算，自2013年5月9日起算；2. 以39665元为基数、按照中国人民银行同期贷款利率的标准计算，自2016年3月25日起算；3. 以16911.44元为基数、按照中国人民银行同期贷款利率的标准计算，自2016年6月24日起算，以上三项逾期付款利息计算至2545061.49元全部清偿之日止，以上三项逾期付款利息以3572938.51元为限；

（三）深圳分行补偿花都公司支付的律师费95400元；

（四）本案仲裁费67285元，由花都公司承担40371元，深圳分行承担26914元（该费用已由花都公司预缴，本会不作退还，由深圳分行支付花都公司）。

上述裁决确定深圳分行应付花都公司的款项，自本裁决书送达之日起十日内一次性支付给花都公司。逾期支付的，按照《中华人民共和国民事诉讼法》第二百五十三条的规定处理。

本裁决为终局裁决，自作出之日起发生法律效力。

2.4.3 案例点评

一、本案的仲裁时效期间应当从何时开始计算？

第一，需要明确的是，于2017年10月1日起实施的《民法总则》第一百八十八条规定："向人民法院请求保护民事权利的诉讼时效期间为三年。法律另有规定的，依照其规定。"而此前《民法通则》第一百三十五条规定的向人民法院请求保护民事权利的诉讼时效期间为二年。本案发生在《民法总则》实施之前,诉讼时效期间应为二年。

第二,《仲裁法》第七十六条规定:"法律对仲裁时效有规定的,适用该规定。法律对仲裁时效没有规定的,适用诉讼时效的规定。"所以,本案应当适用《民法通则》关于"诉讼时效期间为二年"的规定。

第三,根据《民法通则》第一百三十七条的规定:"诉讼时效期间从知道或者应当知道权利被侵害时起计算。"《民法通则》第一百四十条规定:"诉讼时效因提起诉讼、当事人一方提出要求或者同意履行义务而中断。从中断时起,诉讼时效期间重新计算。"

具体到本案而言,《履约保函》修订变更后约定的保证期间的截止期限为2013年5月11日,所以,受益人提出索赔的时间必须在2013年5月11日之前。而本案仲裁时效期间从何时起开始计算,首先要看《履约保函》的受益人花都公司从何时开始"知道或者应当知道权利被侵害"。当然,这里所指的权利是花都公司依据《履约保函》所享有的要求深圳分行承担担保责任的权利。其次,要看是否存在诉讼时效中断以及是否存在从中断时起重新计算诉讼时效期间的情形。

根据本案双方均认可的事实,花都公司第一次索赔的时间是2013年3月25日,在保函约定的保证期内。其提出索赔申请之后,深圳分行发出的《关于索赔的复函》,以花都公司与茂南公司之间的工程纠纷未解决为由未予赔付,其实质应为拒绝赔付的意思表示。花都公司在仲裁申请书中也认为这是"拒绝赔付"。从深圳分行发出的《关于索赔的复函》之日即2013年4月26日起,花都公司就应当知道自己的"权利被侵害",诉讼时效期间应当从此时开始计算。

但是,在第一次索赔遭拒之后,花都公司提出了第二次索赔,索赔时间是2013年5月3日。虽然深圳分行主张没有收到该次索赔的资料,但是,花都公司提交的证据国内标准快递的查询结果显示该函件于2013年5月6日**投递并签收**。在此情况下,深圳分行不能提出相反的证据来反驳对方,那么,根据花都公司提交的证据所证明的该函件于2013年5月6日**"投递并签收"**的事实,仲裁庭认定深圳分行于2013年5月6日收到了该次索赔资料,无可厚非,应属认定事实清楚。也就是说,即便深圳分行事实上根本没有收到这份索赔材料,那么,根据证据也可认定视为深圳分行收到了该份索赔资料,而且深圳分行也必须接受这一事实。所以,鉴于花都公司在保证期间和诉讼时效期间内再一次主张权利,诉讼时效于2013年5月6日发生中断。而不论深圳分行是因没有收到该次索赔材料还是其他任何原因,总之,事实上深圳分行在2013年5月6日以后并没有给花都公司作出任何回复,关键是并没有承担担保责任!所以,本案的诉讼时效期间应当从2013年5月6日发生中断之后起重新计算,向后延续两年,诉讼时效期间的届满时间应为2015年5月6日。这也是笔者在仲裁开庭时所主张的观点。

如果诉讼时效期间应当从2013年5月6日发生中断之日起重新计算的主张成立,那么,花都公司于四年之后的2017年7月31日提起本案仲裁,就肯定已经超过仲裁时效期间,其权利已经不受法律保护,其申请仲裁显然已经彻底失去获胜的可能。

二、本案诉讼时效期间自2013年5月6日发生中断并开始重新计算之后,是否存在再次发生中断而需重新计算的法律事实?

如前所述,对于花都公司主张于2013年5月3日提交了第二次索赔资料的事实,因为花都公司提交的证据材料能够证明**"投递并签收"**,所以,仲裁庭认定深圳分行于2013年5月6日收到了该次索赔资料。这一法律事实导致诉讼时效中断,诉讼时效期间重新计算。

花都公司主张此后又于2015年4月23日提出了第三次索赔,以快递方式向深圳分行的注册地址及《履约保函》所载地址同时寄送了注明为《再次要求承担担保责任的函》,被深圳分行无理拒绝。对此,深圳分行仍然主张根本没有收到该次索赔材料。按照"谁主张谁举证"的证据规则,花都公司仍然对此负有举证责任。而此次花都公司提交的两份国内标准快递的查询结果与前一次的不同,其显示的投递结果**不是"投递并签收",而是一份查询结果为"他人收前台",另一份查询结果为"他人收"**。在此情况下,花都公司根据这样的证据主张深圳分行收到了该次索赔材料,显然理由不充分。不仅不能证明深圳分行收到该函件,而且还应当印证了深圳分行所主张的没有收到该次索赔材料是属实的。而仲裁庭却认为,在深圳分行注册地址未变更的情况下,"他人收"、"他人收前台"即视为深圳分行已经实际收到了函件。这样的认定显然不妥,或者说证据不充分,理由不充足,这样的事实认定肯定不能成立。

至于花都公司主张于 2016 年 3 月 3 日,以快递形式向深圳分行的注册地址及《履约保函》所载地址分别寄送了注明为《再次请求履行责任的函》的邮件,向深圳分行提出第四次索赔。深圳分行也主张根本没有收到该次索赔材料。花都公司提交的两份国内标准快递的查询结果分别为"他人收前台"和"退回妥收"。特别需要明确的是,其中一份查询单上注明的邮件**退回原因是"无人认领",而"退回妥收"的地点不是深圳分行所在城市深圳,而是花都公司所在的城市广州**。这一事实足以证明,这份邮件被退回寄件人之后并被寄件人妥收了。仲裁庭却仍然以同样理由认定深圳分行已经实际收到了函件。这种认定显然毫无根据,最保守的说也至少是证据不足,不能成立。

仲裁庭对上述两个事实的认定,应当说在证据方面和逻辑方面,都不能成立。

不可否认的是,因为仲裁庭作出了上述这两点事实认定,也就直接导致在 2013 年 5 月 6 日之后,本案诉讼时效连续发生两次中断,而应于 2016 年 3 月 3 日起重新计算诉讼时效期间。而按此计算,花都公司于 2017 年 7 月 31 日提起本案仲裁,自然也就未超过仲裁时效期间。但是,笔者认为,仲裁庭对于这两次诉讼时效中断的认定很大程度上是凭主观推测，因此是错误的。

三、《履约保函》所对应的基础合同是《协议书》还是《施工合同》？

这既是本案的一个必须查明的关键事实，也是双方当事人的主要争议焦点之一。

笔者认为，认定《履约保函》所对应的基础合同是《施工合同》的证据更充分、更合理。主要事实依据和理由如下：

第一，深圳分行是根据茂南公司的申请及其提供的基础材料而出具的《履约保函》。而茂南公司在本案仲裁过程中提供了一份书面《说明》材料，证明申请出具《履约保函》时提供给深圳分行的基础材料只有《中标通知书》和《施工合同》，而没有《协议书》。茂南公司是申请出具保函的直接当事人，是事件的亲历者，其当然最有发言权，对于茂南公司出具的这份证明材料，应当用证据予以反驳，而不能简单地以有利害关系而予以否定。

第二，《履约保函》中所提及的基础合同的名称是"施工合同"，而不是"协议书"，所以，由此也能断定《履约保函》所承保和对应的基础合同即主合同一定是合同名称中包含"施工合同"这四个文字的《施工合同》，而绝对不是名称中不包含"施工合同"这四个文字的《协议书》。

第三，无论是银行还是其他担保机构出具工程履约保函时，都必须要求保函申请人提交《中标通知书》，以证明工程项目经过合法的招投标程序，所以，《中标通知书》是保函出具方审核是否出具保函时必备的、最关键的、有时甚至是唯一的证据材料。本案中，深圳分行提交的证据一《中标通知书》中记载的工程名称为"住宅楼（自编：第三期 V1、T1、V2a、V3 型）"；而《施工合同》中记载的工程名称同样也是"住宅楼（自编：第三期 V1、T1、V2a、V3 型）"，而《协议书》中记载的工程名称却与此不一致，由此可以断定《履约保函》所承保和对应的基础合同即主合同是《施工合同》，而绝对不是《协议书》。

第四,《中标通知书》的中标价与《施工合同》的合同价款完全一致,证明《施工合同》是《履约保函》所承保和对应的基础合同即主合同。而《协议书》的合同价款比《中标通知书》的中标价高出四千多万元,《协议书》绝对不是《履约保函》所承保和对应的基础合同即主合同。

第五,《履约保函》上载明的开工时间是2010年2月1日,担保期间自2010年2月8日开始。而花都公司提交的《协议书》中约定的开工时间是:发包方书面接纳投标通知书注明的日期,监理工作联系单注明的工期是2010年3月25日。这一履行《协议书》开工时间与《履约保函》上载明的开工时间相差悬殊,由此也进一步证明《协议书》绝对不是《履约保函》所承保和对应的基础合同即主合同。

第六,花都公司在索赔通知中说明索赔理由时,称根据茂南公司与花都公司签订的"施工合同"约定,这里使用的是"施工合同"的说法,而非"协议书",由此也可以再一次断定《履约保函》所承保和对应的基础合同即主合同是《施工合同》,而不是《协议书》。

综上所述,《履约保函》所对应的基础合同是《施工合同》,深圳分行只对茂南公司履行《施工合同》的履约义务提供了担保,并未对茂南公司履行《协议书》的履约义务提供担保。

四、《施工合同》和《协议书》是"阴阳合同",都是无效合同。

本案的《施工合同》和《协议书》是否具有法律效力?这是本案最核心的问题之一。

根据本案事实和证据完全可以认定,花都公司与茂南公司签订的《施工合同》和《协议书》属于"阴阳合同"。

建设行业中的"阴阳合同"又称"黑白合同"。"阳合同"为建设单位、施工单位按照《招投标法》的规定,依据招投标文件签订的在建设工程管理部门备案的建设工程施工合同,如本案的《施工合同》。其主要特点为:经过合法的招投标程序,该合同在建设工程管理部门备案,形式合法,合同价款数额较低。与之相反,"阴合同"是双方为规避政府管理,逃避税收,私下恶意串通签订的建设工程施工合同,未经过合法的招投标程序且该合同未在建设工程行政管理部门备案,如本案的《协议书》。其与"阳合同"相对比,主要特点为:在建设工程管理部门未进行备案或变更登记,合同价款数额较高。

根据《合同法》等法律、司法解释的规定,这样的"阴阳合同"都应当属于无效合同,这已经是毋庸置疑的。

鉴于本案茂南公司与花都公司实际履行的是《协议书》这一"阴合同",在此重点谈一谈"阴合同"的法律效力认定问题。《审理施工合同纠纷案件解释》第二十一条规定:当事人就同一建设工程另行订立的建设工程施工合同与经过备案的中标合同实质性内容不一致的,应当以备案的中标合同作为结算工程价款的根据。据此规定,本案中的那份没有经过招投标、没有经过备案、与中标合同实质性内容不一致的《协议书》是见不得阳光的"阴合同",显然不具有法律效力,属无效合同,无论如何,本案的《协议书》不能作为结算工程价款和认定事实的依据。

但是,仲裁庭认为《协议书》合法有效,其主要理由是:第591号《裁决书》已认定《施工合同》、《协议书》合法有效,该《裁决书》已经生效,具有法律效力,故对深圳分行关于《协议书》无效的抗辩,仲裁庭不予采信。

根据民事诉讼的证据规则和基本原理,已为仲裁机构的生效裁决所确认的事实确实可以无需举证证明,但是,当事人有相反证据足以推翻的除外。根据《合同法》第五十二条的规定:"有下列情形之一的,合同无效:(1)一方以欺诈、胁迫的手段订立合同,损害国家利益；(2) 恶意串通、损害国家、集体或者第三人利益；(3) 以合法形式掩盖非法目的；(4) 损害社会公共利益；(5) 违反法律、行政法规的强制性规定。"

笔者认为，本案的现有证据足以证明，《协议书》是未经招投标程序签订的，违反《招投标法》，这都是不争的事实。此外，第591号《裁决书》书中还认定：茂南公司和花都公司都承认双方实际履行的是《协议书》，《施工合同》是为了备案而签订的。仅此一点就足以证明，茂南公司和花都公司为规避招投标程序和政府监管备案，而恶意串通、故意订立"阴阳合同"。很显然，深圳分行有相反证据足以推翻第591号《裁决书》中关于《协议书》合法有效的认定。

此外，深圳分行提交的证据七，是一份中国广州仲裁委员会于2011年12月对花都公司的关联公司（注：该公司法定代表人同时也是本案花都公司的法定代表人）与另一家建筑公司因施工合同纠纷进行仲裁的案件而作出的裁决书（简称638号裁决书），该案同样存在承发包双方为规避招投标程序和政府监管而签订"阴阳合同"的行为，与本案事实基本完全相同，甚至如出一辙，同样存在一份经过招投标程序签订、备案的"施工合同"，同时还存在另一份为了规避政府部门监管和税收而签订的"协议书"。但是，该仲裁委员会却在638号裁决书中作出了与本案截然相反的认定：**签订"施工合同"的目的是为了应付和规避有关政府部门的监管，"施工合同"未实际履行，其约定的工程造价也并非双方当事人的真实意思表示。"协议书"的签订未经合法的招投标程序，是双方恶意串通规避政府部门监管招投标程序而签订的，根据《合同法》第五十二条的规定，仲裁庭认为，该案的"施工合同"、"协议书"均属无效合同。**

同一个仲裁委员会，面对基本完全相同的事实，却作出了截然相反的认定。由此可见，第591号《裁决书》书中关于《施工合同》、《协议书》合法有效的认定，不仅确实存在认定事实方面的严重错误，而且还明显缺乏仲裁裁决书应有的最基本的客观性和严肃性。

五、本案的《履约保函》是否是独立保函？

《独立保函规定》是自2016年12月1日起施行的，此前国内法律及司法解释中没有独立保函这一概念。

什么是独立保函呢？《独立保函规定》第一条规定：本规定所称的独立保函，是指银行或非银行金融机构作为开立人，以书面形式向受益人出具的，同意在受益人请求付款并提交符合保函要求的单据时，向其支付特定款项或在保函最高金额内付款的承诺。

前款所称的单据，是指独立保函载明的受益人应提交的付款请求书、违约声明、第三方签发的文件、法院判决、仲裁裁决、汇票、发票等表明发生付款到期事件的书面文件。

独立保函可以依保函申请人的申请而开立，也可以依另一金融机构的指示而开立。开立人依指示开立独立保函的，可以要求指示人向其开立用以保障追偿权的独立保函。

如何判断一个保函是否是独立保函呢？《独立保函规定》的第三条规定：保函具有下列情形之一，当事人主张保函性质为独立保函的，人民法院应予支持，但保函未载明据以付款的单据和最高金额的除外：

（一）保函载明见索即付；

（二）保函载明适用国际商会《见索即付保函统一规则》等独立保函交易示范规则；

（三）根据保函文本内容，开立人的付款义务独立于基础交易关系及保函申请法律关系，其仅承担相符交单的付款责任。

当事人以独立保函记载了对应的基础交易为由，主张该保函性质为一般保证或连带保证的，人民法院不予支持。

当事人主张独立保函适用担保法关于一般保证或连带保证规定的，人民法院不予支持。

在本案的裁决书中，仲裁庭认为：参照《独立保函规定》第一条、第三条的规定，且《履约保函》第三条约定，深圳分行在收到索赔通知后，应"不争辩、不挑剔、无条件、不可撤销"地向花都公司支付索赔款，"实际为见索即付"，"应认定为独立保函"。

笔者对仲裁庭的这一认定和逻辑持反对意见，理由有三点：

第一，根据《独立保函规定》的第三条规定，认定为独立保函要具有下列三种情形之一：(一)保函载明见索即付；(二)保函载明适用国际商会《见索即付保函统一规则》等独立保函交易示范规则；(三)根据保函文本内容，开立人的付款义务独立于基础交易关系及保函申请法律关系，其仅承担相符交单的付款责任。

笔者认为，本案的《履约保函》不具有上述三种情形中的任何一种。

从本案仲裁裁决书的内容及其裁判逻辑可见，仲裁庭认为：因为《履约保函》中约定了"不争辩、不挑剔、无条件、不可撤销"地向花都公司支付索赔款，"实际为见索即付"，所以，"应认定为独立保函"。但是，根据《独立保函规定》第三条所规定的前两种可以认定为独立保函情形中的第一种情形应当是："保函载明见索即付"。第二种情形是："保函载明适用国际商会《见索即付保函统一规则》等独立保函交易示范规则"。笔者认为，按照正常的理解，"载明"的意思是已经明确登载、记载的意思，这也就是说要求保函中必须要明确写有"见索即付"这四个字，或明确写有"适用国际商会《见索即付保函统一规则》等独立保函交易示范规则"这段文字，才能认定是独立保函，绝对不能凭揣摩推测和主观臆断来判断是否属于独立保函，仲裁庭认为"实际为见索即付"，这分明是仲裁庭根据对保函内容的理解作出的推理判断或推测，显然不属于《独立保函规定》要求的"保函载明见索即付"、"保函载明适用国际商会《见索即付保函统一规则》等独立保函交易示范规则"这两种情形。

《独立保函规定》第三条所规定的第三种可认定为独立保函的情形是：**根据保函文本内容，开立人的付款义务独立于基础交易关系及保函申请法律关系，其仅承担相符交单的付款责任**。而深圳分行出具的《履约保函》中首先明确了承保的是茂南公司在基础交易合同即《施工合同》中的履约义务，而且该保函第四条还明确约定：**索赔通知应当说明索赔理由、索赔额的计算方法**，这一约定至少包含两层意思：第一是花都公司提交的索赔通知中应当说明索赔理由，第二还应当说明索赔额的计算方法，而无论索赔理由和索赔额的计算方法都不可能脱离主合同的约定。由此可得出结论：《履约保函》开立人深圳分行的付款义务不是独立于基础交易关系的，深圳分行不是仅承担相符交单的付款责任。

仲裁裁决中用了大量的篇幅来论证《履约保函》对应的基础合同及其效力，从这一事实也能证明，仲裁庭并不认为《履约保函》开立人深圳分行的"**付款义务独立于基础交易关系及保函申请法律关系。**"

再者，仲裁裁决深圳分行支付的担保款和逾期利息等，都是根据茂南公司与花都公司之间的基础合同纠纷做出裁决书即591号裁决书来认定的，再次证明《履约保函》**开立人深圳分行的付款义务绝不是"独立于基础交易关系及保函申请法律关系。"**

因为本案涉及的《履约保函》不具有《独立保函规定》的第三条规定的三种情形中的任何一种，所以，绝不应当被认定为是独立保函。

第二，《履约保函》共有九条内容，每一条内容中都无一例外的写明了"本保证担保"这五个字，由此证明：《履约保函》的性质是《担保法》规定的五种担保方式之一的保证担保，而非独立保函。

《独立保函规定》第三条第三款规定：当事人主张独立保函适用担保法关于一般保证或连带保证规定的，人民法院不予支持。据此可见,《独立保函规定》中所指的独立保函,与《担保法》规定的保证担保之间是相互排斥的关系,即独立保函不适用担保法关于一般保证或连带保证规定,那么,逆向推理:既然已经证明《履约保函》的担保方式是保证担保,那么,《履约保函》自然也就不是独立保函。

第三,《履约保函》第八条约定:"本保证担保适用中华人民共和国法律",而在出具《履约保函》的当时直至今天中国法律都没有关于独立保函的规定,由此也可以断定《履约保函》提供的担保只能是中国《担保法》等法律规定的保证担保,而绝不可能是中国法律中没有规定的独立保函。

笔者认为,本案仲裁裁决中将明确写为保证担保的保函认定为独立保函,肯定是错误的。以此方式来剥夺深圳分行作为担保人应当享有的抗辩权利,也是没有法律依据的。

六、以仲裁方式解决纠纷和以诉讼方式解决纠纷有何区别?

第一,采用仲裁方式解决纠纷由仲裁机构受理,仲裁机构即仲裁委员会是民间机构;采用诉讼方式解决纠纷,由法院受理,法院是国家审判机关。

第二,法院负责审理案件的是法官,法官是依法行使国家审判权的审判人员。根据《中华人民共和国法官法》第十一条的规定:法官职务的任免,依照宪法和法律规定的任免权限和程序办理。

最高人民法院院长由全国人民代表大会选举和罢免,副院长、审判委员会委员、庭长、副庭长和审判员由最高人民法院院长提请全国人民代表大会常务委员会任免。

地方各级人民法院院长由地方各级人民代表大会选举和罢免,副院长、审判委员会委员、庭长、副庭长和审判员由本院院长提请本级人民代表大会常务委员会任免。

在省、自治区内按地区设立的和在直辖市内设立的中级人民法院院长,由省、自治区、直辖市人民代表大会常务委员会根据主任会议的提名决定任免，副院长、审判委员会委员、庭长、副庭长和审判员由高级人民法院院长提请省、自治区、直辖市的人民代表大会常务委员会任免。

在民族自治地方设立的地方各级人民法院院长，由民族自治地方各级人民代表大会选举和罢免，副院长、审判委员会委员、庭长、副庭长和审判员由本院院长提请本级人民代表大会常务委员会任免。

人民法院的助理审判员由本院院长任免。

军事法院等专门人民法院院长、副院长、审判委员会委员、庭长、副庭长和审判员的任免办法，由全国人民代表大会常务委员会另行规定。

仲裁委员会负责审理案件的是仲裁员。根据《仲裁法》第十三条的规定：仲裁委员会应当从公道正派的人员中聘任仲裁员。

仲裁员应当符合下列条件之一：

（一）从事仲裁工作满八年的；

（二）从事律师工作满八年的；

（三）曾任审判员满八年的；

（四）从事法律研究、教学工作并具有高级职称的；

（五）具有法律知识、从事经济贸易等专业工作并具有高级职称或者具有同等专业水平的。

仲裁委员会按照不同专业设仲裁员名册。

第三，《仲裁法》第四条规定：当事人采用仲裁方式解决纠纷，应当双方自愿，达成仲裁协议。没有仲裁协议，一方申请仲裁的，仲裁委员会不予受理。根据这一条规定可见，当事人采用仲裁方式解决纠纷，其前提条件是要达成仲裁协议，否则，仲裁委员会不予受理。

而采用诉讼方式解决纠纷则无需达成专门的协议，但是可以在法律规定的有管辖权的法院的范围内，依法约定选择管辖法院。

《民事诉讼法》第三十四条规定：合同或者其他财产权益纠纷的当事人可以书面协议选择被告住所地、合同履行地、合同签订地、原告住所地、标的物所在地等与争议有实际联系的地点的人民法院管辖，但不得违反本法对级别管辖和专属管辖的规定。

第三十五条规定：两个以上人民法院都有管辖权的诉讼，原告可以向其中一个人民法院起诉；原告向两个以上有管辖权的人民法院起诉的，由最先立案的人民法院管辖。

第四，通过仲裁方式解决纠纷，当事人可参与仲裁庭成员的选择，通过诉讼方式解决纠纷，审判庭的组成人员是法院确定的，当事人无权选择。

《民事诉讼法》第三十九条规定：人民法院审理第一审民事案件，由审判员、陪审员共同组成合议庭或者由审判员组成合议庭。合议庭的成员人数，必须是单数。

适用简易程序审理的民事案件，由审判员一人独任审理。

陪审员在执行陪审职务时，与审判员有同等的权利义务。

第四十条规定：人民法院审理第二审民事案件，由审判员组成合议庭。合议庭的成员人数，必须是单数。

发回重审的案件，原审人民法院应当按照第一审程序另行组成合议庭。

审理再审案件，原来是第一审的，按照第一审程序另行组成合议庭；原来是第二审的或者是上级人民法院提审的，按照第二审程序另行组成合议庭。

第四十一条规定：合议庭的审判长由院长或者庭长指定审判员一人担任；院长或者庭长参加审判的，由院长或者庭长担任。

第四十二条规定：合议庭评议案件，实行少数服从多数的原则。评议应当制作笔录，由合议庭成员签名。评议中的不同意见，必须如实记入笔录。

《仲裁法》第三十条规定:"仲裁庭可以由三名仲裁员或者一名仲裁员组成。由三名仲裁员组成的,设首席仲裁员。"

第三十一条规定:"当事人约定由三名仲裁员组成仲裁庭的,应当各自选定或者各自委托仲裁委员会主任指定一名仲裁员,第三名仲裁员由当事人共同选定或者共同委托仲裁委员会主任指定。第三名仲裁员是首席仲裁员。当事人约定由一名仲裁员成立仲裁庭的,应当由当事人共同选定或者共同委托仲裁委员会主任指定仲裁员。"

第五十三条规定 裁决应当按照多数仲裁员的意见作出,少数仲裁员的不同意见可以记入笔录。仲裁庭不能形成多数意见时,裁决应当按照首席仲裁员的意见作出。

《民事诉讼法》和《仲裁法》中都规定了回避制度:

《仲裁法》第三十四条规定:仲裁员有下列情形之一的,必须回避,当事人也有权提出回避申请:

(一)是本案当事人或者当事人、代理人的近亲属;

(二)与本案有利害关系;

(三)与本案当事人、代理人有其他关系,可能影响公正仲裁的;

(四)私自会见当事人、代理人,或者接受当事人、代理人的请客送礼的。

《民事诉讼法》第四十四条规定:审判人员有下列情形之一的,应当自行回避,当事人有权用口头或者书面方式申请他们回避:

(一)是本案当事人或者当事人、诉讼代理人近亲属的;

(二)与本案有利害关系的;

(三)与本案当事人、诉讼代理人有其他关系,可能影响对案件公正审理的。

审判人员接受当事人、诉讼代理人请客送礼,或者违反规定会见当事人、诉讼代理人的,当事人有权要求他们回避。

审判人员有前款规定的行为的,应当依法追究法律责任。

前三款规定,适用于书记员、翻译人员、鉴定人、勘验人。

第五,《仲裁法》第九条第一款规定:仲裁实行一裁终局的制度。裁决作出后,当事人就同一纠纷再申请仲裁或者向人民法院起诉的,仲裁委员会或者人民法院不予受理。而根据《民事诉讼法》第十条的规定:人民法院审理民事案件依照法律规定实行两审终审制度。但根据《民事诉讼法》第一百六十二条规定,小额诉讼等案件实行一审终审制度。

第六,由于仲裁实行一裁终局的制度,当事人不服仲裁裁决的,没有类似民事诉讼案件的当事人可以提起上诉及申请再审的机会和救济措施。但是,《仲裁法》针对某些具体情况,也规定了两种主要的救济措施。

当事人不服仲裁裁决的第一种救济措施:《仲裁法》第五十八条规定,当事人提出证据证明裁决有下列情形之一的,可以向仲裁委员会所在地的中级人民法院申请撤销裁决:

(一)没有仲裁协议的;

(二)裁决的事项不属于仲裁协议的范围或者仲裁委员会无权仲裁的;

(三)仲裁庭的组成或者仲裁的程序违反法定程序的;

(四)裁决所根据的证据是伪造的;

(五)对方当事人隐瞒了足以影响公正裁决的证据的;

(六)仲裁员在仲裁该案时有索贿受贿,徇私舞弊,枉法裁决行为的。

人民法院经组成合议庭审查核实裁决有前款规定情形之一的,应当裁定撤销。

人民法院认定该裁决违背社会公共利益的,应当裁定撤销。

当事人不服仲裁裁决的第二种救济措施:《仲裁法》第六十三条规定,被申请人提出证据证明裁决有民事诉讼法第二百一十三条第二款（注修改后民事诉讼法的第二百三十七条第二款）规定的情形之一的，经人民法院组成合议庭审查核实，裁定不予执行。

《民事诉讼法》第二百三十七条第二款规定：被申请人提出证据证明仲裁裁决有下列情形之一的，经人民法院组成合议庭审查核实，裁定不予执行：

（一）当事人在合同中没有订有仲裁条款或者事后没有达成书面仲裁协议的；

（二）裁决的事项不属于仲裁协议的范围或者仲裁机构无权仲裁的；

（三）仲裁庭的组成或者仲裁的程序违反法定程序的；

（四）裁决所根据的证据是伪造的；

（五）对方当事人向仲裁机构隐瞒了足以影响公正裁决的证据的；

（六）仲裁员在仲裁该案时有贪污受贿，徇私舞弊，枉法裁决行为的。

此外，该条第三款规定：人民法院认定执行该裁决违背社会公共利益的，裁定不予执行。

该条第四款规定：仲裁裁决被人民法院裁定不予执行的，当事人可以根据双方达成的书面仲裁协议重新申请仲裁，也可以向人民法院起诉。

实践中，申请撤销仲裁裁决成功的案件比较少，笔者在25年职业生涯中，仅代理过一起成功撤销仲裁裁决的案件，为当事人挽回了四百多万元的损失。

第七，民事诉讼的程序由法律、法规和司法解释规定，而仲裁程序不仅在《仲裁法》及相关司法解释中有规定，仲裁委员会的《仲裁规则》中也有规定。

第八，在工程保证担保合同纠纷诉讼案件中，债权人和债务人在履行主合同发生纠纷进行诉讼时，担保人可以向法院申请以第三人身份参加诉讼；在债权人与担保人因履行担保合同纠纷进行诉讼时，债务人、反担保人也可以向法院申请以第三人身份参加诉讼。笔者代理的这类向法院申请以第三人身份参加诉讼的案件中，基本都得到了法院的准许。但是，在仲裁案件中，因为法律规定"当事人采用仲裁方式解决纠纷，应当双方自愿，达成仲裁协议"，担保人或反担保人在没有仲裁协议的情况下，不可能被准许参加仲裁。

笔者认为，选择以仲裁方式解决争议，一裁终局的制度无疑可以提高效率，这是有利的一面；但是，因为一裁终局，所以，在不服仲裁裁决时救济措施较少。所以，工程保证担保合同的当事人在保函或其他合同文本当中约定仲裁条款时需要权衡。

七、问题与建议

（一）鉴于仲裁庭在认定本案没有超过诉讼时效期间的第一点理由中认为：2013年4月26日深圳分行向花都公司出具的《关于索赔的复函》载明，在基础合同纠纷尚未被裁决前，无法判定茂南公司具体违约情况，因此深圳分行暂无法判定是否承担保证责任。仲裁庭据此认为，深圳分行针对花都公司的索赔并未作出明确拒赔的意思表示，因此，《关于索赔的复函》并不视为深圳分行拒赔的意思表示。

仲裁裁决中的这一认定理由，对保证人来说，应当引起注意。工程保证担保合同的保证人在审核债权人提交的索赔材料、作出拒赔决定以及与债权人就索赔事宜进行书面文件往来的过程当中，对于发出的函件的内容及文字表述都必须仔细斟酌。如果是拒赔，那么就要明确表示拒赔，意思表示不能含混或者不确定，否则，如果引发歧义就可能会授人以柄。

本案中，深圳分行在《关于索赔的复函》中所称的拒赔理由是：在基础合同纠纷尚未被裁决前，无法判定茂南公司具体违约情况，因此深圳分行暂无法判定是否承担保证责任。这样的拒赔函件确实既不明确，又很不严谨。笔者认为，深圳分行的这一拒赔理由应换一个角度这样来表述：经审核，花都公司提交的索赔材料，无法证明茂南公司已经违约，更不能证明违约造成的损失数额，因此，不符合《履约保函》所约定的索赔条件，深圳分行不能承担保证责任。

（二）本案仲裁裁决结果中，对花都公司主张于2015年4月23日、2016年3月3日寄送给深圳分行的两次索赔资料，深圳分行主张没有收到，两份国内标准快递的查询结果也不是"投递并签收"，而分别是"他人收前台"和"退回妥收"，但是，仲裁庭却认定"他人收前台"和"退回妥收"视为深圳分行收到了这两次索赔材料。

对于仲裁这种认定事实的正确与否不再评价，笔者建议，工程保证担保合同的担保人在出具保函时，应当在担保条款里对受益人提交索赔材料以及担保人回复的方式作出明确约定，比如是采用国内中国邮政快递邮寄方式还是电子邮件方式等。同时，如果约定采用中国邮政快递邮寄方式，那么还应当对地址、电话、邮政编码、签收部门以及具体签收人等都作出明确约定。

（三）本案也出现了对《履约保函》所对应的基础合同即主合同的认定发生争议的问题。可见这个问题应当比较常见，而且具有一定的代表性。工程保证担保合同的担保人在出具保函时不仅要对主合同的名称、签订合同的主体进行明确约定，对合同的编号等内容也要予以明确。

不能否认，深圳分行在本案的保函条款以及其他合同文件中，存在一定的疏漏之处，花都公司利用了这些漏洞，同时也给仲裁庭提供了一定的自由裁量的空间。

（四）建议工程保证担保合同的担保人涉及独立保函事宜时要特别慎重。

独立保函属于舶来品，其最大限度地保护受益人的利益，赋予了受益人最大的权利。由于这种保函开立人的付款义务独立于基础交易关系及保函申请法律关系，付款人仅承担相符交单的付款责任。

这对担保人来说就具有异常的严厉性。以前在国内交易中一般不使用独立保函，而且法院也不认可国内交易中独立保函的合法有效性。《独立保函规定》已经于 2016 年 12 月 1 日开始施行，但是，目前我国与此配套的法律法规还不健全，尚需探索和完善。

独立保函既具有异常严厉性，也具有一定的特殊性。比如，独立保函纠纷不适用《担保法》中关于一般保证或连带责任保证的规定。

笔者一再强调担保行业是高风险行业，而见索即付独立保函的特点则使其成为风险最高的保函品种之一。所以，笔者建议，各方当事人在实践中涉及独立保函的出具及索赔事宜时都应非常慎重。无论是审核出具这类独立保函，还是审核是否接受这类独立保函，或是因这类独立保函发生索赔或进行诉讼、仲裁，都应当有专业法律人员参与。

如果担保人出具的保函不是独立保函，则必须要在保函条款内容中予以明确，特别需要明确的是保证担保的方式，是一般责任保证还是连带责任保证，而且还要明确约定适用《担保法》。

（五）本案的仲裁裁决及 591 号仲裁裁决，虽然都将茂南公司与花都公司违反法律禁止性规定、为规避招投标程序和政府监管而签订的"阴阳合同"即《施工合同》及《协议书》，都同时认定为有效合同，而且这两个裁决都已经生效，但笔者认为，将"阴阳合同"认定为有效合同是错误的。笔者完全同意广州仲裁委员会在 638 号裁决书中做出的阴阳合同**均属无效合同的认定**。

笔者强烈建议：在实践中，承发包双方切勿受此类裁决中将"阴阳合同"都同时认定为有效合同这种认定事实的影响，建设工程的承发包双方必须严格遵守《招投标法》、《合同法》、《建筑法》等法律法规的规定。千万不能效仿茂南公司与花都公司签订"阴阳合同"的行为，不能违反法律禁止性规定，不能逃避政府主管部门的监管，必须合法经营，切不可存在侥幸心理。

（六）保函中需注意的文字问题：

保函全称为《无条件、不可撤消履约保函》，其中使用的是"**撤消**"二字。而在保函内容中约定："我方接受被保证人的委托，向受益人提供无条件、不可**撤销**的履约保证。"这里使用的是"**撤销**"二字。保函文本中所使用的语言文字表述应当规范，而且要统一标准，笔者认为，正确的用法应当是使用"**撤销**"二字。这虽是一个细节问题，但也应引起注意。

2.4.4 代理词

尊敬的首席仲裁员、仲裁员：

北京市建孚律师事务所接受本案被申请人深圳分行的委托，指派我担任本案被申请人深圳分行的代理人参加仲裁，根据事实和法律以及贵会的仲裁规则的相关规定，发表以下代理意见：

一、本案申请人提出的仲裁请求已经超过了两年的仲裁时效期间，其全部仲裁请求均应予以驳回。

（一）根据《民法通则》第一百三十五条规定："向人民法院请求保护民事权利的诉讼时效期间为二年，法律另有规定的除外。"《仲裁法》第七十六条规定："法律对仲裁时效有规定的，适用该规定。法律对仲裁时效没有规定的，适用诉讼时效的规定。"所以，本案应当适用"诉讼时效期间为二年"的规定。

（二）本案的仲裁时效期间最迟应当从 2013 年 5 月 6 日开始计算，至 2015 年 5 月 6 日截止。

申请人于 2013 年 3 月 26 日向被申请人提出索赔，并提交了索赔通知等文件。被申请人收到索赔通知等文件之后，于 2013 年 4 月 26 日向申请人作出《关于索赔的复函》，拒绝了申请人的索赔。申请人主张索赔权利的仲裁时效，应当从申请人收到 2013 年 4 月 26 日被申请人作出的《关于索赔的复函》即拒赔之日开始计算。

申请人称收到拒赔回复后，又于2013年5月3日向被申请人寄送了《对<关于索赔的复函>的回函》，对被申请人的拒赔提出反驳意见，并再次主张索赔权利。本代理人认为，即使能够认定被申请人于2013年5月6日收到该回函，但因为被申请人仍然坚持原拒赔决定，并未对申请人的回函予以回复，因此，两年的仲裁时效期间最迟也应当从2013年5月6日送达该回函之日起计算，至2015年5月6日截止。

（三）在2013年5月6日以后，至申请人本次提起仲裁之前，长达四年多的时间里，申请人没有向被申请人主张过索赔权利，申请人于2017年7月31日提起仲裁，显然已经超过仲裁时效期间。

1. 申请人声称于2015年4月16日以快递方式向被申请人提交了再次索赔函件（见证据七），首先需要说明的是，即使寄送了该函件，也无法证明邮件信封里面的实际内容。此外，经过被申请人核实，没有收到该函件。而申请人提交的相关投递证据均显示的是他人签收，所谓他人签收，应当指的不是被申请人签收，所以，根本不能证明被申请人收到了该再次索赔函件。此外，申请人提交的其中一份投递证据显示的签收时间是18点35分，此时不是被申请人的工作时间，被申请人根本不可能签收，再次证明申请人提交的所谓投递证据是不真实的，所以，不能证明被申请人收到了这份函件。也不能以此证明仲裁时效中断。

2. 至于申请人声称于2016年3月1日以快递方式向被申请人提交再次索赔函件，被申请人也没有收到。申请人提交的两份投递证明中，一份显示的是他人签收，而非被申请人签收；另一份显示的是"退回 妥投"，"退回 妥投"的地点是广州而非深圳，证明该函件被退回寄件人了。所以说，申请人不能证明被申请人收到了该份函件。且此时距离2013年5月6日仲裁时效开始计算之日已经有近三年的时间，早已超过仲裁时效期间；同时，由于被申请人未收到此份函件，自然也没有对此作出任何答复,所以,即便是申请人于2016年3月1日以快递方式向被申请人寄送了邮件,无论申请人寄送的邮件是否是这一再次索赔申请函件,也无论被申请人是否收到该函件,均不构成仲裁时效中断,均不影响申请人的仲裁请求已经超过两年的仲裁时效期间的事实。

(四)申请人在开庭审理时主张其证据七《再次要求承担担保责任的函 快递凭证及妥投证明》能够证明申请人在2015年4月向被申请人再次主张了权利,仲裁时效中断,申请人据此主张仲裁时效应当于2015年4月22日重新计算。本代理人认为,申请人的这一主张仲裁时效中断及重新计算的理由不能成立。本案已经超过仲裁时效。

1. 此前申请人寄给被申请人的证据四索赔通知及附件以及证据六对《关于索赔函的复函》的回函,这两份材料都是正常投递且被申请人已经收到(或视为收到),申请人提供的邮寄这两份材料的妥投证明文件上记载的都是"投递并签收"。由此可以认定,如果邮件是正常投递且收件人已经收到(或视为收到)的情况下,那么,邮局的妥投信息记录中记载的就应当是"投递并签收",而不应当是"妥投 他人签收"。

2. 既然邮局的投递信息记录里记载的是"妥投 他人签收",那么,这本身就已经证明收件人即被申请人没有收到该邮件。所以,"妥投 他人签收"不能作为认定被申请人收到该材料的证据。

3. 被申请人的办公地址是一座大型写字楼,其中有很多与被申请人没有任何关系的其他公司在楼内办公,也就是说,该栋写字楼内不是只有被申请人单位员工,还有很多其他公司的其他人在此办公。所以,他人签收,显然不能认定是被申请人的工作人员签收,不能认定为被申请人收到该邮寄材料。

4. 至于申请人主张的"他人签收"是指邮寄单上写明的收件人

即被申请人单位员工以外的其他人签收，仍然证明被申请人收到该邮件。对于申请人这一观点，本代理人认为仍然不能成立。因为此前申请人寄给被申请人的证据四索赔通知及附件以及证据六对《关于索赔函的复函》的回函，这两份材料都是正常投递且被申请人已经收到（或视为收到），从申请人提供的邮寄这两份材料的妥投证明文件上记载的内容可见，这两份证据材料都不是收件人本人签收的，而是翁某某签收的，但是，因为翁某某是被申请人的员工，而不是其他公司的员工，翁某某是代表被申请人签收的，所以，邮局的投递信息记录上显示的就都是"投递并签收"，而不是"妥投　他人签收"。由此可以证明，只要是被申请人单位员工签收的邮件，邮局就不可能记录为"妥投　他人签收"；相反，只要邮局的投递信息记录为"妥投　他人签收"，就不可能是被申请人单位员工签收的，也就不能认定被申请人收到该邮件。

综上，事实足以证明，被申请人没有收到申请人以邮寄方式寄送的证据七《再次要求承担担保责任的函》，申请人不能证明其在2015年4月向被申请人再次主张了权利，申请人于2017年7月31日申请仲裁，已经超过仲裁时效期间，其仲裁请求应当予以驳回。

二、被申请人出具的《无条件、不可撤消履约保函》（简称《履约保函》）所依据的基础合同即主合同，是承、发包双方签订的、合同价款为19106833.98元的、编号为HD/M/08的《花都公司住宅楼（自编：第三期V1、T1、V2a、V3型）建设工程施工合同》（简称《施工合同》），而不是《某住宅项目总承包工程协议书》（简称《协议书》）及合同附件。因此，无论承包方茂南公司履行该《协议书》是否存在违约行为都不属于《履约保函》的担保范围，被申请人都不应当且不可能承担任何担保责任。

（一）被申请人是根据茂南公司的申请及其提供的基础材料而出具的受益人为申请人的《履约保函》。茂南公司在申请出具《履约保函》

时提供给被申请人的基础材料只有《中标通知书》和《施工合同》。

该《中标通知书》载明茂南公司的中标价格为 19106833.98 元，且茂南公司与申请人依据该《中标通知书》于 2009 年 12 月 31 日签订的《施工合同》的合同价款也为 19106833.98 元，合同价款与中标通知书的中标价款相吻合。被申请人当初经过审核之后，认为涉案工程项目经过了合法的招投标及签约程序，《施工合同》是合法有效的合同，所以，被申请人才在此基础上出具《履约保函》。因此，现在无论《施工合同》是否有效，该《履约保函》对应的基础合同即主合同都是《施工合同》，这一事实无法改变。换而言之，被申请人作为担保人，只对茂南公司履行《施工合同》时的违约行为承担担保责任。

（二）茂南公司在申请出具《履约保函》时，并未向被申请人提供《协议书》，被申请人在出具保函时根本不知道有这份《协议书》的存在，被申请人直到申请人提交索赔申请时才第一次见到这份《协议书》，而此时的《协议书》上面并没有合同编号等内容。

被申请人不可能为没有经招投标程序签订的《协议书》提供任何担保，所以，退一步讲，即使茂南公司在申请出具保函时向被申请人提交了该《协议书》,因为其与《中标通知书》的合同价格不一致，被申请人也绝不可能为茂南公司履行该《协议书》出具《履约保函》。

根据《仲裁法》第四十三条第一款的规定，当事人应当对自己的主张提供证据。但是，申请人到目前为止既没有提供任何证据证明茂南公司在申请出具保函时向被申请人提交了《协议书》，也没有提供证据证明被申请人收到了《协议书》，在此情况下，申请人认为《协议书》是《履约保函》所承保和对应的基础合同即主合同，显然是毫无事实依据的。

对于申请人提出的保函的担保金额正好等于《协议书》合同价款的百分之十，所以，《协议书》是保函承保的基础合同即主合同。本代理人认为，这一推断不能成立。首先，这一推断没有理论依据，为什么说保函担保金额正好等于《协议书》合同价款的百分之十，《协议书》就是保函承保的基础合同即主合同？申请人显然不能回答这一问题，也不能作出合理的解释。其次，以**"保函担保金额正好等于《协议书》合同价款的百分之十"**这一事实作为论据，与**"《协议书》就是保函承保的基础合同即主合同"**这一论点或结论之间，不存在因果关系，也不存在其他任何逻辑关系。由上述论据，得不出**"《协议书》就是保函承保的基础合同即主合同"**这一结论。

此外需要说明的是，法律法规等并未对《履约保函》的承保金额比例或保证金额作出规定或限制，被申请人之所以出具保证金额为六百一十一万八千元的《履约保函》，主要原因有三个：一是基于茂南公司的申请；二是根据被申请人与茂南公司之间的《综合融资额度合同》的约定，茂南公司在被申请人处有相应的保证额度可以使用；三是茂南公司向被申请人提供了反担保；所以，被申请人出具保证金额为六百一十一万八千元的《履约保函》无可厚非，绝不能因保证金额是《协议书》合同价款的百分之十就认定《履约保函》对应的基础合同即主合同就是《协议书》。

《协议书》不是被申请人出具《履约保函》的前提和基础材料，不是《履约保函》对应的基础合同即主合同。即使承包方茂南公司履行该《协议书》存在违约行为也不属于《履约保函》的担保范围，被申请人也不应当承担任何担保责任。

（三）《履约保函》中提及的基础合同编号为 HD/M/08，但是，申请人索赔通知后面所附的附件一中的《协议书》根本没有编号，而茂南公司申请开具保函时提交的《施工合同》的编号是 HD/M/08/ZF/01，其中包含了 HD/M/08 这一编号，由此也能断定《履约保函》所承保和对应的基础合同即主合同一定是有 HD/M/08/ 编号的《施工合同》，而绝对不是没有编号的《协议书》。

此外，根据申请人提交的材料，将其证据一《协议书》及证据四中的附件一《协议书》进行对比就可以发现，这两份《协议书》的内容并不完全一致。主要区别是证据四中的附件一《协议书》根本没有合同编号，与《履约保函》所担保和对应的基础合同即主合同根本不相符，而证据一的协议书上面后粘贴上了所谓的合同编号。由此可以看出，申请人明显是在为了达到索赔目的而伪造证据。申请人利用伪造的证据提出索赔显然不应得到仲裁庭的支持。

（四）《履约保函》中所提及的基础合同的名称是"施工合同"，而不是"协议书"，所以，由此也能断定《履约保函》所承保和对应的基础合同即主合同一定是合同名称中包含"施工合同"文字的《施工合同》，而绝对不是名称中不包含"施工合同"这四个文字的《协议书》。

（五）无论是银行还是其他担保机构出具工程《履约保函》时，都必须要求保函申请人提交中标通知书，因为中标通知书能够证明工程项目经过合法的招投标程序，所以，中标通知书是保函出具方审核是否出具保函时必备的、最关键的、有时甚至是唯一的证据材料。

本案中，被申请人提交的证据一《中标通知书》中记载的工程名称为"住宅楼（自编：第三期V1、T1、V2a、V3型）"；申请人提交的证据二中包括建设局颁发的《施工许可证》，其中记载的工程名称也是"住宅楼（自编：第三期V1、T1、V2a、V3型）"；而《施工合同》中记载的工程名称同样是"住宅楼（自编：第三期V1、T1、V2a、V3型）"，而《协议书》中记载的工程名称是"**某住宅项目总承包工程**"，由此可见，《施工合同》中记载的工程名称与《施工许可证》和《中标通知书》完全一致，而《协议书》记载的工程名称则与《施工许可证》和《中标通知书》根本不一致，由此可以断定《施工合同》是《履约保函》所承保和对应的基础合同即主合同，

《协议书》绝对不是《履约保函》所承保和对应的基础合同即主合同。

（六）《中标通知书》的中标价与《施工合同》的合同价款完全一致，证明《施工合同》是《履约保函》所承保和对应的基础合同即主合同。而《协议书》的合同价款比《中标通知书》的中标价高出四千多万元，《协议书》绝对不是《履约保函》所承保和对应的基础合同即主合同。

（七）《履约保函》上的开工时间是 2010 年 2 月 1 日，担保期间自 2010 年 2 月 8 日开始。而申请人提交的《协议书》约定的开工时间是：发包方书面接纳投标通知书注明的日期，监理工作联系单注明的工期自 2010 年 3 月 25 日。由此也进一步证明《协议书》绝对不是《履约保函》所承保和对应的基础合同即主合同。

（八）申请人在索赔通知中说明索赔理由时，称根据茂南公司与申请人签订的"施工合同"约定，这里使用的是"施工合同"的说法，而非"协议书"，由此也可以再一次断定《履约保函》所承保和对应的基础合同即主合同是《施工合同》，而不是《协议书》。

（九）申请人的证据 9 即 591 号仲裁裁决书中已经认定：申请人与茂南公司实际履行的承发包合同是合同价款为 61180000 元的《协议书》，而申请人与茂南公司均确认合同价款为 19106833.98 元的《施工合同》并未实际履行。

既然与《履约保函》所对应的基础合同即主合同并未实际履行，作为担保人的被申请人当然也就不承担任何担保责任。既然双方履行的不是《履约保函》所对应的基础合同即主合同，不属于被申请人的承保范围，所以，即使茂南公司有违约行为，被申请人也不承担担保责任。

综上所述，因被申请人只对茂南公司履行《施工合同》的履约义务提供了担保；被申请人并未对茂南公司履行《协议书》的履约义务提供担保。而申请人与茂南公司均确认《施工合同》并未实际履行，所以，无论从事实角度还是从逻辑角度来认定，茂南公司都绝对不可能因履行《施工合同》而存在违约行为。因此，基于上述事实和理由得出的结论就是：申请人提出的仲裁请求显然已经超出了《履约保函》的担保范围，自然应当予以全部驳回。

三、申请人提交的索赔申请及仲裁请求不符合保函约定的索赔条件，被申请人对于申请人提出的索赔有足够的、充分的理由予以拒赔。

（一）该保函并非独立保函，申请人不能依据独立保函的相关规定进行索赔。

1.涉案《履约保函》一共有九条内容，每一条当中都明确约定有"本保证担保"这五个字，由此足以认定保函约定的担保方式为保证担保。虽未约定保证的方式，但是，根据《担保法》第十九条规定："当事人对保证方式没有约定或者约定不明确的，按照连带责任保证承担保证责任。"该保函的保证方式应当推定为连带责任保证担保。

2.茂南公司向被申请人申请出具涉案保函时，并未与被申请人约定出具的保函为独立保函。

3.该保函中既未约定见索即付，也未约定适用国际商会见索即付保函统一规则。

4.该保函第四条明确约定：索赔通知应当说明"索赔理由，索赔款额的计算方法"，这是申请人索赔时应当具备的条件和应当履行的义务，即：申请人提出索赔时，必须要在索赔通知中说明"索赔理由，索赔款额的计算方法"。由此可见，依据该保函提出索赔是有条件的，而不是绝对无条件的。

再者，该保函不是独立于基础合同即主合同而单独存在的，依据该保函提出索赔也同样不能脱离基础合同即主合同。该保函中不仅记载了保函对应的基础合同是《施工合同》而非《协议书》，而且还明确了索赔通知应当说明"索赔理由,索赔款额的计算方法",而说明索赔理由和索赔额的计算方法必须依据基础合同,事实上也根本无法脱离基础合同而空谈"索赔理由,索赔款额的计算方法",所以,该保函不符合独立保函的特征,不是独立保函。

5.《施工合同》中明确约定担保合同作为《施工合同》的附件,再次证明《履约保函》不是独立于基础交易而存在的,不属于独立保函。

6.申请人在提出索赔申请时,不仅在索赔通知中说明、列举了茂南公司存在违约行为,还在提交索赔通知的同时提供了附件作为证据以支持申请人的索赔请求,这一事实本身也足以证明申请人自己也知道该《履约保函》不是独立于基础交易的独立保函,保函开立人的付款义务不是独立于基础交易关系及保函申请法律关系的。被申请人承担的并非相符交单的付款责任。否则,申请人为什么在索赔通知中提交相关的附件作为证据来支持和佐证自己的索赔主张呢?

(二)申请人依据《履约保函》向被申请人主张索赔时,申请人提交的索赔通知及理由、相关材料,都必须符合《履约保函》中关于索赔条件的约定,对于索赔文件不符合保函约定的条件或存在不符点,被申请人都有权拒绝接受不符点,拒绝申请人的索赔。

申请人于2013年3月26日向被申请人提交的索赔通知根本不符合保函约定的索赔条件。

1.基础合同即主合同是保函受益人进行索赔的基本前提和基础,任何情况下,申请人作为保函的受益人都不能脱离保函所承保和对应的基础合同即主合同而进行索赔,这既是《担保法》的基本原理,也是最简单的逻辑。而申请人索赔通知中的附件1是《协议书》,并非涉案保函所承保的《施工合同》。仅此一点不符,被申请人就有足够的理由予以拒赔。

2.根据《履约保函》第三条的约定,被申请人将在收到受益人、该工程监理公司"**两方法定代表人或其授权委托代理人签字并加盖公章的书面索赔通知之日起 30 个工作日内**"支付索赔款,由此可见"**两方法定代表人或其授权委托代理人签字并加盖公章**",这是《履约保函》约定的书面索赔函应当必备的、表面的形式要件。而被申请人收到的索赔通知根本不符合这一必备的、表面的形式要件,也就是说,索赔通知的表面就不符合保函约定的索赔条件,具体的不符合索赔条件或不符点主要表现在以下几方面:

第一,在索赔通知上,申请人的法定代表人没有按照保函约定的形式要件的要求签字,而是加盖了法定代表人的个人名章。

第二,保函对签字人员人数的要求是:"**两方法定代表人或其授权委托代理人签字**",根据这一形式要求,签字人员应当在法定代表人与授权委托代理人这两个人之间选择一个,而不是两个人都签字。如果需要两个人都签字,那么就应当约定"**两方法定代表人和其授权委托代理人签字**",这样则是约定应当由法定代表人与授权委托代理人这两个人同时都签字,缺一不可,而不是二选一。而索赔通知书中既有申请人法定代表人的盖章,又有授权委托代理人的签字,显然不符合保函约定的"**两方法定代表人或其授权委托代理人签字**"这一形式要件。

第三,既然叶某某也在索赔通知上以代理人身份签字,申请人又为叶某某出具了授权委托书并作为索赔通知的附件,明确授权叶某某负责递交索赔材料,那么,申请人提交的邮寄单上的寄件人却不是叶某某而是陈某某,很显然,陈某某不是申请人的索赔授权代理人,由陈某某向被申请人寄送索赔通知不符合申请人自己确定并通知被申请人的索赔程序和形式要件,因此,这一索赔根本不具有法律效力。仅此一点,申请人提出的索赔就不可能得到赔偿。

第四,申请人在索赔通知上加盖的公章也不符合形式上的要求和要件。首先,在接收到索赔通知之前,被申请人只在《中标通知书》

上见到过申请人的公章样式，是一枚圆形印章，《施工合同》上没有加盖公章，而是加盖的合同章，但是，索赔通知上加盖的申请人的印章却是一枚椭圆形的印章，与中标通知书上的印章完全不符，申请人也未作任何说明。且不说该索赔函存在其他诸多不符合索赔条件之处，仅依据公章这一形式上的不符之处，被申请人就完全有理由予以拒赔。

第五，索赔通知上的开工时间与《履约保函》上的开工时间不符。《履约保函》上的开工时间是2010年2月1日，而索赔函上的开工时间是2010年3月25日。由此也证明申请人提出索赔依据的不是被申请人出具的《履约保函》承保和对应的基础合同即主合同，肯定不属于被申请人的承保范围，应当予以拒赔。

（三）根据591号裁决书中关于事实的认定内容，承、发包双方均承认双方约定的是按照《协议书》实际履行，而不按照《施工合同》履行。《施工合同》没有实际履行，而且是双方一致同意无需履行。在此情况下，自然也就不存在茂南公司因履行《施工合同》而存在违约行为。既然《履约保函》所担保的主合同是《施工合同》，那么，申请人也就没任何理由提出保函索赔。

（四）根据保函申请人茂南公司出具的《拒绝索赔抗辩通知》以及591号裁决书中对事实的认定等证据材料可以证实，本案还存在《协议书》无效的问题。且不说《协议书》根本不是保函所对应的基础合同即主合同，即使《协议书》是主合同，因其存在违反法律禁止性规定，违反《合同法》和《招投标法》的问题，存在签订过程未经合法的招投标程序，明显故意规避国家税费，逃避国家监管等问题，该《协议书》也属无效合同。根据《担保法》第五条规定：担保合同是主合同的从合同，主合同无效，担保合同无效。因此，即便《协议书》是涉案保函对应的主合同，被申请人也同样不承担担保责任，申请人无权依据保函向被申请人主张担保责任。需要特别强调的是，

591号裁决书认定《施工合同》及《协议书》均有效,是违反法律规定、违背客观事实,是错误的,其与同一仲裁委作出的638号裁决书在相同的问题上作出截然相反的认定,是自相矛盾的。所以,591号裁决书不能作为认定《施工合同》及《协议书》均有效的依据。

(五)根据591号裁决书的认定,承、发包双方均承认《施工合同》是为了备案而签订的,是双方将合同价款数额达6000余万元的工程项目,通过虚构事实的方式签订一份合同价款仅为1900余万元的合同,并将这个根本无需履行的合同备案,显然是在弄虚作假,也就是说承、发包双方是在虚构合同。而以此合同作为基础材料向被申请人申请开具保函则属于典型的民事欺诈行为,属于骗取《履约保函》。以虚构基础交易骗取保函的行为,在任何情况下,无论是否属于独立保函,都不可能依据保函得到赔偿。

(六)在庭审中,申请人一再强调《履约保函》中约定了"无条件"、"不争辩"、"不挑剔",由此认为《履约保函》是独立保函,被申请人必须承担赔偿责任,本代理人认为,申请人的这一主张不能成立。

1. 根据保函的内容可见,所谓"无条件"、"不争辩"、"不挑剔",都是有前提和基础的,即:必须在申请人"说明索赔理由、索赔款额的计算方法"的前提之下;而申请人"说明索赔理由、索赔款额的计算方法",就不能脱离保函所承保和对应的基础合同即主合同——《施工合同》,所以说,所谓"无条件"、"不争辩"、"不挑剔"不是绝对的,而是在满足一定前提和基础情况下的"无条件"、"不争辩"、"不挑剔"。很显然,申请人无限的扩大了"无条件"、"不争辩"、"不挑剔"的概念和适用范围。

2. 被申请人作为一家长期从事《履约保函》业务、有丰富经验且在国际国内有重要影响的银行,在出具本案的《履约保函》时,依据法律法规和规章制度,履行了严格、认真、审慎的审核批准手续,无论保函中的文字作出怎样的表述,都绝对不可能超出法律和理性的范畴。因此，申请人依据该保函进行索赔时也同样必须要有严格、认真、审慎的态度，同样不能超出法律和理性的范畴。

申请人提出的索赔，明显没有事实依据和法律依据，完全抛开法律和理性，片面的、机械的、无限扩大的强调"无条件"、"不争辩"、"不挑剔"，其提交的索赔通知根本不符合保函约定的索赔条件。

本代理人认为，根据上述大量的事实和理由，足以证实申请人提出的索赔不符合保函约定的索赔条件，根本不应当予以赔偿。

本代理人认为，由于涉案《履约保函》不属于独立保函，所以，申请人以独立保函的相关规则进行索赔的理由更不能成立。

本代理人在此特别强调：**不论是国际上还是国内的任何有关独立保函的法律、法规或其他任何规范性文件都不能作为申请人依据保函向被申请人主张权利的依据和理由；同时，也不能作为本案仲裁裁决的依据。**

需要特别强调的是，由于真正的独立保函中最大限度的赋予了受益人权利，所以，基于权利与义务一致的基本法理，也同时要求受益人在提交索赔资料时要承担严格的单据与保函之间，以及单据与单据之间表面上必须完全相符的义务，任何表面不符都足以构成拒赔。

根据申请人的观点及主张，申请人显然认为只要是独立保函，任何情况下都能够得到担保赔偿。然而，申请人的这一观点是错误的。无论是在国内还是国外的司法实践中，对于受益人依据真正的独立保函提出索赔时，应当提供证据或单据的要求和保函开立人的审单标准是更为严格，甚至是非常苛刻的。且不说本案涉案保函根本不是独立保函，而是一份连带责任保证担保保函，依据《担保法》的相关规定及保函的约定，申请人的索赔请求都不可能得到支持；如果依据独立保函的审单标准来评判和审核申请人的索赔单据及请求，那么完全可以用千疮百孔和漏洞百出来形容，申请人的索赔请求就更不可能得到支持。

四、被申请人作为保证人具有独立的抗辩权。

《担保法》第二十条规定:"一般保证和连带责任保证的保证人享有债务人的抗辩权。债务人放弃对债务的抗辩权的,保证人仍有权抗辩。"在本案中,被申请人作为保证人享有独立的抗辩权。不论中国广州仲裁委员会作出的第591号裁决对申请人与茂南公司先后签订的两份承发包合同的效力作出何种认定,被申请人均可根据法律赋予的独立的抗辩权提出抗辩。

五、本案应当适用中国法律,凡是中国法律以外的任何法律、规范性文件等,都不能作为申请人主张权利和仲裁庭作出裁决的依据。

(一)《履约保函》第八条明确约定:"本保证担保适用中华人民共和国法律。"因为到目前为止,任何一部中国法律中还都没有关于独立保函的规定,所以,这一约定本身就已经明确了本《履约保函》不属于独立保函,而属于连带责任保证担保保函。

(二)鉴于保函中约定了法律适用条款,这是当事人的意思自治原则的体现,应当得到法律的保护,也应当得到仲裁庭的认可和尊重。

(三)本案双方选择的是以由中国广州仲裁委员会仲裁的方式解决争议,而不是通过法院诉讼的方式解决争议,所以,国内各级法院的无论是关于实体法还是程序法的各类司法解释、复函、规定文件等等,特别是任何有关独立保函方面的规则及文件等等,均不应**作为申请人依据保函向被申请人主张权利的依据和理由;同时,也不能作为本案仲裁裁决的依据。**

六、结论意见:

综上,本代理人认为:

首先,申请人提起仲裁已经超过仲裁时效期间,其申请应予驳回。

其次,即使仲裁申请未超仲裁时效期间,因被申请人出具保函所依据的主合同即《施工合同》,承、发包双方没有实际履行,因此被申请人也不可能承担任何担保责任;而承、发包双方实际履行的《协议书》,因不是被申请人出具保函所依据的主合同,被申请人也不可能承担任何担保责任。且因申请人与茂南公司在签订《施工合同》《协议书》时违反招投标法律法规,《施工合同》《协议书》均属无效合同,《履约保函》也因此无效,被申请人因此不承担担保责任。

第三,本案涉及的《履约保函》不是独立保函,不能依据独立保函规则进行索赔。

第四,申请人提出的索赔不符合保函约定的索赔条件,对于申请人索赔文件中存在的所有不符合保函约定的条件之处或不符点,被申请人一律不予接受,因此,被申请人有足够的理由予以拒赔。

第五,本案应当适用中国法律,中国法律以外的任何规则或文件都不得作为**申请人依据保函向被申请人主张权利的依据和理由**;同时,也不能作为**本案仲裁裁决的依据**。

恳请仲裁庭查明事实,依法驳回申请人的仲裁请求。

此致

中国广州仲裁委员会

2017 年 9 月 21 日

2.5 债权人与债务人之间主合同纠纷的生效仲裁裁决,能否作为债权人向保证人提出预付款保函索赔的依据?
——出具预付款保函应注意的问题

2.5.1 案情介绍

中国某工程设计院(简称设计院)与总部位于多哥首都洛美的 Ecobank 跨国股份有限公司(简称泛非银行)签订了泛非银行总部建设工程承包合同(简称总包合同),设计院系该工程的总承包商。之后,设计院于2009年4月15日,与中国境内某劳务开发有限公司(简称劳务公司)签订了泛非银行总部建设工程第一、二标段分包合同(简称第一份分包合同),将泛非银行总部建设工程第一、二标段的工程分包给劳务公司。

设计院与劳务公司在第一份分包合同中约定:甲方(设计院)作为与业主签订了主合同的承包方,对业主负有全部的主合同履约责任。乙方(劳务公司)作为甲方(设计院)的分包商,对甲方(设计院)负有全部的履行本合同的责任,以及对业主负有实际履行主合同义务的责任。主合同作为本合同的附件,**乙方(劳务公司)将履行主合同中规定的甲方(设计院)的所有义务(除非本合同另有约定)**。由此约定可见,劳务公司将履行主合同(即设计院与业主签订的总包合同)中约定的设计院的所有义务,这明显属于整体转包。

第一份分包合同第九条约定的价格和付款条件是:本合同价格为主合同价格的79%。在收到业主依据主合同约定向设计院付款后三个工作日内,设计院以该笔付款的79%,扣除依据本合同应当扣减的金额后,支付给劳务公司。

第一份分包合同第八条约定:劳务公司应该在国内,按照设计院同意的格式,向设计院开出见索即付的银行保函,包括履约保函(劳务公司分包价格的5%)和预付款保函(劳务公司分包价格的40%)。履约保函应该于2009年4月20日前提交给设计院,作为履行本合同的担保;**预付款保函应当在设计院向劳务公司支付预付款前提交给设计院**。设计院在收到劳务公司提交的预付款保函后,在收到业主支付的预付款之日起10日内,按本合同约定的金额向劳务公司支付预付款。

2009年8月17日,某保证担保有限公司(简称"担保公司")接受劳务公司的委托,向设计院出具了第一份《预付款保函》,保函载明:"鉴于贵方与劳务公司(以下简称"分包商")签订了**多哥首都**

洛美的 ECO BANK 总部建设分包合同（以下简称"合同"）。我公司应分包商的要求，兹开立以贵方为受益人，金额为人民币 2370 万元（大写：贰仟叁佰柒拾万元），项目名称为**多哥 ECO BANK 银行总部建设工程**的不可撤销的预付款保函。我公司承诺，一旦我公司收到贵方的书面索赔通知书及本保函正本，**说明分包商未能按照合同规定履行合同义务，我公司立即无条件按贵方的要求支付索赔款项**，但索赔总额最大不超过上述保函金额，本保函保证金额将随分包商对预付款偿付金额的递增而相应递减，此递减以贵方出具的预付款保函减额证明为准。本保函自开立之日起有效，直至 2011 年 6 月 30 日失效。贵方的任何书面索赔通知书及本保函正本应在该效期终止前送达我公司，否则上述效期后本保函自动失效，我公司不再承担任何赔付责任。本保函不可转让，不得设定担保"。

2009 年 10 月 12 日、12 月 11 日，担保公司根据劳务公司的申请，又分别向设计院出具两份《预付款保函》。第二份《预付款保函》的出具时间为 2009 年 10 月 12 日；保证金额为 790 万元（大写：柒佰玖拾万元）；有效期截止时间为 2011 年 6 月 30 日。第三份《预付款保函》的出具时间为 2009 年 12 月 11 日；保证金额为 2684408.60 元（大写：贰佰陆拾捌万肆仟肆佰零捌元陆角）；有效期截止时间为 2011 年 6 月 30 日。这两份预付款保函的其他内容与担保公司于 2009 年 8 月 17 日给设计院出具的第一份《预付款保函》一致。

2010 年 6 月 26 日，设计院和劳务公司签订了泛非银行总部建设工程第四标段分包合同（简称第二份分包合同）。该份分包合同的主要内容与第一份分包合同基本一致，仍然约定：设计院作为与业主签订了主合同的承包方，对业主负有全部的主合同履约责任；劳务公司作为设计院的分包商，对设计院负有全部的履行本合同的责任，以及劳务公司对业主负有实际履行主合同义务的责任。第二份分包合同也明显属于整体转包。第二份分包合同与第一份分包合同的主要区别在于，该分包合同约定：本合同价格为主合同价格的88%。在收到业主依据主合同规定向设计院付款后十个工作日内，设计院以该笔付款的88%，扣除依据本合同应当扣减的金额后，支付给劳务公司。

第二份分包合同中约定：参照1.2标的成功模式，由担保公司为劳务公司向设计院开出5%履约保函和40%预付款保函。

经劳务公司申请，2010年6月30日，担保公司为第四标段分包合同向设计院出具了一份《预付款保函》和一份《履约保函》。

该份《预付款保函》即第四份《预付款保函》载明："鉴于贵方与劳务公司（以下简称分包商）签订了Ecobank银行总部办公大楼工程多哥一洛美第4标项目分包合同（以下简称"合同"）。我公司应分包商的要求，兹开立以贵方为受益人，金额为人民币：5701592.60元（大写：伍佰柒拾万零壹仟伍佰玖拾贰元陆角），项目名称为Ecobank银行总部办公大楼工程多哥-洛美第4标的不可撤销的预付款保函。我公司承诺，一旦我公司收到贵方的书面索赔通知书及本保函正本，**说明分包商未能按照合同约定履行合同义务**，我公司立即无条件按贵方的要求支付索赔款项，但索赔总额最大不超过上述保函金额，本保函保证金额将随分包商对预付款偿付金额的递增而相应递减，此递减以贵方出具的预付款保函减额证明为准。本保函自开立之日起生效，直至2011年6月30日失效。贵方的任何书面索赔通知书及本保函正本应在该效期终止前送达我公司，否则上述效期后本保函自动失效，我公司不再承担任何赔付责任。本保函不可转让，不得设定担保"。

担保公司为第四标段分包合同出具的《履约保函》载明："鉴于贵方与劳务公司（以下简称"分包商"）签订了Ecobank银行总部办公大楼工程多哥-洛美第4标项目分包合同（以下简称"合同"）。我公司应分包商的要求，兹开立以贵方为受益人的金额为人民币

712701.88元（大写：柒拾壹万贰仟柒佰零壹元捌角捌分）的不可撤销的履约保函。我公司承诺，一旦我公司收到贵方的书面索赔通知书及本保函正本，说明分包商未能按照合同约定履行合同义务，我公司立即无条件按贵方的要求支付索赔款项，但索赔总额最大不超过上述保函金额。本保函自开立之日起生效，直至2011年6月30日失效。贵方的任何书面索赔通知书及本保函正本应在该效期终止前送达我公司，否则上述效期后本保函自动失效，我公司不再承担任何赔付责任。本保函不可转让"。

至此，担保公司针对第一份分包合同（一、二标段）出具了三份《预付款保函》；针对第二份分包合同（四标段）出具了一份《预付款保函》和一份《履约保函》，共计出具了四份《预付款保函》和一份《履约保函》（预付款保函出具时间分别为：2009年8月17日、10月12日、12月11日，2010年6月30日，履约保函出具时间为：2010年6月30日）。《预付款保函》的合计担保金额为39986001.2元（大写：叁仟玖佰玖拾捌万陆仟零壹元贰角），《履约保函》的担保金额为712701.88元（大写：柒拾壹万贰仟柒佰零壹元捌角捌分）。上述所有保函的有效期截止时间均为2011年6月30日。

2011年6月17日，设计院以劳务公司未履行合同义务、将工程预付款挪用为由，向担保公司发出四份索赔通知，提出三份《预付款保函》索赔和一份《履约保函》索赔。

设计院四份索赔通知针对的保函和索赔金额依次为：

1. 设计院依据第二份《预付款保函》（出具时间为2009年10月12日，保证金额为人民币790万元）提出的索赔金额为660万元。

2. 设计院依据第三份《预付款保函》（出具时间为2009年12月11日，保证金额为人民币2684408.60元）提出的索赔金额为2684408.60元。

3.设计院依据第四份《预付款保函》(出具时间为2010年6月30日,保证金额为人民币5701592.60元)提出索赔的金额为5701592.60元。

4.设计院依据《履约保函》(出具时间为2010年6月30日,保证金额为人民币712701.88元)提出索赔的金额为712701.88元。

设计院在上述四份索赔通知中提出的索赔金额合计为人民币15698703.08元(大写:壹仟伍佰陆拾玖万捌仟柒佰零叁元捌分)。

对于第一份《预付款保函》(出具时间为2009年8月17日,保证金额为2370万元),设计院没有在保函约定的有效期限内(2011年6月30日前)提出索赔。

担保公司在收到索赔通知后,于2011年6月20日向设计院回函,提出两点意见:一是根据工程惯例,预付款应在工程前期支付,工程后期即对已支付的预付款进行相应的抵扣直至扣除完毕。而设计院在工程接近完工时才依据《预付款保函》提出索赔,不合常理和逻辑。二是设计院应提供劳务公司未履行合同及挪用工程预付款的相关证明材料。此后,设计院未能向担保公司提供相关材料。

鉴于设计院与劳务公司在分包合同中约定的争议解决方式为"由中国国际经济贸易仲裁委员会仲裁",设计院于2012年9月12日,向中国国际经济贸易仲裁委员会(简称"贸仲")就设计院与劳务公司签订的两份分包合同纠纷提出仲裁申请。设计院认为劳务公司出现挪用资金、工期延误、施工不力、劳动力投入严重不足、不能投入工程所需的流动资金等严重违约行为,请求劳务公司返还工程款、支付业主的工程延期罚款等各项损失。在仲裁过程中,劳务公司的主要抗辩意见是:设计院的请求没有事实依据和法律依据,劳务公司不存在违约行为,没有挪用资金等。劳务公司并未提出两份分包合同因存在整体转包等事实而属无效合同的抗辩。

2013年10月10日,贸仲作出第0689号裁决书,裁决书认定的主要事实：1. 两份分包合同依法成立，对双方均有法律约束力。2. 设计院应向劳务公司支付工程款数额为人民币85771361.02元（大写：捌仟伍佰柒拾柒万壹仟叁佰陆拾壹元零贰分，系根据劳务公司已完成的工程量计算），设计院已经支付工程款数额为人民币97688990.97元（大写：玖仟柒佰陆拾捌万捌仟玖佰玖拾元玖角柒分）。3. 劳务公司在履行第二份分包合同时存在违约行为。

第0689号裁决书的裁决结果为：

（一）劳务公司向设计院返还工程款人民币11917629.95元（大写：壹仟壹佰玖拾壹万柒仟陆佰贰拾玖元玖角伍分）并向设计院支付设计院自主和委托第三人行动所发生的工程费用25717583.80元（大写：贰仟伍佰柒拾壹万柒仟伍佰捌拾叁元捌角）。

（二）劳务公司向设计院支付2010年7月至12月期间设计院项目部人员为本项目办事的花销费用人民币802835.80元（大写：捌拾万零贰仟捌佰叁拾伍元捌角）。

（三）劳务公司向设计院支付因办理本案而支出的合理费用人民币200000元（大写：贰拾万元）。

（四）驳回设计院的其他仲裁请求。

（五）劳务公司向设计院支付自己承担的仲裁费用人民币478913.6元（大写：肆拾柒万捌仟玖佰壹拾叁元陆角）。

第0689号裁决书裁决劳务公司应向设计院支付的各项费用合计人民币39116963.15元（叁仟玖佰壹拾壹万陆仟玖佰陆拾叁元壹角伍分）。

2014年6月12日，设计院以劳务公司未履行该裁决书确定的清偿义务为由，向北京市东城区人民法院（简称东城区法院）起诉担保公司。诉讼请求为：判令担保公司与劳务公司就贸仲第0689号裁决书确定的39116963.15元债务对设计院承担连带清偿责任，向设计院支付利息并承担诉讼费。

2.5.2 本案诉讼过程及两审判决结果

笔者从一审阶段开始就担任被告方担保公司代理人参加诉讼。针对原告的诉讼请求，担保公司主要提出以下抗辩：

第一，由于被告只向原告提供了《预付款保函》和针对劳务公司部分履约义务提供担保的《履约保函》，即使应当承担担保责任，也只能在保函约定的担保范围和担保金额以内承担担保责任。被告并未对劳务公司在两份分包合同中的全部合同义务提供担保，故，原告要求被告对仲裁裁决劳务公司应承担的全部合同义务承担连带责任，没有事实依据和法律依据。

第二，由于原告与劳务公司签订的两份分包合同，将原告的全部合同义务整体转包给劳务公司，属于非法转包；且劳务公司不具有建筑施工承包企业的资质，因此，两份分包合同均违反法律和行政法规的强制性规定，应为无效合同，故担保合同作为两份分包合同的从合同亦属无效合同，担保人不应承担担保责任。

根据《担保法》第二十条规定：一般保证和连带责任保证的保证人享有债务人的抗辩权。债务人放弃对债务的抗辩权的，保证人仍有权抗辩。虽然劳务公司在仲裁过程中没有提出因整体转包等原因导致分包合同无效的抗辩，但是，保证人仍然依法享有这一抗辩权。所以，原告与劳务公司之间分包合同纠纷的仲裁裁决关于分包合同有效的认定，不能对抗本案被告，不能作为本案原告主张被告承担担保责任的依据。

第三，由于原告与劳务公司的分包合同已经实际履行，且原告应当支付工程款的数额为人民币85771361.02元，而被告出具的四份《预付款保函》担保的总预付款金额仅为人民币39986001.2元，即使原告全额支付了预付款，那么，已完工的工程款数额也已经远大于已支付的预付款的数额，所以，根据这一事实，完全能够认定预付款已经全部使用在工程建设当中，原告支付给劳务公司的预付款已经抵扣了工程款，故，本案已不涉及预付款返还问题。第0689号仲裁裁决劳务公司**返还工程款**等义务均不属于《预付款保函》的担保范围。

关于《履约保函》索赔问题，由于主合同无效导致担保合同无效，所以，被告不承担《履约保函》约定的担保责任。

第四，被告共出具了四份《预付款保函》和一份《履约保函》。而原告只在保函有效期内对三份《预付款保函》和一份《履约保函》向担保公司提出共计四份索赔，对于担保公司2009年8月17日出具的、担保金额为2370万元的《预付款保函》，设计院没有在保函约定的有效期限内（2011年6月30日前）提出索赔，根据《担保法》第二十六条的规定，原告对该份保函已经丧失索赔权。

综上，被告请求法院驳回原告的全部诉讼请求。

东城区法院经过多次开庭、谈话之后，作出以下一审判决。一审判决认为：

被告出具的预付款保函及履约保函符合连带责任保证的性质，原告有权要求被告担保公司在保证责任范围内承担保证责任。鉴于被告给原告出具的预付款保函系对原告给付劳务公司的预付款进行担保，故被告仅应在原告给付劳务公司的预付款范围内承担连带保证责任。**由于原告给付劳务公司预付款后又支付了大部分工程款，现原告没有证据证明劳务公司应返还原告的款项系原告支付的预付款，故原告依据被告出具的预付款保函要求被告承担连带保证责任，没有事实与法律依据。**另，由于被告还向原告出具了一份履约保函，该履约保函系为劳务公司为履行2010年6月26日原告与劳务公司签订的分包合同而向原告出具的，因该履约保函明确载明，劳务公司未履行合同义务，被告将无条件向原告支付索赔款项。由于中国国际经济贸易仲裁委员会裁决认定劳务公司存在违约行为，并裁决劳务公司返还原告工程款11917629.95元,劳务公司未履行裁决书,故被告应在其履约保函范围内承担连带保证责任。**被告虽以原告与劳务公司签订的分包合同属于非法转包而无效,履约保函属于担保合同亦无效为由,不同意原告的诉讼请求,但因中国国际经济贸易仲裁委员会裁决认定原告与劳务公司签订的分包合同合法有效,且劳务公司存在违约行为,故本院对被告的抗辩理由不予支持。**综上所述,依《中华人民共和国担保法》第十八条之规定,判决如下:

一、被告于本判决生效后十日内给付原告设计院七十一万二千七百零一元八角八分;

二、驳回原告设计院其他诉讼请求。

诉讼费二十七万二千七百一十八元,由原告设计院负担二十六万一千七百九十一元(已交纳),由被告担保公司负担一万零九百二十七元(于本判决生效后七日内交纳)。

设计院不服一审判决,仍坚持其一审时的诉讼请求和理由,提出上诉。设计院的上诉请求为:撤销一审判决的第一、二项,改判:1.判令被上诉人就贸仲第0689号裁决书所确定的39116963.15元债务与劳务公司对设计院承担连带清偿责任;2.判令被上诉人向设计院支付利息7066677.657元;3.一、二审诉讼费用由担保公司负担。

被上诉人担保公司针对设计院的上诉主张提出的答辩意见为:

同意一审判决,要求维持原判。在坚持一审抗辩意见的基础上,被上诉人认为,从仲裁裁决结果看,劳务公司分包的工程已经完工并投入使用,设计院认可的已完工工程造价以及仲裁裁决认定的已完工工程造价是远远大于预付款的,由于预付款是预先支付的,从时间顺序上说,最先使用到工程建设当中的款项应当是预付款而不是进度款,所以,在应付工程款数额大于预付款数额的情况下,就不存在预付款返还的问题。被上诉人出具的《预付款保函》,其担保范围是保证劳务公司按约定正常使用预付款以及未按约定使用预付款的返还责任，设计院认为被上诉人依据《预付款保函》应对劳务公司的全部债务承担责任，这种理解是错误的。

对于上诉人提出的"在保函独立性被否定后，法律关系即转化为连带责任保证。这些保函就应被视为一个整体，效力应及于全部的保证债权"的主张，被上诉人认为，上诉人的这一观点没有事实依据和法律依据，而且从思维和逻辑上讲都是荒谬的。根据"谁主张，谁举证"的基本原则，上诉人应当对自己提出的劳务公司没有将预付款用在工程建设当中、挪用预付款、预付款没有抵扣等主张提供证据。

二审法院审理后认为：

根据《最高人民法院关于民事诉讼证据的若干规定》第二条规定，**当事人对自己提出的诉讼请求所依据的事实或反驳对方诉讼请求所依据的事实有责任提供证据加以证明。没有证据或证据不足以证明当事人的事实主张的，由负有举证责任的当事人承担不利后果。**

根据本案查明的事实，担保公司为设计院出具的保函包括预付款保函和履约保函。**其中预付款保函应系对劳务公司违约使用预付款的行为提供担保。**依据预付款保函中关于"保函保证金额将随分包商对预付款偿付金额的递增而相应递减，此递减以设计院出具的预付款保函减额证明为准"的约定，以及设计院未出具减额证明的事实，可知保证金金额未发生减少。现设计院要求担保公司对劳务公司欠付的债务承担连带清偿责任，对此本院认为，**设计院仍需就劳务公司存在挪用预付款的行为提供证据加以证明。设计院在未能提供充分证据证明劳务公司违约使用预付款的情况下，仅依据设计院未开具减额证明主张担保公司承担担保责任，依据尚不充分。**

设计院又主张劳务公司所欠付的工程款即为其违约使用的预付款，但就此未能提供充分证据加以证明。此外，设计院未提供其他证据证明劳务公司存在违约使用预付款的行为。结合 2011 年 6 月 17

日设计院向担保公司提出索赔时,涉案工程已近完工的事实,一审法院对劳务公司违约使用预付款未予认定、对设计院依据预付款保函要求担保公司对劳务公司欠付的债务承担连带清偿责任未予支持,并无不当。

综上,设计院的上诉请求不能成立,应予驳回。一审判决认定事实清楚,适用法律正确,应予维持。依照《中华人民共和国民事诉讼法》第一百七十条第一款第一项规定,判决如下:

驳回上诉,维持原判。

2.5.3 案例点评

一、笔者认为,贸仲关于设计院与劳务公司之间分包合同纠纷的第 0689 号裁决书中关于分包合同有效的认定,不能作为本案两审判决中认定债权人设计院与债务人劳务公司之间签订的主合同即分包合同有效的依据。

第一,《担保法》第二十条规定:一般保证和连带责任保证的保证人享有债务人的抗辩权。债务人放弃对债务的抗辩的,保证人仍有权抗辩。而本案的担保人行使了这一抗辩权。

第二,担保人提供了分包合同及劳务公司的工商登记材料、资质证明材料等相应的证据,能够认定主合同无效,足以推翻仲裁裁决中关于分包合同有效的认定。

根据本案事实可见,在两份分包合同中都存在整体转包的事实基础上,至少有三个理由能够证明设计院与劳务公司之间签订的两份分包合同无效。

第一个理由是:两份分包合同违反了《建筑法》第二十八条、《合同法》第二百七十二条关于禁止承包单位将承包工程整体转包的规定。《建筑法》第二十八条规定:禁止承包单位将其承包的全部建筑工程转包给他人,禁止承包单位将其承包的全部建筑工程肢解以后以分包的名义分别转包给他人。《合同法》第二百七十二条规定：承包人不得将其承包的全部建设工程转包给第三人或者将其承包的全部建设工程肢解以后以分包的名义分别转包给第三人。

设计院在与业主方签订了一、二标段及四标段的承包合同之后，立即与劳务公司签订了相应的一、二标段及四标段分包合同，这两份分包合同的第一条都明确地约定，劳务公司应履行设计院与业主方签订的主合同中约定的设计院的所有义务。由此可以认定，设计院的分包行为实际上是将其与业主签订的承包合同中约定承包的全部建筑工程整体转包给了劳务公司，其行为严重违反了《建筑法》和《合同法》的强制性规定。

第二个理由是：两份分包合同违反了国务院公布实施的《对外承包工程管理条例》和《建设工程质量管理条例》的强制性规定。

担保公司已经提交充分的证据证明劳务公司不具有建筑施工承包企业的资质，只具有劳务分包的资质，按照建设部《建筑企业资质管理规定》第六条第三款的规定，其只能承接施工总承包企业或专业承包企业分包的劳务作业。

本案中设计院将其与业主签订的承包合同中约定承包的全部建筑工程整体转包给了劳务公司，显然已经违反了《建设工程质量管理条例》和《对外承包工程管理条例》这两部行政法规的强制性规定。

《合同法》第五十二条规定：有下列情形之一的，合同无效：（五）违反法律、行政法规的强制性规定。所以，设计院与劳务公司签订的一、二标段及四标段的两份分包合同违反了法律和行政法规的强制性规定，为无效合同。

根据《担保法》第二十条规定，保证人依法享有这一独立的抗辩权，这是法律赋予担保人的权利。这一法律规定既能够防止债权人和债务人恶意串通损害担保人的利益，防范道德风险；也能够防止因债务人不负责任、消极应诉、抗辩不力而损害担保人的合法权益。

这也体现了法律应有的公平正义的价值取向。所以，虽然劳务公司在仲裁过程中没有提出因整体转包、不具有建筑施工承包企业的资质承包工程等导致合同无效的抗辩理由，最终导致仲裁裁决认定两份分包合同合法有效。但是，设计院与劳务公司之间分包合同纠纷的仲裁裁决书中关于分包合同有效的认定，其效力不能及于担保公司，不能对抗担保公司，不能作为本案设计院主张担保公司承担担保责任的依据。

根据《民事诉讼证据规定》第九条第一款第（五）项的规定，"已为仲裁机构的生效裁决所确认的事实"当事人无需举证证明，但该条第二款规定："前款（一）、（三）、（四）、（五）、（六）项，当事人有相反证据足以推翻的除外。"《民诉法解释》第九十三条也做了相同的规定。

在本案中，担保公司提供的设计院与劳务公司之间签订的分包合同等证据，足以证明分包合同属于名为分包实为整体转包、劳务公司不具有建筑施工承包企业的资质承接工程等事实，属于"有相反的证据足以推翻"生效仲裁裁决所确认的事实的情形。所以，本案的判决应当依据事实和法律认定设计院与劳务公司之间签订的分包合同为无效合同。

第三个理由是:《审理施工合同纠纷案件解释》第一条规定：**建设工程施工合同具有下列情形之一的，应当根据《合同法》第五十二条第（五）项的规定，认定无效：**

（一）承包人未取得建筑施工企业资质或者超越资质等级的；

（二）没有资质的实际施工人借用有资质的建筑施工企业名义的；

（三）建设工程必须进行招标而未招标或者中标无效的。

因为担保公司已经提交证据证明劳务公司不具有建筑施工承包企业的资质，只具有劳务分包的资质，所以，根据上述司法解释的规定，设计院与劳务公司之间签订的两份分包合同为无效合同。

本案两审判决虽然都判决担保公司不承担预付款保函的担保责任，但是，两审判决都以贸仲第0689号裁决认定设计院与劳务公司签订的分包合同合法有效为由，认定设计院与劳务公司之间签订的分包合同为有效合同，进而判决担保公司承担了履约保函的担保责任，这实际上是剥夺了《担保法》第二十条赋予担保人的独立的抗辩权利。

虽然本案的终审结果是判决担保公司只承担了七十余万元的履约担保责任（担保公司在承担该担保责任后，还可以依法向劳务公司追偿），没有承担预付款担保责任，担保公司对本案的终审判决结果很满意，但是，笔者认为，第0689号裁决书中关于分包合同有效的认定是错误的，且不能作为本案判决中认定债权人设计院与债务人劳务公司之间签订的主合同即分包合同有效的依据。在担保公司行使了独立抗辩权、提交了充足的证据的情况下，两审判决仍然认定两份分包合同有效，这应当是两审判决在认定事实和适用法律上的不当之处。

此外，笔者认为，本案的整体转包事实在两份分包合同中体现得非常清楚，担保公司在出具保函之前应当知道这不是劳务分包而是涉嫌非法转包，在此情况下不应当为债务人提供担保。

笔者之所以在代理过程中坚持"主合同无效、担保合同无效"的观点，一方面是因为根据事实和法律，主合同确实应当是无效的，由此也导致担保合同无效；另一方面，在同等情况下，如果担保合同被认定为无效，则担保人承担担保责任的可能性和数额要明显小于担保合同有效的情形。笔者建议，担保公司在出具保函之前必须要认真审查主合同的效力，不要为无效的主合同提供担保，更不要为存在违法行为的主合同提供担保。

二、预付款与工程款的概念不可混淆。

第0689号仲裁裁决第（一）项，关于劳务公司向设计院返还工程款并支付设计院自主和委托第三人行动所发生的工程费用25717583.80元的裁决结果,不能作为本案判决中认定担保人承担《预付款保函》担保责任的依据。

第一,预付款与工程款的概念不同。仲裁裁决第一项裁决返还工程款并支付设计院自主和委托第三人行动所发生的25717583.80元工程费用,不等于裁决返还预付款。

根据建设工程施工行业的惯例,工程款一般主要包括三部分:

一是预付款。从字面意思理解就可以认定,这部分款项是根据合同约定而预先支付的款项,如果在施工进行当中,将预付款使用在工程建设上,那么,预付款要最终转化或折抵为工程款,并逐步予以抵扣。如果承包方收到预付款后未进行施工,预付款未使用在工程上,而是被挪用,那么要将预付款予以返还。

二是进度款。这是在施工进行当中,根据合同约定和施工进度而每月支付的款项。

三是结算款。这是在工程完工之后,根据承发包双方进行的工程结算数额,在扣除已支付的进度款和已经折抵或抵扣为进度款的预付款之后,而应支付的剩余工程款项。

由此可见,预付款与工程款不是同一概念。

仲裁裁决第(一)项包含两项内容:一是因为认定设计院存在"超付工程款"的情形,即设计院已经支付的预付款和进度款的合计数字大于劳务公司完成的工程量的造价数额,所以裁决劳务公司应当向设计院返还超付工程款。

因为设计院支付的每一笔预付款都是依据合同约定数额支付的,且没有证据证明设计院超付了预付款,所以,如果超付了工程款,那么也只能是超付了工程进度款或其他款项,而不可能超付了预付款。因此,对于此项裁决返还的超付工程款的内容所涉及的款项,肯定不属于预付款,因此不属于《预付款保函》的担保范围。

仲裁裁决第（一）项包含的另一项内容是：因为存在设计院自主和委托第三人行动所发生的25717583.80元工程费用，该笔费用需要由劳务公司向设计院支付，对于这笔款项则既不属于《预付款保函》的担保范围，也不属于《履约保函》的担保范围。

第二，《预付款保函》与《履约保函》的担保范围不同。《预付款保函》担保的仅仅是承包方或分包方在收到预付款后，保证将预付款用于工程施工当中并逐步抵扣为工程款；如果未将预付款用于工程施工，担保方承担返还预付款的担保责任。根据仲裁裁决认定的事实，劳务公司已经完成工程量的造价数额即设计院应支付的工程款为85771361.02元，而设计院根据四份《预付款保函》应支付的预付款的总额仅为3900余万元。从逻辑上讲，因为预付款是预先支付的，所以，一定是最先使用在工程建设上。鉴于本案设计院应支付工程款的数额远远大于已经支付的预付款的数额，即工程款的数已经完全涵盖了预付款的数额，足以证明劳务公司已经完成的工程量的造价远远大于预付款的数额，进而证明预付款已经全部使用在了工程上，所以，从逻辑上讲，也根本不存在预付款的返还问题。

三、本案设计院与担保公司之间应当依据五份保函建立起了五个独立的担保合同关系，而非一个担保合同关系。

笔者认为，本案担保人与设计院之间的担保合同所对应的主合同有两个，即一、二标段的分包合同和四标段的分包合同，设计院与担保公司之间依据每一份担保保函，都应当是建立起了一个独立的担保合同关系，所以，本案应当依据保函的数量分为多个保证合同纠纷案件予以立案，立案之后，可以依法合并审理，但是，不应当按照一个担保合同纠纷案件予以立案。实践当中，对于此类案件，法院往往按照一个案件予以立案，这既不符合法律规定，也不利于查明事实和分清责任。

鉴于工程保证担保行业的特点是，往往为一个工程项目要出具多份预付款保函,这些预付款保函虽然性质相同,但是,签订合同和出具保函的时间不同、担保的范围不同、担保的金额不同、保证期间不同,因此每份保函都应当是双方之间建立起来的一个独立的担保合同关系。特别是有些工程项目,不仅需要出具预付款保函,还要出具履约保函等其他性质的保函,更应当是独立的担保合同关系。不能将为一个项目提供的多份保函视为一个担保合同关系。因此,笔者建议担保公司今后在为一个工程项目出具多份保函时,应当在每一份担保合同及保函条款中都明确约定是独立的担保合同关系。

四、对于债务人和债权人之间就主合同纠纷而发生的诉讼或仲裁案件,担保公司应当有知情权。

本案设计院与劳务公司之间的仲裁是在担保人不知情和未参与的情况下进行的,该案的生效裁决书将两份因为整体转包而应属无效的分包合同均认定为有效合同,导致担保公司以主合同无效为由进行抗辩存在一定的障碍。这是本案中担保公司最为被动的一点。根据《担保法》第二十条规定,保证人依法享有这一独立的抗辩权,但是,担保公司依据这一法律规定提出的抗辩却并未得到两审法院的支持。实践中,债权人和债务人在主合同发生纠纷时,在保证人不知情的情况下进行诉讼或仲裁,然后由债权人依据生效的判决书或仲裁裁决书向保证人主张权利,这不仅有失公平,而且容易引发道德风险。

五、保证责任期间的概念。

保证责任期间,是指依法律规定或者当事人约定,保证人承担保证责任的截止期限。换而言之,如果债权人未在保证责任期间依法要求保证人承担保证责任,那么,保证人免除保证责任。

《担保法》第二十五条规定:

一般保证的保证人与债权人未约定保证期间的,保证期间为主债务履行期届满之日起六个月。

在合同约定的保证期间和前款规定的保证期间，**债权人未对债务人提起诉讼或者申请仲裁的**，保证人免除保证责任；债权人已提起诉讼或者申请仲裁的，保证期间适用诉讼时效中断的规定。

《担保法》第二十六条规定：

连带责任保证的保证人与债权人未约定保证期间的，债权人有权自主债务履行期届满之日起六个月内要求保证人承担保证责任。

在合同约定的保证期间和前款规定的保证期间，**债权人未要求保证人承担保证责任的，**保证人免除保证责任。

本案涉及的五份保函的保证方式均为连带责任保证，保证期间截止日期均为2011年6月30日，设计院一方在保证期间内只对三份《预付款保函》和一份《履约保函》提出索赔，因此，对于未提出索赔的那份《预付款保函》，担保公司的担保责任已经免除，设计院也已经丧失了索赔权利。

设计院在本案诉讼当中依据已经失效的保函提出索赔，要么是出于疏忽，要么是对保证期间的概念理解上存在误区。在任何情况下，其依据已经失效的保函主张权利，都不可能得到法律的支持。

六、法院是否应当追加劳务公司为本案的第三人？

笔者认为，首先，本案中，一旦担保公司承担担保责任，必然向劳务公司追偿，劳务公司与本案处理结果有法律上的利害关系，所以，追加劳务公司为本案第三人符合法理和法律规定。其次，本案的担保合同所对应的两份主合同，都是由劳务公司与设计院签订和履行的，且履行地点在中国境外，劳务公司到庭参加诉讼，有利于进一步查明其与原告之间财务往来等与合同履行有关的事实，法院非常有必要追加劳务公司为本案第三人。但是，经担保公司多次申请，法院未追加劳务公司为本案的第三人。

七、问题与建议。

第一，本案四份《预付款保函》中均约定"本保函保证金额将随分包商对预付款偿付金额的递增而相应递减,此递减以贵方出具的预付款保函减额证明为准。"但是,担保公司在出具《预付款保函》之后,却没有对承发包双方履行分包合同的情况及时跟进,没有及时要求受益人出具预付款的减额证明。

特别是在设计院应付劳务公司的工程款数额已经远大于已付预付款数额的情况下,事实上预付款已经全部使用在工程建设当中而根本无需返还,可是,此时担保公司手里却没有一份设计院出具的预付款保函减额证明,这一事实对担保公司来说又是非常不利的。在本案诉讼中,设计院也以此为由提出了抗辩,认为预付款没有偿付也没有递减,因为其依据预付款保函索赔的诉讼请求不能成立,这一抗辩才没有得到法院的采纳。

为了避免造成对自己不利的局面,担保人在出具预付款保函时,必须要考虑到保函条款约定的"此递减以贵方出具的预付款保函减额证明为准"的内容,在实践当中是否具有可操作性,是否能得到实际履行,否则就不要在保函条款中约定这样的内容。如果根据债权人的要求在保函条款中必须约定这样的内容,那么在合同履行过程中,一旦发生预付款保函的保证金额递减的事实,担保人就必须要及时向债权人索要预付款保函减额证明,以免在形成诉讼后给自己带来麻烦。

第二,本案涉及的四份《预付款保函》所约定的担保范围都是这样约定的:"我公司承诺,一旦我公司收到贵方的书面索赔通知书及本保函正本,**说明分包商未能按照合同规定履行合同义务**,我公司立即无条件按贵方的要求支付索赔款项"。这里只约定**"分包商未能按照合同规定履行合同义务"**,而没有说明分包商未能按照合同规定履行哪些具体的合同义务,这样的约定显然过于笼统。而且担保人在出具保函之前,还应当认真审核主合同当中关于预付款支付、使用、抵扣和返还的具体约定。笔者认为,这里应当明确约定为**"分**

包商未能按照合同约定履行预付款的使用和返还的合同义务"。

第三，本案涉及的四份《预付款保函》中虽然都明确约定了"本保函自开立时起有效，直至2011年6月30日止失效。"但是，接下来又约定"贵方的任何书面索赔通知书及保函正本应在该**效期**终止前送达我公司，否则上述**效期**后本保函自动失效，我公司不再承担任何赔付责任。"在保函约定内容里两处使用了**"效期"**这两个字，笔者认为，**"效期"**二字不是一个规范的法律概念，为了避免约定不明确或引发歧义，应当使用"保证期间"这一规范的法律概念。

第四，本案涉及的五份保函文本当中，对于主合同所涉及的工程项目名称的表述并不一致。有三份《预付款保函》中对工程项目名称的表述为"多哥首都洛美的ECO BANK总部"，另外两份保函中的表述为"多哥首都洛美的Ecobank总部"，而涉案的两份分包合同中对工程项目名称都是这样表述的："位于多哥首都洛美的ECO BANK总部办公楼"。

工程保证担保的保函内容应当特别严谨。在保函当中对主合同所涉及的工程项目的名称作出明确的、统一的表述，对债权人和担保人都很重要。这一点应当引起注意。

第五，笔者建议，担保人在出具保函时还应当在保函中明确约定：一旦债权人与债务人因履行主合同发生纠纷而形成诉讼或仲裁，债权人、债务人均有义务立即书面通知担保人，并约定不履行通知义务的后果。

此外，担保人在得知债权人与债务人因履行主合同发生纠纷而形成诉讼之后，要认真了解案情，在必要的情况下，要积极向法院申请以第三人的身份参加诉讼进行抗辩，实践中很多法院都裁定准许担保公司以第三人身份参加诉讼，这样有利于保护担保公司的合法权益。

第六，本案涉及的五份保函文本当中对发生争议的解决方式及管辖法院都没有约定，笔者认为，对此应当作出明确约定。再者，本案主合同涉及的工程所在地即合同履行地在中国境外，有涉外因素，所以更应当对发生纠纷时适用法律以及管辖法院作出约定，一般应约定适用中国法律。

第七，在预付款保函中同样要对免责事项尽量约定清楚。担保人也应当考虑争取在保函中约定以下免责事项，以下事项如不能约定为免责事项，担保人也必须要有相应的风险防范意识和防范措施：

1. 如果在主合同履行过程中，债权人（受益人、发包方，下同）应当抵扣预付款时不提出抵扣，或已经抵扣（或已经由债务人返还预付款），但是债权人（受益人、发包方）拒绝为担保人出具相应的预付款减额证明的，则担保人一切的担保责任免除。

2. 如果在主合同履行过程中，在未经担保人书面同意的情况下，债权人与债务人（被保证人）协商变更主合同的原有条款，加重担保人担保责任的，则担保人不承担增加部分的担保责任。

3. 如果在预付款保函出具之后，债权人未按主合同约定的时间和数额足额向债务人（被保证人）支付预付款，则担保人的担保责任免除。

4. 如因债权人违约在先，导致债务人（被保证人）违约或解除、终止主合同，因此影响预付款抵扣或返还的，担保人不承担担保责任。

5. 任何情况下，如果主合同约定的预付款抵扣或返还条件没有成就，或在预付款抵扣或返还条件没有成就的情况下，债权人单方终止或解除主合同，则担保人不承担任何担保责任。

6. 债权人与债务人因履行主合同发生争议而进行诉讼或仲裁时，如涉及预付款抵扣或返还事宜，有可能影响到担保人利益或造成担保人可能承担担保责任的，则债权人必须立即书面通知担保人，并向担保人提交相应的诉讼或仲裁资料，担保人有权了解情况并发表意见；否则，担保人不承担担保责任。

7. 如债权人与债务人（被保证人）协议终止或解除主合同，涉及预付款抵扣或返还事宜，有可能影响到担保人利益或造成担保人可能承担担保责任的，债权人也应事先书面通知担保人，并向担保人提供相关材料，担保人有权了解情况并发表意见；否则，如债权人未履行上述通知义务，担保人不承担担保责任。

8. 如债权人和债务人（被保证人）在债务人申请出具本保函时存在欺诈行为，影响担保人真实意思表示的，则本保函无效，担保人不承担担保责任。

9. 如果主合同被仲裁或法院认定为无效合同，担保人不承担担保责任。

第八，预付款保函中也应约定索赔通知等资料的送达方式，并明确约定双方的电话、邮箱、通讯联络地址、邮政编码、具体联系人或部门等信息。

2.5.4　代理词

2.5.4-1　一审第一次开庭发表的代理词

审判长、审判员：

北京市建孚律师事务所接受被告担保公司的委托，指派我担任本案被告的代理人参加诉讼，代理人认为，原告的诉讼请求没有事实依据和法律依据，应当判决予以驳回，以下从四个方面来具体说明：

一、0689号裁决书是贸仲审理原告与劳务公司之间的分包合同争议的裁决书，被告不是该合同争议案件的当事人，也未对劳务公司应承担的该分包合同的全部义务提供连带责任担保，原告要求判令被告对该裁决所认定的劳务公司应承担的债务承担连带责任等全部诉讼请求，显然没有任何事实依据和法律依据，应当全部予以驳回。

鉴于本案的原告方在与业主方签订了位于多哥首都洛美的ECO BANK总部办公楼工程一、二标段及四标段的两份承包合同之后，与劳务公司签订了相应的一、二标段及四标段两份分包合同，被告针对一、二标段分包合同出具了以原告为受益人的三份《预付款保函》，针对四标段的分包合同出具了以原告为受益人的一份《预付款保函》和一份《履约保函》。

原告的起诉书中的案由是"保证合同纠纷"，既然是保证合同纠纷，那么要求被告承担保证责任就应当以保函为依据，但是，原告却在保证合同纠纷中脱离保函的承保范围，以0689号裁决书的裁决结果为依据，第一项诉讼请求竟然是：要求判令被告就0689号裁决书确定的39116963.15元债务与劳务公司对原告承担连带清偿责任。0689号裁决书审理和裁决的是原告和劳务公司之间的一、二标段及四标段的两份分包合同纠纷，仲裁裁决的结果是由劳务公司返还超付工程款、支付原告方自主行动和委托第三人行动所发生的费用、支付为本项目办事花销的费用等款项，这些债务与被告方出具的保函的担保范围毫无关系。

被告方只是出具了受益人为原告的《预付款保函》和《履约保函》，并没有对劳务公司的全部分包合同义务提供连带责任担保，原告将被告出具的保函理解为是对劳务公司两份分包合同全部义务的连带责任担保，这显然是错误的。0689号裁决书的裁决结果与被告没有任何法律关系，原告的第一项请求没有事实依据和法律依据。至于第二、第三项请求判令被告向原告支付利息及诉讼费，则更属无稽之谈。

根据本案的事实，不论原告与被告之间的担保合同是否有效，双方之间都仅仅存在因被告出具了以原告为受益人的保函而存在担保合同关系，不存在其他法律关系，原告毫无根据地要求被告对0689号裁决书确定的39116963.15元债务与劳务公司对原告承担连带清偿责任，不仅混淆了法律关系，而且毫无事实依据和法律依据，原告的所有诉讼请求全部应当予以驳回。

二、原告作为承包方与劳务公司签订的一、二标段及四标段的两份分包合同违反了法律和行政法规的强制性规定，为无效合同。被告以上述分包合同为主合同而出具的《预付款保函》和《履约保函》也都没有法律效力。被告方不应承担担保责任。

（一）原告方违反了《建筑法》第二十八条、《合同法》第二百七十二条关于禁止承包单位将承包的工程整体转包的规定，两份分包合同无效。

《建筑法》第二十八条规定："禁止承包单位将其承包的全部建筑工程转包给他人，禁止承包单位将其承包的全部建筑工程肢解以后以分包的名义分别转包给他人。"《合同法》第二百七十二条规定："承包人不得将其承包的全部建设工程转包给第三人或者将其承包的全部建设工程肢解以后以分包的名义分别转包给第三人。"

本案的原告方在与业主方签订了一、二标段及四标段的承包合同之后，立即与劳务公司签订了相应的一、二标段的分包合同及四标段分包合同，这两份分包合同的第一条都明确约定，劳务公司应履行原告与业主方签订的主合同中规定的原告方的所有义务。由此可以认定，原告的分包行为实际上是将其与业主签订的承包合同中约定承包的全部建筑工程整体转包给了劳务公司。其行为严重违反了《建筑法》和《合同法》的强制性规定。

（二）原告方违反了国务院颁布实施的《对外承包工程管理条例》、《建设工程质量管理条例》的强制性规定，两份分包合同无效。

被告方已经提交充分的证据证明劳务公司不具有建筑施工承包企业的资质，只具有劳务分包的资质，按照建设部《建筑企业资质管理规定》第六条第三款的规定，其只能承接施工总承包企业或专业承包企业分包的劳务作业。

《建设工程质量管理条例》（国务院令第279号）第二十五条规定："施工单位应当依法取得相应等级的资质证书，并在其资质等级许可的范围内承揽工程。禁止施工单位超越本单位资质等级许可的业务范围或者以其他施工单位的名义承揽工程。禁止施工单位允许其他单位或者个人以本单位的名义承揽工程。施工单位不得转包或者违法分包工程。"第七十八条规定："本条例所称违法分包，是指下列行为：（一）总承包单位将建设工程分包给不具备相应资质条件的单位的。本条例所称转包，是指承包单位承包建设工程后，不履行合同约定的责任和义务，将其承包的全部建设工程转给他人或者将其承包的全部建设工程肢解以后以分包的名义分别转给其他单位承包的行为。"

《对外承包工程管理条例》（国务院令第527号）第七条规定："对外承包工程的单位应当依照本条例的规定，取得对外承包工程资格。"第八条规定："申请对外承包工程资格，应当具备下列条件：（一）有法人资格，工程建设类单位还应当依法取得建设主管部门或者其他有关部门颁发的特级或者一级（甲级）资质证书。"第十四条第三款规定："对外承包工程的单位不得将工程项目分包给不具备国家规定的相应资质的单位；工程项目的建筑施工部分不得分包给未依法取得安全生产许可证的境内建筑施工企业。"

本案的原告将其与业主签订的承包合同中约定承包的全部建筑工程整体转包给了劳务公司，显然已经违反了《建设工程质量管理条例》、《对外承包工程管理条例》这两部行政法规的强制性规定。《合同法》第五十二条规定："有下列情形之一的，合同无效：（五）违反法律、行政法规的强制性规定。"所以，原告与劳务公司签订的一、二标段及四标段的两份分包合同违反了法律和行政法规的强制性规定，为无效合同。

（三）鉴于两份分包合同无效，作为其从合同的担保合同也无效，被告不承担任何担保责任。

《担保法》第五条第一款规定："担保合同是主合同的从合同，主合同无效，担保合同无效。担保合同另有约定的，按照约定。"根据这一规定，虽然原告持有被告出具的《预付款保函》和《履约保函》，但是因为原告与被告之间的担保合同无效，所以，被告不承担任何担保责任。

（四）0689号裁决书认定上述两份分包合同有效，违背客观事实和法律、行政法规的规定，不能作为认定事实的依据，且被告已经提供了劳务公司的营业执照、资质证明等证据材料作为相反的证据，足以推翻该认定。

根据《民事诉讼证据规定》第九条规定了有六种事实当事人无需举证证明，其中包括：(五)已为仲裁机构的生效裁决所确认的事实；但是，该条第二款明确规定：前款（一）、（三）、（四）、（五）、（六）项，当事人有相反证据足以推翻的除外。0689号裁决书对上述两份分包合同效力的认定违背客观事实，违反法律规定，被告方提供的分包合同、劳务公司的营业执照、资质证明等证据材料足以推翻0689号裁决书对上述两份分包合同有效的认定。所以，该裁决对两份分包合同效力的认定是错误的，不能作为直接认定事实的依据。

（五）对于两份分包合同是否有效，被告方不受0689号裁决书的约束，《担保法》第二十条赋予被告方享有独立的抗辩权。

被告方并未参加原告与劳务公司之间的仲裁活动，根据《担保法》第二十条的规定："一般保证和连带责任保证的保证人享有债务人的抗辩权。债务人放弃对债务的抗辩权的，保证人仍有权抗辩。抗辩权是指债权人行使债权时，债务人根据法定事由，对抗债权人行使请求权的权利。"所以，虽然0689号裁决书已经生效，但是被告作为保证人现在仍然享有法律赋予的独立的抗辩权。根据本案事实和法律、行政法规的规定，**被告方坚持认为：原告与劳务公司签订的一、二标段的分包合同及四标段分包合同是无效合同，主合同无效，本案担保合同也无效，被告方不承担任何担保责任。**

三、原告支付给劳务公司的预付款早已经抵扣完毕，根本不存在返还预付款的问题。所以，即使两份分包合同有效，被告也无需承担预付款返还的担保责任。

在施工合同履行过程中，由发包方向承包方或者总包方向实际施工的分包方支付预付款是国际惯例。由于是预付款，如果施工单位收到预付款之后根本不履行合同而是挪用预付款，那么此笔款项必须返还付款方。如果出现此种情况，担保公司要根据《预付款保函》承担相应的责任。相反，只要收到预付款的一方正常施工，那么预付款在支付后就一般不存在直接返还的问题，而是由支付预付款的一方在以后支付工程进度款时采取抵扣方式逐步将已经支付的预付款折抵为应当支付的工程款。这种折抵方式不仅是国内的惯例也是国际惯例。在工程竣工结算或发生纠纷时，只要收取预付款的一方实际完成的工程量超过预付款的数额，就不存在实际返还预付款的问题。

根据仲裁裁决认定的劳务公司履行两份分包合同完成的工程量，也就是原告方应支付劳务公司的工程款数额为85771361.02元（见0689号裁决书第82页），而原告在仲裁申请书中以及仲裁过程中自己认为应当支付给劳务公司的工程款金额应为81482792.97元（见原告仲裁申请书、0689号裁决书第2页）。而劳务公司提供的证据认为原告共计支付给劳务公司的预付款数额为39986001.2元，由此可以认定：劳务公司完成的工程量造价即原告应当支付工程款的数额是预付款数额的两倍以上，已经远远超过了预付款的数额，进一步可以认定预付款已经全部用在了两个分包工程上。被告提供的证据中有一份劳务公司出具的《关于工程款使用情况说明》，其内容完全能够证明预付款已抵扣完毕，根本不存在预付款返还问题。

0689号裁决书裁决的结果是由劳务公司返还工程款、支付原告方自主行动和委托第三人行动所发生的费用、支付为本项目办事花销的费用等款项,这根本不是返还预付款。正如原告在仲裁时所提出的主张(裁决书58—59页):申请人向被申请人所付款中,除了将业主所付款项根据分包合同约定的比例扣除后转付被申请人外,还有很多款项是因为申请人为了保障工程顺利完工,在被申请人挪用工程款后以停工相要挟的情况下,自己掏腰包借款或提前垫付的款项,此构成被申请人超领工程款的主要原因。被告方只是出具了《预付款保函》,并没有对原告方的超额支付及劳务公司的超额领取工程款进行担保,也没有对其自主采取行动或委托第三人采取行动应支付的款项进行担保。所以,被告作为担保方在本案中不承担任何责任。

虽然被告还出具了一份四标段分包合同的《履约保函》,但是,因分包合同无效,担保合同也就无效,被告方也就不承担任何责任。同时,在原告方将业主支付的本应用在两个标段的工程上的预付款和工程进度款都分别按照21%和12%的比例扣留,实现自己转包的非法获利,这已经是严重的违约甚至是违法行为,其非法获利应当予以罚没,原告严重的违约甚至是违法行为在先,无权指责劳务公司违约,也无证据证明劳务公司违约,同时,0689号裁决书也没有认定劳务公司违约,所以,被告不应承担履约担保责任。

四、针对原告方代理人庭审辩论意见的几点补充意见。

(一)原告代理人庭审辩论时提出:原告在被告出具的四份《预付款保函》和一份《履约保函》的有效期内只对三份《预付款保函》和一份《履约保函》提出了索赔,因为被告未赔付,所以现在这五份保函就已经变成了对两份分包合同中劳务公司全部合同义务的担保,所以,原告现在对所有五份保函都提出索赔,要求被告承担的不再是《预付款保函》的担保责任而是两份合同的连带担保责任。

本代理人认为,原告方的观点无论从法律规定方面,还是从逻辑方面都无法成立。未在保函有效期内提出索赔的保函已经丧失索赔权,这是简单的法律常识。《预付款保函》担保的仅仅是预付款的正常使用和特殊情况下的返还事宜，任何情况下《预付款保函》的担保范围都不可能转变为对合同全部义务的担保。原告方的上述观点属于随心所欲，异想天开。

（二）五份保函中都约定，原告索赔时必须要在保函有效期内同时提交三种材料：一是索赔通知书，二是保函正本，三是能够说明分包商违约的材料。否则，被告不承担任何赔付责任。而事实上，原告在保函有效期内对其中的四份保函提出索赔时，只提交了索赔申请书，并未提交保函原件，也未提交能够说明分包商未能按照规定履行合同义务的说明材料。所以，原告提出的索赔是无效索赔。对于原告提交的收取索赔材料回执我方不予认可，理由是该文件上写的是我方收到"某电子科技院以下索赔材料"，某电子科技院并不是原告单位名字。

（三）根据原告方在仲裁时主张的支付预付款的情况（裁决书第53-54页），原告方在我方出具《预付款保函》之后，并未足额向劳务公司支付预付款，所以，再次证明原告方违反合同约定在先，无权指责劳务公司违约。更无权要求被告承担《预付款保函》及《履约保函》的担保责任。

（四）特别强调：0689号裁决书裁决的结果是由劳务公司返还工程款1191万余元、支付原告方自主行动和委托第三人行动所发生的工程费用2571万余元、支付为本项目办事花销的费用80余万元等款项。其中返还工程款不在被告担保范围内，原告方自主行动和委托第三人行动所发生的工程费用，仍然不在被告方的担保范围之内，而且无论是劳务公司施工还是原告施工或委托第三人施工，都是为工程的实际所有人即业主施工，因为是为业主建设工程，这部分工程款最终肯定是要由业主方实际支付给与业主签订承包合同的承包人即本案原告的，如果劳务公司实际支付了此笔工程费用，那么原告方应当是获得双倍的工程款，现在原告方又再向被告方索赔，实际上是在谋求获得此部分工程量的三倍工程款。原告方显然是在瞒天过海，在此谋取非法利益。

（五）原告方应当举证证明0689号裁决书的执行情况。原告在0689号裁决书生效后是否到有管辖权的法院申请了强制执行？是否已经执行？是否被法院裁定不予执行？对于这一系列事实，直接关系到原告方所提起的诉讼是否成立，原告方在应当举证的情况下没有举证。

综上所述，本案涉及的两份分包合同都因非法转包而无效，虽然原告在仲裁开庭时以及今天的庭审中都一再指责劳务公司挪用工程款，但是并没有提供任何证据。事实也很清楚，这两个工程被原告方整体转包，原告方分别抽取了21%和12%的纯利，劳务公司作为一个根本没有建筑施工资质和能力的劳务企业，面临资金不足的问题，不可能有挪用资金的问题。如果说工程进行当中存在一些问题，那么一切的根源都只能是非法转包造成的恶果，原告方应当自食其果，不能将此后果转嫁于被告，也没有理由将此后果转嫁于被告。

代理人认为，劳务公司应当到庭参加诉讼，有利于进一步查明其与原告之间财务往来的事实及合同履行的事实，被告方再次申请法院追加劳务公司为本案的第三人。

鉴于0689号裁决书裁决的结果及原告的诉讼请求不属于被告出具保函的担保范围，且两份分包合同无效导致担保合同无效，同时预付款早已经抵扣完毕，根本不存在返还的问题；且原告提出的保函索赔不是有效索赔，被告依法享有独立的抗辩权利。所以，原告的诉讼请求根本不能成立，代理人恳请法院驳回原告的全部诉讼请求。

此致
北京市东城区人民法院

2014年11月14日

2.5.4-2 补充代理词(开庭后第一次谈话)

审判长、审判员:

我担任被告的代理人,补充发表以下意见:

一、原告方根本没有按约定支付预付款,即使主合同有效,原告也已经违约在先。

被告提供《预付款保函》依据的主合同是两份分包合同,2009 年 4 月 15 日签订的一、二标段分包合同第 8 条约定:甲方收到《预付款保函》后,在收到业主支付的预付款之日起十日内,按本合同约定的金额向乙方支付预付款。2010 年 6 月 26 日签订的四标段的分包合同第 8 条约定:有关保函事宜参照一、二标段的**成功**模式。根据上述合同约定,首先可以认定:在签订四标段的分包合同时,原告方认为一、二标段的分包合同的履行是成功的,因此,根本不存在劳务公司的违约问题及《预付款保函》的索赔问题。其次还能认定:被告出具五份保函之后,原告未按上述约定时间支付预付款。被告出具第一份保函的时间是 2009 年 8 月 17 日,四份《预付款保函》的总担保金额为 39986000 余元,按照原告在仲裁时举证所证明(裁决书第 54 页)的支付预付款情况是:2009 年 8 月 17 日之后,原告只支付了:3318 万余元的预付款,足以证明原告未按约定支付预付款,已经违约在先。

二、原告认可及仲裁裁决认定的应付给劳务公司的工程款数额均在 8000 余万元以上,而原告应支付的预付款的数额仅为 3998 万余元,应付工程款早已超过预付款,所以,预付款已经全部用于工程建设,不能认定劳务公司挪用了预付款,不存在预付款返还的问题。

三、原告在仲裁时的主张及仲裁裁决结果都是因原告超付了工程款,所以要求劳务公司返还超付的工程款而非返还预付款。事实上,原告方在支付预付款之后还在继续支付工程进度款的事实就已经证明:第一,原告认可预付款已经全部用于工程施工;第二,劳务公司完成工程的造价已经超过预付款。根据保函，如果原告支付预付款数额不足，则证明原告违约在先；如果原告超付预付款，则被告也仅仅可能在担保限额范围内承担责任。至于原告是否超付工程款，则纯属原告的自愿行为，根本不在担保范围之内。

四、依据被告出具的五份保函，原被告之间建立起了五个独立的担保合同关系，五份保函的出具时间不同，担保金额不同，具有《预付款保函》和《履约保函》之分，被告方起诉应当分为五个案件起诉。

此致

北京市东城区人民法院

2014 年 11 月 21 日

2.5.4-3　代理词（开庭后第二次谈话）

审判长、审判员：

本案在开庭之后今天又进行了第二次谈话，鉴于在今天的谈话中，原告方的很多观点和主张都没有事实依据和法律依据，本代理人在坚持此前已经发表的两次代理意见的基础上，现发表以下补充代理意见：

一、《担保法》赋予了保证人即本案被告独立的抗辩权，即使债务人劳务公司放弃抗辩权，保证人即本案被告也仍然享有该抗辩权，这是法律赋予被告的神圣权利，任何人不得予以剥夺，这一点恳请合议庭予以高度重视。

本代理人曾多次强调：对于原告与劳务公司之间签订的两份分包合同是否有效，被告方是否应承担担保责任，被告方享有独立的抗辩权，被告方不受 0689 号裁决书的约束。

《担保法》第二十条规定："一般保证和连带责任保证的保证人享有债务人的抗辩权。债务人放弃对债务的抗辩权的，保证人仍有权抗辩。抗辩权是指债权人行使债权时，债务人根据法定事由，对

抗债权人行使请求权的权利。"根据该条规定：保证人即本案被告方享有独立的抗辩权。所以，虽然0689号裁决书已经生效，但是劳务公司在该仲裁案件审理时没有提出其与原告签订的一、二标段及四标段的两份分包合同是无效合同的抗辩，不论出于何种考虑和动机，劳务公司在该仲裁案件中放弃了这一对其非常有利的抗辩权是不可更改的事实。根据《担保法》第二十条的规定，劳务公司作为债务人放弃该抗辩权的，在本案审理过程中，被告作为保证人仍然享有这一抗辩权，这是法律赋予被告的神圣权利，0689号裁决书生效与否都与被告无关，都不能作为剥夺被告抗辩权的依据。

被告作为保证人在开庭时就已经针对原告的起诉和主张提出了如下抗辩，现在被告方仍然坚持这一抗辩：根据本案事实和法律、行政法规的规定，原告作为承包方与劳务公司签订的一、二标段及四标段的两份分包合同违反了《建筑法》第二十八条、《合同法》第二百七十二条、《建设工程质量管理条例》（国务院令第279号）第二十五条及第七十八条、《对外承包工程管理条例》（国务院令第527号）第七条、第八条等法律、行政规章的强制性规定。根据《合同法》第五十二条规定：有下列情形之一的，合同无效：（五）违反法律、行政法规的强制性规定。所以，上述两份分包合同都是无效合同。《担保法》第五条第一款规定：担保合同是主合同的从合同，主合同无效，担保合同无效。担保合同另有约定的，按照约定。根据《合同法》第五十六条的规定，无效合同自始没有法律约束力。所以，被告方不承担任何担保责任。

二、原告支付给劳务公司的预付款早已经抵扣完毕，根本不存在返还预付款的问题。所以，即使两份分包合同有效，被告也无需承担预付款抵扣和返还的担保责任。

在施工合同履行过程中，由发包方经承包方或者总包方向实际施工的分包方支付预付款是国际惯例。由于是预付款，如果施工单位收到预付款之后根本不履行合同，挪用预付款或是破产等原因，那么，此笔款项必须返还付款方。如果出现此种情况导致预付款既没有用在工程建设上也不能返还，那么担保公司要根据《预付款保函》承担相应的担保责任。相反，只要收到预付款的一方正常施工并将预付款用在工程建设上，那么预付款在支付后就一般不存在直接返还的问题，而是由支付预付款的一方在以后支付工程进度款时采取抵扣方式逐步将已经支付的预付款折抵为应当支付的工程款。这种折抵方式不仅是国内惯例也是国际惯例。在工程竣工结算或发生纠纷时，只要施工方实际完成的工程量超过预付款的数额，就不存在实际返还预付款的问题，而是将预付款折抵为工程款，担保公司也就不承担任何担保责任。

根据仲裁裁决认定的两份分包合同劳务公司完成的工程量，也就是原告方应支付劳务公司的工程款金额为 85771361.02 元（见 0689 号裁决书第 82 页），而原告在仲裁申请书中以及仲裁过程中自己认为应当支付给劳务公司的工程款金额应为 81482792.97 元（见 0689 号裁决书）。劳务公司提供的证据认为原告共计支付给劳务公司的预付款数额为 39986001.2 元（实际支付的预付款数额小于这一数额），由此足以认定：劳务公司完成的工程量造价即原告应当支付劳务公司工程款的数额是预付款数额的两倍以上，应付工程款的数额已经远远超过了预付款的数额，由此可以认定预付款已经全部用在了两个分包工程上，根本不存在返还预付款的问题。被告提供的证据中有一份劳务公司出具的《关于工程款使用情况说明》，其中内容完全能够证明预付款早已抵扣完毕，根本不存在预付款返还问题。

在今天的谈话中原告已经承认：0689 号裁决书没有裁决劳务公司返还预付款而是返还超付的工程款，同时，原告还认为工程款和预付款无法区分。既然原告认为无法区分，那原告为什么将返还工程款认定为是返还预付款呢？显然没有依据。况且原告先支付的是预付款，劳务公司在施工过程中只能是先使用预付款，所以，预付款已经使用完毕，且都用在了原告与劳务公司合同约定的工程上，这一事实是非常清楚的。原告在回答法官提出的"劳务公司的预付款都干什么用了"这一问题时，原告说不知道劳务公司将预付款干什么用了，既然不知道劳务公司预付款的用途，那为什么又多次主张劳务公司将工程预付款挪用呢？显然还是没有事实依据，而且自相矛盾。

事实上，原告先付的预付款，后支付的工程进度款，劳务公司施工时只能是先使用预付款，后使用工程进度款，如果原告超付了款项，也只能是超付了工程进度款，只要劳务公司完成的工程量的造价超过了预付款的数额，就不存在返还预付款的问题，被告就不承担担保责任。

三、劳务公司在预付款返还问题上不存在违约行为，即使分包合同有效，被告也不承担《预付款保函》的担保责任。

原告认为仲裁裁决书未采纳劳务公司关于预付款已经全部扣回的主张就等于是认定劳务公司在预付款抵扣问题上违约，这一主张是不能成立的。原告还认为"扣回"与"抵扣"是同一个意思，这也是错误的。

首先，在劳务公司已经完成的工程的造价数额超过工程预付款数额的情况下，根本不存在原告扣回预付款的问题，原告也没有理由扣回预付款，所以，原告没有扣回预付款是完全正常的、合理的，不能由此认定是劳务公司违约。

其次，如果劳务公司根本没有施工而应当扣回预付款，那么原告为什么不仅没有主动采取扣回措施，反而还继续主动支付工程款呢？这证明原告是自愿的，且双方是有新的约定的，也不能证明劳务公司违约，也不属于《预付款保函》的担保范围。

第三，预付款抵扣工程进度款的主动权也掌握在原告手里，假设应当抵扣而原告没有抵扣，也是原告自愿所为，仍不属于《预付款保函》的担保范围。

第四，因为原告与劳务公司在分包合同中约定：原告与业主之间总包合同约定的原告应履行的全部合同义务都由劳务公司履行，业主支付给原告的每一笔款项，原告按一定的比例扣留之后都支付给劳务公司，所以，业主在向原告付款时，按照总包合同约定抵扣了预付款也就等于原告已经抵扣了劳务公司的预付款。

第五，仲裁裁决中涉及的"扣回"与"抵扣"不是同一个意思。通过综合分析裁决书的内容可见，仲裁裁决中所使用的"扣回"的意思是要将预付款通过扣的方式返还回到原告的账上，而"抵扣"则是原告用已经事先支付给劳务公司的预付款折抵、抵消一部分应当支付的工程进度款，这部分用于折抵、抵消部分工程进度款的预付款不用也不可能返还到原告的账上。仲裁裁决只是未采纳预付款已经"扣回"的主张，但是并没有否认预付款已经折抵或抵扣为工程款这一事实。

第六，在裁决书中以及原告仲裁申请书中计算的原告已付劳务公司的工程款总额中，都已经包括预付款，这足以证明，原告和仲裁裁决都认定预付款已经折抵为工程款，根本不存在返还预付款的问题，被告根本不应承担任何担保责任。原告在这一问题上出尔反尔，显然是为了达到索赔目的而故意混淆黑白，搬弄是非。

四、劳务公司在履行合同时是否违约不属于《预付款保函》的担保责任范围。

原告在今天谈话时，强调劳务公司存在违约行为，以此作为主张《预付款保函》索赔的理由，这显然是不成立的。《预付款保函》不是《履约保函》，《预付款保函》不是对合同履约进行的担保，合同履约问题属于《履约保函》的担保范围。

五、因为原告存在违约在先的问题，故被告对《履约保函》也不承担担保责任。

需要再次声明的是，原告必须在接到《预付款保函》之后支付预付款，这是分包合同的约定，分包合同也是被告出具保函的依据，原告在接到《预付款保函》之前支付的所谓预付款，不属于被告的担保范围。

被告出具保函的担保金额为 39986000 余元，而原告在收到保函后仅支付预付款 3318 万余元，原告明显没有足额支付预付款，这是严重的违约行为。原告违约在先，而且是在签订合同之后就立即开始违约，所以，原告根本无权指责劳务公司违约。且不提原告根本没有证据证明劳务公司存在哪些违约行为，即使劳务公司有违约行为，担保人也不承担履约担保责任。

六、被告出具的每一份保函都有明确的有效期限，其中一份 2009 年 8 月 17 日出具的保函，有效期截止时间是 2011 年 6 月 30 日。原告未在保函有效期内提出索赔，在开庭时法官问原告为什么当初未在保函有效期内提出索赔而现在又提出索赔，原告的回答竟然是：我们一拍脑袋就决定现在索赔了。由此可见，原告的索赔完全是置事实和法律于不顾，仅凭自己一拍脑袋，其诉讼请求当然应当被驳回。

七、特别强调，被告方已经多次提出，原告方应当举证证明 0689 号裁决书的执行情况，但是，至今原告仍未举证证明。0689 号裁决书是否已经得到执行或部分执行，是否存在被裁定不予执行或被撤销的情节都直接关系到原告方所提起的诉讼是否成立，所以，为了查清本案的事实，法院应当要求原告必须提交这一证据。如原告仍然拒不提交，则被告申请法院调取该证据。

八、本代理人坚持认为，劳务公司应当到庭参加诉讼，这样有利于进一步查明其与原告之间财务往来的事实及合同履行的事实，被告方再次申请法院追加劳务公司为本案的第三人。

综合以上补充代理意见及此前发表的两次代理意见，代理人认为应当驳回原告的全部诉讼请求，上述代理意见，恳请合议庭认真考虑并予以采纳。

此致

北京市东城区人民法院

2015 年 1 月 21 日

2.5.4-4　补充代理词（一审第二次开庭）

审判长、审判员：

我依法担任本案被告方的代理人，在坚持此前已发表的代理意见的基础上，提出以下补充意见：

一、关于工程预付款的概念以及预付款的抵扣或返还方式及行业惯例。

本案至今已经四次开庭审理和谈话，每一次开庭及谈话都涉及工程预付款的概念以及抵扣方式，鉴于原告方作为专业的工程设计和施工单位，在完全知晓工程预付款的概念以及抵扣方式的情况下，故意在此问题上提出有利于自己的、而违背客观事实的主张，所以，本代理人再一次对工程预付款的概念以及抵扣方式做详细的说明，以正视听。

在建设工程施工合同中约定发包方（或总包方）向承包方（或分包方）支付预付款并在进度款中抵扣或偿还预付款，不仅是国内建设施工合同履行中普遍的、通用的做法，而且同时也是国际惯例。

由建设部和国家工商总局联合制定并发布的《建设工程施工合同（示范文本）》（GF-2013-0201）（以下简称《示范文本》）中第12.2.1 明确规定了预付款的支付：

预付款的支付按照专用合同条款约定执行，但至迟应在开工通知载明的开工日期 7 天前支付。预付款应当用于材料、工程设备、

施工设备的采购及修建临时工程、组织施工队伍进场等。

除专用合同条款另有约定外，预付款在进度付款中同比例扣回。在颁发工程接收证书前，提前解除合同的，尚未扣完的预付款应与合同价款一并结算。

发包人逾期支付预付款超过 7 天的，承包人有权向发包人发出要求预付的催告通知，发包人收到通知后 7 天内仍未支付的，承包人有权暂停施工，并按第 16.1.1 项〔发包人违约的情形〕执行。

2004 年 10 月 20 日，财政部、建设部联合发布的《建设工程价款结算暂行办法》第三条规定：

本办法所称建设工程价款结算（以下简称"工程价款结算"），是指对建设工程的发承包合同价款进行约定和依据合同约定进行工程预付款、工程进度款、工程竣工价款结算的活动。

该《结算办法》第十二条规定：

工程预付款结算应符合下列规定：

（一）包工包料工程的预付款按合同约定拨付，原则上预付比例不低于合同金额的 10%，不高于合同金额的 30%，对重大工程项目，按年度工程计划逐年预付。计价执行《建设工程工程量清单计价规范》（GB50500—2003）的工程，实体性消耗和非实体性消耗部分应在合同中分别约定预付款比例。

（二）在具备施工条件的前提下，发包人应在双方签订合同后的一个月内或不迟于约定的开工日期前的 7 天内预付工程款，发包人不按约定预付，承包人应在预付时间到期后 10 天内向发包人发出要求预付的通知，发包人收到通知后仍不按要求预付，承包人可在发出通知 14 天后停止施工，发包人应从约定应付之日起向承包人支付应付款的利息（利率按同期银行贷款利率计），并承担违约责任。

（三）预付的工程款必须在合同中约定抵扣方式，并在工程进度款中进行抵扣。

以上两份法律文件是政府主管部门面向全国颁布并实施的,由此可以证实,支付预付款并在进度款中抵扣或偿还预付款是普遍执行的行业惯例,而且还是政府主管部门的规范要求。

二、《预付款保函》也同样是在国内和国际工程建设领域普遍执行的行业惯例。《预付款保函》与《履约保函》的担保范围不同,《预付款保函》担保的仅仅是承包方或分包方在收到预付款后,保证将预付款用于工程施工,如果未将预付款用于工程施工,担保方承担预付款返还的担保责任。

(一)根据建设工程施工的行业管理规定以及行业惯例,《预付款保函》担保的仅仅是承包方或分包方在收到预付款后,保证将预付款用于工程施工。

建设部和国家工商总局发布的《示范文本》第12.2.2对预付款担保作了明确的规定:

发包人要求承包人提供预付款担保的,承包人应在发包人支付预付款7天前提供预付款担保,专用合同条款另有约定除外。预付款担保可采用银行保函、担保公司担保等形式,具体由合同当事人在专用合同条款中约定。在预付款完全扣回之前,承包人应保证预付款担保持续有效。

发包人在工程款中逐期扣回预付款后,预付款担保额度应相应减少,但剩余的预付款担保金额不得低于未被扣回的预付款金额。

从这一示范条款完全可以看出,《预付款保函》的担保范围仅仅是保证预付款用于工程施工,且在发包人将工程款从预付款逐期扣回后,预付款担保额度应相应减少。

(二)被告方出具的《预付款保函》中也有明确的约定"本保函保证金额将随分包商对于付款偿付金额的递增而相应递减",也就是说分包商偿付或抵扣的预付款数额越多,被告方的担保责任越小。

仅此一点不仅可以证实被告出具的《预付款保函》的担保范围，就是保证分包方在收到预付款后，保证将预付款用于工程施工；而且还能证明只要在竣工结算时工程价款数额大于预付款，就不存在预付款的返还问题，即使主合同和担保合同同时有效，被告方也不承担任何担保责任。

（三）原告向被告共计出具了四份索赔通知和说明，只对被告出具的三份《预付款保函》和一份《履约保函》提出了索赔，原告在这三份索赔说明中提出的索赔理由都是分包方劳务公司将工程预付款挪用，虽然所谓的将预付款挪用的说法不但是毫无事实依据的，而且是根本不能成立的，但是，这一主张本身却证实了，至少原告向被告担保公司提出索赔的时候，原告方还仍然认可《预付款保函》的担保范围就是保证分包方在收到预付款后，正常使用预付款，将预付款用于工程施工，否则将承担预付款返还的担保责任。

同时，原告方向被告方提出的《履约保函》的索赔说明中明确提出其理由是分包方劳务公司未履行合同义务，造成工期延误。由此再一次证实，原告自己也同样认为《履约保函》和《预付款保函》的担保范围是不一样的。《预付款保函》不是《履约保函》。

综上，暂不提主合同及担保合同无效的问题，仅仅根据《预付款保函》的担保范围，被告依据事实和法律就不应承担担保责任。

本代理人在前三次开庭及谈话中已经多次主张本案中原告与分包方签订的两份分包合同，名为分包实为整体转包，因违反法律和行政法规而无效。根据《担保法》第五条第一款的规定："担保合同是主合同的从合同，主合同无效，担保合同无效。"根据《担保法》第二十条的规定："**一般保证和连带责任保证的保证人享有债务人的抗辩权。债务人放弃对债务的抗辩权的，保证人仍有权抗辩。抗辩权是指债权人行使债权时，债务人根据法定事由，对抗债权人行使请求权的权利。**"所以，虽然0689号裁决书已经生效，但是被告作为保证人现在仍然享有法律赋予的独立的抗辩权,根据本案事实和法律、行政法规的规定,**代理人坚持认为:原告与劳务公司签订的一、二标段的分包合同及四标段分包合同是无效合同,被告方不承担任何担保责任。**

三、再次强调:本案涉及的原告支付给分包方劳务公司的预付款已经全部使用在工程建设上,并且已经抵扣完毕。有以下五点理由:

理由之一,劳务公司提供的《关于工程款使用情况说明》能够证实预付款已经抵扣完毕。

理由之二,在被告出具《预付款保函》之后,原告根本没有按照保函担保的数额向劳务公司足额支付预付款,被告出具的四份《预付款保函》的总担保金额为39986000余元,但是按照原告在仲裁时举证所证明(裁决书第54页)的支付预付款情况是:2009年8月17日之后,原告只支付了3318万余元的预付款,原告已经违约在先。

不论是仲裁裁决认定的两份分包合同劳务公司完成工程量,还是原告在仲裁申请书中以及仲裁过程中自己认为应当支付给劳务公司的工程款金额,都足以证实:劳务公司完成的工程量造价即原告应当支付工程款的数额是预付款数额的两倍以上,劳务公司实际完成的工程量的价款已经远远超过了预付款的数额,由此可以认定预付款已经全部用在了两个分包工程上。根本不存在预付款返还问题。

理由之三,原告与劳务公司签订的两份分包合同中都明确约定:原告在收到业主付款后,以该笔款的79%(四标段为88%)扣除依据合同应当扣减的金额后,支付给劳务公司。

理由之四,原告与发包方签订的总包合同第2.8条规定,每个月发包方在计算应从合同总金额中扣减的数额包括预付款的返还款,证明发包方在付款时已经扣减了原告的预付款,原告依据分包合同也自然就相应地抵扣了劳务公司的预付款。

理由之五，原告在仲裁时承认预付款已经进行了抵扣，见裁决书第 36 页：B. 进度款：**每个月现场工程师做出进度款细账，业主据此计算应付金额数后支付进度款（每月应付进度款＝已完成全部工程价格－已支付工程价格－应抵扣预付款）**。每一笔预付款和进度款都是业主支付给原告，原告先按比例扣减一定数额的应扣减款项后支付给劳务公司，所以，业主扣减了原告的预付款，也就证明原告扣减了劳务公司的应付款。

四、0689 号裁决书并未裁决劳务公司返还预付款，该裁决与被告无关，不能作为原告要求被告承担法律责任的依据。

原告在仲裁时所提出的主张（**裁决书 58-59 页**）：申请人向被申请人所付款中，除了将业主所付款项根据分包合同约定的比例扣除后转付被申请人外，还有很多款项是因为申请人为了保障工程顺利完工，在被申请人挪用工程款后以停工相要挟的情况下，自己掏腰包借款或提前垫付的款项，此构成被申请人超领工程款的主要原因。被告方只是出具了《预付款保函》，并没有对原告方的超额支付及劳务公司的超额领取工程款进行担保，也没有对其自主采取行动或委托第三人采取行动应支付的款项进行担保。所以，该仲裁裁决书不能作为原告要求被告承担法律责任的依据，被告作为担保方在本案中不承担任何责任。

五、在原告非法整体转包工程的情况下，分包方劳务公司从一开始就只能面临工程建设资金严重不足的问题，不可能出现挪用预付款，仲裁裁决也没有认定劳务公司挪用预付款。

原告非法整体转包工程的目的就是要不劳而获，自己不从事任何施工行为，但是却从业主支付的每一笔款项中都扣除一定比例的纯利（一、二标段为 21%，四标段为 12%）。而根据国家统计局的信息数据，2010 年度建筑业的产值利润率为 3.6%。原告通过非法转包的获利已经达到行业利润率的3.3倍（四标段）~5.8倍（一、二标段）。可以说，在原告所获得的暴利当中，不仅包含了工程造价中属于利润的部分款项，而且原告还将本属于工程建设成本部分的巨额款项，在业主支付之后就直接攫取为自己的非法转包利润。原告在截留、克扣业主支付的巨额工程款和预付款作为自己的纯利的情况下，竟然还毫无根据的指责劳务公司挪用预付款，这显然不能成立。因为劳务公司收到的所有预付款都不是足额的，而是已经被原告克扣和截留之后的剩余部分（一、二标段克扣和截留比例为21%，四标段为12%），这些预付款本身就不是足额的，全用在工程上都不能满足需要，还谈何挪用？在非法转包在先的情况下，在原告已经从业主支付的每一笔款项中都扣除了一定比例的纯利（一、二标段为21%，四标段为12%）之后，劳务公司实际面临的是建设资金严重不足的问题，原告声称超付工程款、指责劳务公司违约等一系列主张也显然根本不能成立。

六、应当追加劳务公司为本案的第三人，以利于查明事实。

本案因原告整体转包而导致主合同无效，这一问题涉及劳务公司，本案涉及的原告是否足额支付工程预付款以及预付款抵扣的事宜也都与劳务公司有直接的关系，至于劳务公司是否违约，以及是否存在超付工程款的问题，不能都仅凭原告的一面之词，只有劳务公司到庭才能查明事实真相。所以，代理人再次提出法院应当追加劳务公司为本案的第三人，以利于查明事实真相。

七、原告有义务举证证明0689号裁决书的执行情况。

在0689号裁决书生效后是否到有管辖权的法院申请了强制执行？是否已经执行？是否被法院裁定不予执行？对于这一系列事实，直接关系到原告方所提起的诉讼是否成立，以及本案的裁判结果。如果该裁决已经得到了执行，或被裁定不予执行，原告甚至连形式意义上和程序意义上的诉权都不具有。原告方应当举证但没有举证。

以上意见,恳请合议庭予以采纳。

此致

北京市东城区人民法院

2015 年 6 月 10 日

2.5.4-5 二审代理词

审判长、审判员:

北京市建孚律师事务所接受被上诉人担保公司的委托,指派我担任被上诉人的二审代理人参加诉讼,在坚持一审期间全部代理意见的基础上,针对上诉人的上诉请求及理由,依据事实和法律,提出以下代理意见。

一、上诉人在上诉状中主张被上诉人出具的四份《预付款保函》、一份《履约保函》的担保范围包括主债权、损害赔偿金等全部债务,本代理人认为上诉人的这一观点是在故意曲解预付款及《预付款保函》的概念,没有任何事实依据和法律依据,是完全错误的。

(一)上诉人在上诉状中主张:按照《担保法》第二十一条的规定:"保证担保的范围包括主债权及利息、违约金、损害赔偿金和实现债权的费用。保证合同另有约定的,按照约定",从而主张被上诉人出具的《预付款保函》、《履约保函》的担保范围包括主债权、损害赔偿金等全部债务,显然是为了得到担保赔偿而故意曲解和混淆《预付款保函》和《履约保函》的概念,同时还故意曲解法律规定,没有事实依据及法律依据。

《担保法》第二十一条是关于担保范围的规定,虽然规定"保证担保的范围包括主债权及利息、违约金、损害赔偿金和实现债权的费用",但是,该条还明确规定:"保证合同另有约定的,按照约定。"被上诉人是专业的工程担保公司,出具的所有保函都非常明确地约定了担保范围,本案涉及的四份《预付款保函》的担保范围都仅仅是对上诉人支付的预付款进行的担保,"预付款保函"的名称本身就已经确定了担保范围是预付款,《预付款保函》的内容中既明确约定了担保金额,又明确约定了索赔金额的上限不超过担保金额。同时该保函中还明确约定了"保证金额将随分包商对预付款的偿付金额的递增而相应递减"。这更加充分地证明担保范围就是预付款的偿付及抵扣。

被上诉人出具的《履约保函》也同样是既明确约定了担保金额,又明确约定了索赔金额的上限不超过担保金额。同时,《履约保函》与《预付款保函》不仅名称不同,担保范围也不相同,《履约保函》中就没有关于"保证金额将随分包商对预付款的偿付金额的递增而相应递减"的约定。

上诉人与被上诉人之间因上述每一份保函都建立起一个独立的担保合同关系,且每一份独立的担保合同均明确地约定了担保的范围。即使是应当承担担保责任,被上诉人也只能在担保范围内承担担保责任。在原审中,双方提供的证据足以证明劳务公司已将上诉人支付的预付款全部用于工程施工中,根本不存在预付款返还的问题,所以,不论主合同是否有效,被上诉人依据《预付款保函》都不应承担任何担保责任。一审判决驳回上诉人依据《预付款保函》提出索赔的诉讼请求是有事实依据和法律依据的,应当予以维持。

仲裁裁决认定劳务公司存在违约行为,裁决劳务公司返还上诉人超付的工程款11917629.95元,并未裁决劳务公司返还预付款,同时该裁决书认定劳务公司已经完成的工程造价数额远远超过了预付款数额,客观上就已经证明预付款全部使用在了工程上,不存在预付款返还的问题。所以,仲裁裁决书不能作为上诉人主张被上诉人承担《预付款保函》担保责任的依据。

需要再次强调的是,上诉人向被上诉人提出保函索赔的依据应当是被上诉人出具的保函,而不应当是仲裁裁决书。

（二）被上诉人出具的保函中没有承诺无条件承担保证责任，更没有承诺无条件对劳务公司全部合同义务承担保证责任。

上诉人在上诉书中认为，被上诉人出具的《履约保函》明确约定"我公司承诺，一旦我公司收到贵方的书面索赔通知书及本保函正本，说明分包商未能按照合同约定履行合同义务，**我公司立即无条件按贵方要求支付索赔款项**"，就是被上诉人承诺无条件对劳务公司的全部合同义务承担保证责任，这一观点完全错误。

被上诉人出具的保函中既约定了担保的范围，又约定了索赔时应提交索赔申请、保函原件以及分包商未能按照合同约定履行合同义务的说明，同时还约定索赔的期限。由此可见，根据被上诉人出具的保函中的约定，被上诉人承担担保责任既有责任范围的约定，又有承担保证责任前提条件的约定。超出保函约定的担保范围以及不符合承担保证责任前提条件的索赔，担保人都不可能承担任何担保责任。

虽然保函条款中有关于"我公司立即无条件按贵方要求支付索赔款项"的内容，但是，这是有前提条件的，根本不是无条件地承担担保责任。任何担保机构依据保函承担担保责任都一定是有条件的，即便是适用国际商会《见索即付保函统一规则》的独立保函，也不是无条件的付款，否则，会发生无法防范的道德风险。也就是说这里所讲的"无条件"，是在满足保函已经约定的前提条件情况下的无条件，是相对无条件，而非绝对无条件。

（三）上诉人认为被上诉人出具的保函属于"独立保函"且已经转化为连带责任保函，这一观点没有事实依据和法律依据，也不符合逻辑。

1. 依据被上诉人出具的五份保函，上诉人与第一被上诉人之间建立起了五个独立的担保合同，五个独立的担保合同之间没有关联，更不存在上诉人所主张的五份保函之间的所谓连带责任。

2. 目前中国法律中尚没有独立保函的概念。

3. 五份保函的内容中也没有任何关于独立保函的约定，也没有关于见索即付的约定。更没有约定适用国际商会的《见索即付保函统一规则》（简称 URDG758），而 URDG758 第一条就明确规定，该规则只适用于明确约定适用该规则的见索即付保函或反担保函。所以，本案涉及的上诉人与被上诉人因上述保函发生的纠纷，只能适用中国法律，而不能适用国际商会《见索即付保函统一规则》。这五份保函根本不属于独立保函或见索即付保函。

其实，即使是明确约定了适用国际商会《见索即付统一保函规则》，见索即付保函在进行索赔时，也同样是需要满足一定的条件的，比如要求单据表面的相符等。所以，纵观全球担保业，绝对的无条件见索即付保函是根本不存在的。同时，没有担保范围的保函更是不可能存在的。

上诉人之所以提出被上诉人出具的保函属于"独立保函"且已经转化为连带责任保函这一观点，其根本原因就是：**对于出具日期为 2009 年 8 月 17 日的那份《预付款保函》，在该保函约定的有效期限内，上诉人没有提出索赔，而上诉人在本案的诉讼中对该保函提出索赔已经超过了保证期间，其索赔根本不能成立。上诉人此举的目的是：提出独立保函概念以混淆是非，掩盖未在该保函有效期内索赔的事实真相，实现其恶意索赔的目的。**

上诉人认为被上诉人应当就劳务公司就本项目项下争议所欠上诉人的全部债务承担连带清偿责任的主张，既没有事实依据，又没有法律依据，而且也不合逻辑，这样的主张是荒唐和荒谬的，是根本不能成立的。

二、上诉人在一审时不仅没有提交任何证据证明劳务公司存在挪用预付款的事实，相反，双方在一审提交的证据都完全能够证明劳务公司已经完成的工程造价数额远远大于预付款的数额，所以，有足够的证据充分证明劳务公司已将上诉人支付的预付款全部用在工程建设上，根本不存在挪用预付款的情况，且全部预付款都已经抵扣完毕。被上诉人无需承担预付款抵扣和返还的担保责任。原审判决驳回上诉人要求被上诉人承担《预付款保函》担保责任的诉讼请求是正确的，根本不存在举证责任分配错误。

（一）上诉人认为"被上诉人的抗辩权来源于债务人劳务公司，债务人劳务公司就预付款抵扣（即返还）事项负有举证责任，因此被上诉人就预付款抵扣事项负有举证责任。"

被上诉人认为，上诉人的这一观点也是完全错误的，如果不是在故意曲解法律，至少也是对法律条文的错误理解。

被上诉人的抗辩权不是来源于任何个人或法人，而是来源于法律的规定。《担保法》第二十条规定："一般保证和连带责任保证的保证人享有债务人的抗辩权。债务人放弃抗辩权的，保证人仍有权抗辩。抗辩权是指债权人行使债权时，债务人根据法定事由，对抗债权人行使请求权的权利"。《担保法》之所以做出这样的规定，一是为了防止因债务人的不作为、不抗辩、漠视担保人的权利，而造成担保人的损失；二是为了防止债权人与债务人恶意串通、故意损害担保人的合法权益。《担保法》的这一规定充分体现了法律的公平与正义。由此可见，是法律赋予被上诉人作为担保人享有独立的抗辩权，被上诉人的抗辩权源于法律规定，而非源于劳务公司。上诉人在上诉书中认为，"被上诉人的抗辩权来源于债务人劳务公司"，这种观点出现在上诉书中，实属缺乏最基本的法律专业素养。

（二）在民事诉讼中，法律规定的举证原则是"谁主张谁举证"，既然上诉人主张预付款被劳务公司挪用，上诉人据此向被上诉人主张保函索赔，那么上诉人就应当举证证明预付款被劳务公司挪用，如果上诉人举证不能，那么就只能认定上诉人的主张不能成立。

（三）上诉人在一审提供的证据7仲裁裁决书不仅不能支持其

预付款没有抵扣、应当返还的主张，相反却足以证明劳务公司已将上诉人支付的预付款全部用在工程建设上，根本不存在挪用预付款，且全部预付款都已经抵扣完毕，不存在返还问题。

1. 双方在一审提交的证据已经证明，劳务公司完成的工程量的工程款数额至少在八千余万元，而预付款的数额仅仅三千余万元，上诉人应付的工程款数额已经远远大于预付款的数额，仅此一点就足以证明预付款已经用在工程施工当中，劳务公司无需返还预付款，被上诉人自然也就不承担《预付款保函》的担保责任。在这样的事实面前，上诉人要求被上诉人承担《预付款保函》的担保责任，显然毫无道理，绝不仅仅是没有证据，甚至是无理取闹、无理缠讼。

2. 仲裁裁决并未裁决劳务公司返还预付款，而是返还超付的工程款，超付的工程款不属于《预付款保函》的担保范围。上诉人在仲裁阶段明确表示（裁决书58-59页），被申请人超领工程款的主要原因是"申请人为了顺利完工，在被申请人挪用工程款后以停工相要挟的情况下，自己掏腰包借款或者垫付的款项。"这显然也不属于《预付款保函》的担保范围。

3. 在一审期间，一审法官曾问上诉人："原告方，仲裁裁决书中确定的劳务公司返还的工程款中包括预付款吗？"上诉人当时的回答是：**"这个无法确定是预付款还是后支付的工程款"**（见一审案卷2015年6月10日谈话笔录第3页）。其实，上诉人在回答法官的提问时没有尊重事实，因为依据仲裁裁决是完全能够确定裁决返还的是多付的工程价款而非预付款。按照上诉人的回答，不能认定仲裁裁决书裁决返还的是工程款还是预付款，既然如此，那上诉人为什么又依据仲裁裁决要求返还预付款呢？显然，自相矛盾，其主张不能成立。

三、上诉人的第三点上诉理由认为：其提供的证据已经充分证明3995万元预付款被劳务公司挪用3700余万元的事实。本代理人认为，上诉人的这一观点不仅因没有事实依据而不能成立，而且与上诉人一审观点自相矛盾。

（一）上诉人主张其支付了3995万元的预付款，但是，事实上在被上诉人出具五份保函之后，上诉人应当支付3995万余元的预付款，而实际上却只支付了3318万元预付款。2009年8月17日被上诉人出具的担保金额为2370万元的保函是第一份保函，该保函出具之后，上诉人未足额支付，只支付了1961万余元预付款，所以，上诉人违约在先。

（二）按照上诉人的这一观点，实际支付了3318万元预付款，却声称被挪用3700万元预付款，这不仅仅是没有事实依据和法律依据的问题，甚至连简单的代数问题都出现了错误，显然荒唐。

（三）即使按照上诉人的上述观点，假设支付了3995万余元的预付款，被挪用3700万元，那么还应当有295万预付款用在了工程上且抵扣完毕，但是，在一审阶段，2015年6月10日的谈话笔录中，上诉人却声称："预付款一分也没有抵扣，预付款都在劳务公司处。"仅此一点就可以看出，上诉人在本案诉讼中不实事求是，没有尊重事实。上诉人在法庭上的发言不是事实，是不可信的。其为了达到非法索赔的目的不顾事实真相，丝毫不讲诚信，且前后矛盾，逻辑混乱，实在不值一驳。

（四）仲裁裁决书中既没有认定劳务公司挪用预付款，也没有认定劳务公司应当返还预付款。

四、上诉人在保函有效期内只对五份保函当中的四份提出了索赔，但是没有按保函约定提交应当提交的材料，未提交保函原件，属于无效索赔，仅从形式上就不具备赔付条件。而对2009年8月17日出具的那份《预付款保函》，上诉人则根本就没有在保函有效期内提出索赔，早已经丧失索赔权。

（一）被上诉人出具了四份《预付款保函》和一份《履约保函》

共计五份保函,这是五份独立的保函,被上诉人据此与上诉人之间建立的是五个独立的担保合同关系,因任何一份保函发生索赔,上诉人都必须单独提出索赔。

(二)上诉人在保函有效期内只对四份保函提出了索赔,但是,没有按保函约定提交保函原件,也没有按约定提交能够证明劳务公司违约的证明材料。其索赔属于无效索赔,且不说有没有事实依据和法律依据,仅从形式上就不能得到支持。

(三)上诉人没有在保函约定的期限内就被上诉人出具的第一份《预付款保函》(2009年8月17日出具,担保金额为2370万元)提出索赔,早已经因为超过索赔期限而丧失索赔权利。在一审诉讼中,法官曾经问上诉人,为什么在保函有效期内没有对该保函提出索赔而现在提出索赔,上诉人在回答法官的提问时竟然声称这是自己一拍脑袋决定的,这样的回答,竟然能发生在庭审当中,如不是亲眼所见,实在不敢相信。法律绝不是儿戏,当事人提出诉讼请求和主张要依据事实和法律,而绝不是靠拍脑袋。

五、再次强调,上诉人与劳务公司签订的两份施工分包合同实际上是整体转包合同,因违反《建筑法》《合同法》《建设工程质量管理条例》《对外承包工程管理条例》等法律、行政法规强制性规定,属于无效合同,主合同无效,担保合同也无效。

虽然仲裁裁决认定分包合同有效,但是,该裁决书是在劳务公司没有行使相应的抗辩权的情况下做出的。被上诉人享有独立的抗辩权,且有足够的、相反的证据证明裁决书认定合同有效是错误的。被上诉人也不应承担任何责任。(详细代理意见见一审代理词)

六、鉴于预付款是否已经抵扣完毕是本案争议的焦点问题,代理人对这一问题专门的做了一下详细而系统的论证。本代理人再次强调:根据本案的事实足以证明上诉人支付给劳务公司的预付款已经抵扣完毕,无需返还,具体的事实和理由如下:

（一）仲裁裁决书裁决的第一项很明确，劳务公司应当返还的是上诉人多付的工程款而非预付款。

（二）仲裁裁决书第77页已经明确表述："根据依约结算的结果，其中申请人多付给被申请人的工程款人民币11917629.95元，被申请人应返还给申请人。"再次证明劳务公司应当返还的不是预付款，而是工程款。

（三）上诉人在二审谈话时提出根据仲裁裁决书第81页的表述，因无法采信劳务公司主张预付款已经扣回的补充证据，故认为预付款没有抵扣。代理人认为这一观点不能成立，理由如下：

1. 裁决书虽然未采纳劳务公司主张预付款"扣回"的证据，但是，也并未认定预付款应当返还。

2. 仲裁裁决没有采纳劳务公司主张扣回的证据，不能证明预付款没有抵扣。

3. 裁决书的全文当中，特别是认定事实及裁决结果部分，都没有认定预付款没有抵扣。

4. 仲裁裁决结果是由劳务公司返还多付的工程款，而不是返还预付款这一裁决结果已经清楚地证明，仲裁裁决事实上还是支持了预付款已经抵扣的事实。

5. 预付款是最先支付的，一定也是在工程建设施工时最先使用花销掉的，这是符合逻辑的，所以，再次证明预付款已经用在工程施工上面，不存在返还问题。

6. 多付的工程款或是超付的工程款一定是在支付预付款之后支付的，所以，仲裁裁决返还的多付工程款绝对不是预付款。

7. 前面已经提到,本案一审阶段2015年6月10日的谈话笔录中，上诉人回答法官提问时称："这个无法确认是预付款还是后支付的工程款。"也能证明劳务公司应返还的款项不是预付款。

8. 上诉人在2015年6月10日的谈话笔录中还明确表示：**预付款**

应当抵扣工程款，因为劳务公司不配合，并且提出没有资金了，无法进行抵扣，所以我方只能继续付款。 由此可见，这应当是劳务公司与上诉人之间在施工过程中达成的新的、补充付款协议，基于这一新的协议，上诉人多支付的是工程进度款，不属于《预付款保函》的担保范围。

9. 上诉人在仲裁时所提出的主张（裁决书 58-59 页）："申请人向被申请人所付款中，除了将业主所付款项根据分包合同约定的比例扣除后转付被申请人外，还有很多款项是因为申请人为了保障工程顺利完工，在被申请人挪用工程款后以停工相要挟的情况下，自己掏腰包借款或提前垫付的款项，此构成被申请人超领工程款的主要原因。"

抵扣预付款的权力在上诉人手里掌握，如果是上诉人自己不抵扣预付款，反而还超付工程款，这显然是一种严重违反合同约定的行为，《预付款保函》没有为这种行为提供担保。上诉人作为一家央企，也不应当这样无视国家利益，不负责任的放任国有资产的流失。可以说如果真是这样，不仅是违约，而且还违反国有资产管理法规，是违法行为。关键是由此多付的工程款根本不属于《预付款保函》的担保范围。同时，事实上这只是上诉人自己的空口无凭的辩解，并无证据证明客观上真的存在劳务公司挪用工程款后以停工相要挟的事实。

（四）实际上根据业主与上诉人签订的承包合同，以及上诉人与劳务公司签订的名为分包实为非法整体转包的合同中约定的付款方式就可以充分证明：预付款已经抵扣完毕。

1. 由于是非法转包，为了掩人耳目，分包合同第一条就约定："在本项目主合同实施过程中，双方共同以甲方的名义对外沟通、联络及协调，乙方应使用甲方的标志。"在施工过程中，业主只知道是上诉人施工，根本不知道已经非法转包，也不知道劳务公司的存在。

2. 根据第一、二标段分包合同第八条约定：**上诉人在收到劳务公司提交的《预付款保函》后，在收到业主支付的预付款后七日内，按约定支付预付款**。分包合同中第九条约定，本合同价格为主合同价格的79%。上诉人在收到业主依据主合同约定的付款后三个工作日内，以该笔付款的79%，扣除应当扣减的金额后，支付给劳务公司。四标段合同也有同样的约定，只是付款比例变更为82%。

3. 主合同第2.8条约定，业主每个月在付款时，都要由监理工程师计算出预定扣除额予以扣减，这其中就包括预付款的抵扣。仲裁裁决书第36页中，上诉人也明确表示业主的每月付款中已经抵扣预付款。

由于一切款项都是业主支付的，劳务公司在施工中不是以分包单位出现，而是以上诉人的身份出现的，业主支付给上诉人的付款中已经抵扣了预付款，上诉人只不过把这笔款项按比例扣留一部分，这部分款项是上诉人非法转包的利润，上诉人在扣除非法转包的利润之后，将剩余的79%（一、二标段）或82%（四标段）支付给劳务公司。由于存在非法转包这一环节，导致实际支付给劳务公司的工程款已经大打折扣。在业主已经抵扣完预付款的情况下，上诉人付给劳务公司的款项本身就是已经抵扣完预付款的，根本不需要而且也绝对不应当再抵扣一次预付款。

（五）上诉人从非法转包行为中的非法获利应当仅限于分包合同中约定的一、二标段为业主付款的21%，四标段为业主付款的12%。按照上诉人的主张，在业主已经抵扣预付款之后，上诉人如果再抵扣一次预付款，则构成对劳务公司预付款的双重抵扣，同时，这种抵扣的结果根本不是行业惯例的抵扣，而是上诉人在已经得到非法转包的利润之后，在业主已经抵扣完毕预付款之后，再次克扣劳务公司应得的工程款，上诉人显然不具备这种两次抵扣预付款的权力，也没有这种道理。上诉人在接到业主已经抵扣完预付款的工程进度款之后，按约定，只能扣留自己非法转包的非法获利，其余部分均应支付给劳务公司，而不应当额外再次扣留其他任何款项。

事实证明，上诉人的上诉请求无任何事实依据和法律依据，同时，上诉人虽然于2011年6月17日向被上诉人提出索赔，被上诉人于2011年6月20日回函，要求补充材料，但是，上诉人在保证期间内一直未向被上诉人提供保函约定的索赔材料，不仅属于无效索赔，而且上诉人于2014年6月12日提起诉讼，也明显已过诉讼时效。

综上所述，代理人认为，本案无论从事实方面还是从程序方面，上诉人的上诉请求都不能成立，恳请二审法院依法驳回上诉人的全部上诉请求，维持原判。维护被上诉人的合法权益。

此致
北京市第二中级人民法院

2016年4月29日

附录 3

3.1 《中华人民共和国担保法》

中华人民共和国担保法

（1995年6月30日第八届全国人民代表大会常务委员会第十四次会议通过 1995年6月30日中华人民共和国主席令第五十号公布 自1995年10月1日起施行）

第一章 总则

第一条 为促进资金融通和商品流通，保障债权的实现，发展社会主义市场经济，制定本法。

第二条 在借贷、买卖、货物运输、加工承揽等经济活动中，债权人需要以担保方式保障其债权实现的，可以依照本法规定设定担保。本法规定的担保方式为保证、抵押、质押、留置和定金。

第三条 担保活动应当遵循平等、自愿、公平、诚实信用的原则。

第四条 第三人为债务人向债权人提供担保时，可以要求债务人提供反担保。反担保适用本法担保的规定。

第五条 担保合同是主合同的从合同，主合同无效，担保合同无效。担保合同另有约定的，按照约定。担保合同被确认无效后，债务人、担保人、债权人有过错的，应当根据其过错各自承担相应的民事责任。

第二章 保证

第一节 保证和保证人

第六条 本法所称保证，是指保证人和债权人约定，当债务人不履行债务时，保证人按照约定履行债务或者承担责任的行为。

第七条 具有代为清偿债务能力的法人、其他组织或者公民，可以作保证人。

第八条　国家机关不得为保证人,但经国务院批准为使用外国政府或者国际经济组织贷款进行转贷的除外。

第九条　学校、幼儿园、医院等以公益为目的的事业单位、社会团体不得为保证人。

第十条　企业法人的分支机构、职能部门不得为保证人。企业法人的分支机构有法人书面授权的,可以在授权范围内提供保证。

第十一条　任何单位和个人不得强令银行等金融机构或者企业为他人提供保证;银行等金融机构或者企业对强令其为他人提供保证的行为,有权拒绝。

第十二条　同一债务有两个以上保证人的,保证人应当按照保证合同约定的保证份额,承担保证责任。没有约定保证份额的,保证人承担连带责任,债权人可以要求任何一个保证人承担全部保证责任,保证人都负有担保全部债权实现的义务。已经承担保证责任的保证人,有权向债务人追偿,或者要求承担连带责任的其他保证人清偿其应当承担的份额。

第二节　保证合同和保证方式

第十三条　保证人与债权人应当以书面形式订立保证合同。

第十四条　保证人与债权人可以就单个主合同分别订立保证合同,也可以协议在最高债权额限度内就一定期间连续发生的借款合同或者某项商品交易合同订立一个保证合同。

第十五条　保证合同应当包括以下内容:(一)被保证的主债权种类、数额;(二)债务人履行债务的期限;(三)保证的方式;(四)保证担保的范围;(五)保证的期间;(六)双方认为需要约定的其他事项。保证合同不完全具备前款规定内容的,可以补正。

第十六条　保证的方式有:(一)一般保证;(二)连带责任保证。

第十七条　当事人在保证合同中约定，债务人不能履行债务时，由保证人承担保证责任的，为一般保证。一般保证的保证人在主合同纠纷未经审判或者仲裁，并就债务人财产依法强制执行仍不能履行债务前，对债权人可以拒绝承担保证责任。有下列情形之一的，保证人不得行使前款规定的权利：（一）债务人住所变更，致使债权人要求其履行债务发生重大困难的；（二）人民法院受理债务人破产案件，中止执行程序的；（三）保证人以书面形式放弃前款规定的权利的。

第十八条　当事人在保证合同中约定保证人与债务人对债务承担连带责任的，为连带责任保证。连带责任保证的债务人在主合同规定的债务履行期届满没有履行债务的，债权人可以要求债务人履行债务，也可以要求保证人在其保证范围内承担保证责任。

第十九条　当事人对保证方式没有约定或者约定不明确的，按照连带责任保证承担保证责任。

第二十条　一般保证和连带责任保证的保证人享有债务人的抗辩权。债务人放弃对债务的抗辩权的，保证人仍有权抗辩。抗辩权是指债权人行使债权时，债务人根据法定事由，对抗债权人行使请求权的权利。

第三节　保证责任

第二十一条　保证担保的范围包括主债权及利息、违约金、损害赔偿金和实现债权的费用。保证合同另有约定的，按照约定。当事人对保证担保的范围没有约定或者约定不明确的，保证人应当对全部债务承担责任。

第二十二条　保证期间，债权人依法将主债权转让给第三人的，保证人在原保证担保的范围内继续承担保证责任。保证合同另有约定的，按照约定。

第二十三条 保证期间,债权人许可债务人转让债务的,应当取得保证人书面同意,保证人对未经其同意转让的债务,不再承担保证责任。

第二十四条 债权人与债务人协议变更主合同的,应当取得保证人书面同意,未经保证人书面同意的,保证人不再承担保证责任。保证合同另有约定的,按照约定。

第二十五条 一般保证的保证人与债权人未约定保证期间的,保证期间为主债务履行期届满之日起六个月。在合同约定的保证期间和前款规定的保证期间,债权人未对债务人提起诉讼或者申请仲裁的,保证人免除保证责任;债权人已提起诉讼或者申请仲裁的,保证期间适用诉讼时效中断的规定。

第二十六条 连带责任保证的保证人与债权人未约定保证期间的,债权人有权自主债务履行期届满之日起六个月内要求保证人承担保证责任。在合同约定的保证期间和前款规定的保证期间,债权人未要求保证人承担保证责任的,保证人免除保证责任。

第二十七条 保证人依照本法第十四条规定就连续发生的债权作保证,未约定保证期间的,保证人可以随时书面通知债权人终止保证合同,但保证人对于通知到债权人前所发生的债权,承担保证责任。

第二十八条 同一债权既有保证又有物的担保的,保证人对物的担保以外的债权承担保证责任。债权人放弃物的担保的,保证人在债权人放弃权利的范围内免除保证责任。

第二十九条 企业法人的分支机构未经法人书面授权或者超出授权范围与债权人订立保证合同的,该合同无效或者超出授权范围的部分无效,债权人和企业法人有过错的,应当根据其过错各自承担相应的民事责任;债权人无过错的,由企业法人承担民事责任。

第三十条 有下列情形之一的,保证人不承担民事责任:(一)

主合同当事人双方串通，骗取保证人提供保证的；（二）主合同债权人采取欺诈、胁迫等手段，使保证人在违背真实意思的情况下提供保证的。

第三十一条　保证人承担保证责任后，有权向债务人追偿。

第三十二条　人民法院受理债务人破产案件后，债权人未申报债权的，保证人可以参加破产财产分配，预先行使追偿权。

第三章　抵押

第一节　抵押和抵押物

第三十三条　本法所称抵押，是指债务人或者第三人不转移对本法第三十四条所列财产的占有，将该财产作为债权的担保。债务人不履行债务时，债权人有权依照本法规定以该财产折价或者以拍卖、变卖该财产的价款优先受偿。前款规定的债务人或者第三人为抵押人，债权人为抵押权人，提供担保的财产为抵押物。

第三十四条　下列财产可以抵押：（一）抵押人所有的房屋和其他地上定着物；（二）抵押人所有的机器、交通运输工具和其他财产；（三）抵押人依法有权处分的国有的土地使用权、房屋和其他地上定着物；（四）抵押人依法有权处分的国有的机器、交通运输工具和其他财产；（五）抵押人依法承包并经发包方同意抵押的荒山、荒沟、荒丘、荒滩等荒地的土地使用权；（六）依法可以抵押的其他财产。抵押人可以将前款所列财产一并抵押。

第三十五条　抵押人所担保的债权不得超出其抵押物的价值。财产抵押后，该财产的价值大于所担保债权的余额部分，可以再次抵押，但不得超出其余额部分。

第三十六条　以依法取得的国有土地上的房屋抵押的，该房屋占用范围内的国有土地使用权同时抵押。以出让方式取得的国有土地使用权抵押的，应当将抵押时该国有土地上的房屋同时抵押。乡

（镇）、村企业的土地使用权不得单独抵押。以乡（镇）、村企业的厂房等建筑物抵押的，其占用范围内的土地使用权同时抵押。

第三十七条 下列财产不得抵押：（一）土地所有权；（二）耕地、宅基地、自留地、自留山等集体所有的土地使用权，但本法第三十四条第（五）项、第三十六条第三款规定的除外；（三）学校、幼儿园、医院等以公益为目的的事业单位、社会团体的教育设施、医疗卫生设施和其他社会公益设施；（四）所有权、使用权不明或者有争议的财产；（五）依法被查封、扣押、监管的财产；（六）依法不得抵押的其他财产。

第二节 抵押合同和抵押物登记

第三十八条 抵押人和抵押权人应当以书面形式订立抵押合同。

第三十九条 抵押合同应当包括以下内容：（一）被担保的主债权种类、数额；（二）债务人履行债务的期限；（三）抵押物的名称、数量、质量、状况、所在地、所有权权属或者使用权权属；（四）抵押担保的范围；（五）当事人认为需要约定的其他事项。抵押合同不完全具备前款规定内容的，可以补正。

第四十条 订立抵押合同时，抵押权人和抵押人在合同中不得约定在债务履行期届满抵押权人未受清偿时，抵押物的所有权转移为债权人所有。

第四十一条 当事人以本法第四十二条规定的财产抵押的，应当办理抵押物登记，抵押合同自登记之日起生效。

第四十二条 办理抵押物登记的部门如下：（一）以无地上定着物的土地使用权抵押的，为核发土地使用权证书的土地管理部门；（二）以城市房地产或者乡（镇）、村企业的厂房等建筑物抵押的，为县级以上地方人民政府规定的部门；（三）以林木抵押的，为县级以上林木主管部门；（四）以航空器、船舶、车辆抵押的，为运输工具的登记部门;(五)以企业的设备和其他动产抵押的,为财产所在地的工商行政管理部门。

第四十三条　当事人以其他财产抵押的,可以自愿办理抵押物登记,抵押合同自签订之日起生效。当事人未办理抵押物登记的,不得对抗第三人。当事人办理抵押物登记的,登记部门为抵押人所在地的公证部门。

第四十四条　办理抵押物登记,应当向登记部门提供下列文件或者其复印件:(一)主合同和抵押合同;(二)抵押物的所有权或者使用权证书。

第四十五条　登记部门登记的资料,应当允许查阅、抄录或者复印。

第三节　抵押的效力

第四十六条　抵押担保的范围包括主债权及利息、违约金、损害赔偿金和实现抵押权的费用。抵押合同另有约定的,按照约定。

第四十七条　债务履行期届满,债务人不履行债务致使抵押物被人民法院依法扣押的,自扣押之日起抵押权人有权收取由抵押物分离的天然孳息以及抵押人就抵押物可以收取的法定孳息。抵押权人未将扣押抵押物的事实通知应当清偿法定孳息的义务人的,抵押权的效力不及于该孳息。前款孳息应当先充抵收取孳息的费用。

第四十八条　抵押人将已出租的财产抵押的,应当书面告知承租人,原租赁合同继续有效。

第四十九条　抵押期间,抵押人转让已办理登记的抵押物的,应当通知抵押权人并告知受让人转让物已经抵押的情况;抵押人未通知抵押权人或者未告知受让人的,转让行为无效。转让抵押物的价款明显低于其价值的,抵押权人可以要求抵押人提供相应的担保;抵押人不提供的,不得转让抵押物。抵押人转让抵押物所得的价款,应当向抵押权人提前清偿所担保的债权或者向与抵押权人约定的第三人提存。超过债权数额的部分，归抵押人所有，不足部分由债务人清偿。

第五十条 抵押权不得与债权分离而单独转让或者作为其他债权的担保。

第五十一条 抵押人的行为足以使抵押物价值减少的，抵押权人有权要求抵押人停止其行为。抵押物价值减少时，抵押权人有权要求抵押人恢复抵押物的价值，或者提供与减少的价值相当的担保。抵押人对抵押物价值减少无过错的，抵押权人只能在抵押人因损害而得到的赔偿范围内要求提供担保。抵押物价值未减少的部分，仍作为债权的担保。

第五十二条 抵押权与其担保的债权同时存在，债权消灭的，抵押权也消灭。

第四节 抵押权的实现

第五十三条 债务履行期届满抵押权人未受清偿的，可以与抵押人协议以抵押物折价或者以拍卖、变卖该抵押物所得的价款受偿；协议不成的，抵押权人可以向人民法院提起诉讼。抵押物折价或者拍卖、变卖后，其价款超过债权数额的部分归抵押人所有，不足部分由债务人清偿。

第五十四条 同一财产向两个以上债权人抵押的，拍卖、变卖抵押物所得的价款按照以下规定清偿：（一）抵押合同已登记生效的，按照抵押物登记的先后顺序清偿；顺序相同的，按照债权比例清偿；（二）抵押合同自签订之日起生效的，该抵押物已登记的，按照本条第（一）项规定清偿；未登记的，按照合同生效时间的先后顺序清偿，顺序相同的，按照债权比例清偿。抵押物已登记的先于未登记的受偿。

第五十五条 城市房地产抵押合同签订后，土地上新增的房屋不属于抵押物。需要拍卖该抵押的房地产时,可以依法将该土地上新增的房屋与抵押物一同拍卖,但对拍卖新增房屋所得,抵押权人无权优先受偿。依照本法规定以承包的荒地的土地使用权抵押的,或者以乡(镇)、村企业的厂房等建筑物占用范围内的土地使用权抵押的,在实现抵押权后,未经法定程序不得改变土地集体所有和土地用途。

第五十六条 拍卖划拨的国有土地使用权所得的价款,在依法缴纳相当于应缴纳的土地使用权出让金的款额后,抵押权人有优先受偿权。

第五十七条 为债务人抵押担保的第三人,在抵押权人实现抵押权后,有权向债务人追偿。

第五十八条 抵押权因抵押物灭失而消灭。因灭失所得的赔偿金,应当作为抵押财产。

第五节 最高额抵押

第五十九条 本法所称最高额抵押,是指抵押人与抵押权人协议,在最高债权额限度内,以抵押物对一定期间内连续发生的债权作担保。

第六十条 借款合同可以附最高额抵押合同。债权人与债务人就某项商品在一定期间内连续发生交易而签订的合同,可以附最高额抵押合同。

第六十一条 最高额抵押的主合同债权不得转让。

第六十二条 最高额抵押除适用本节规定外,适用本章其他规定。

第四章 质押

第一节 动产质押

第六十三条 本法所称动产质押,是指债务人或者第三人将其动产移交债权人占有，将该动产作为债权的担保。债务人不履行债务时，债权人有权依照本法规定以该动产折价或者以拍卖、变卖该动产的价款优先受偿。前款规定的债务人或者第三人为出质人，债权人为质权人，移交的动产为质物。

第六十四条 出质人和质权人应当以书面形式订立质押合同。质押合同自质物移交于质权人占有时生效。

第六十五条 质押合同应当包括以下内容：（一）被担保的主债权种类、数额；（二）债务人履行债务的期限；（三）质物的名称、数量、质量、状况；（四）质押担保的范围；（五）质物移交的时间；（六）当事人认为需要约定的其他事项。质押合同不完全具备前款规定内容的，可以补正。

第六十六条 出质人和质权人在合同中不得约定在债务履行期届满质权人未受清偿时，质物的所有权转移为质权人所有。

第六十七条 质押担保的范围包括主债权及利息、违约金、损害赔偿金、质物保管费用和实现质权的费用。质押合同另有约定的，按照约定。

第六十八条 质权人有权收取质物所生的孳息。质押合同另有约定的，按照约定。前款孳息应当先充抵收取孳息的费用。

第六十九条 质权人负有妥善保管质物的义务。因保管不善致使质物灭失或者毁损的，质权人应当承担民事责任。质权人不能妥善保管质物可能致使其灭失或者毁损的，出质人可以要求质权人将质物提存，或者要求提前清偿债权而返还质物。

第七十条 质物有损坏或者价值明显减少的可能，足以危害质权人权利的，质权人可以要求出质人提供相应的担保。出质人不提供的，质权人可以拍卖或者变卖质物，并与出质人协议将拍卖或者变卖所得的价款用于提前清偿所担保的债权或者向与出质人约定的第三人提存。

第七十一条 债务履行期届满债务人履行债务的，或者出质人提前清偿所担保的债权的，质权人应当返还质物。债务履行期届满质权人未受清偿的，可以与出质人协议以质物折价，也可以依法拍卖、变卖质物。质物折价或者拍卖、变卖后，其价款超过债权数额的部分归出质人所有，不足部分由债务人清偿。

第七十二条 为债务人质押担保的第三人，在质权人实现质权后，有权向债务人追偿。

第七十三条 质权因质物灭失而消灭。因灭失所得的赔偿金，应当作为出质财产。

第七十四条 质权与其担保的债权同时存在，债权消灭的，质权也消灭。

第二节 权利质押

第七十五条 下列权利可以质押：(一)汇票、支票、本票、债券、存款单、仓单、提单；(二)依法可以转让的股份、股票；(三)依法可以转让的商标专用权，专利权、著作权中的财产权；(四)依法可以质押的其他权利。

第七十六条 以汇票、支票、本票、债券、存款单、仓单、提单出质的，应当在合同约定的期限内将权利凭证交付质权人。质押合同自权利凭证交付之日起生效。

第七十七条 以载明兑现或者提货日期的汇票、支票、本票、债券、存款单、仓单、提单出质的，汇票、支票、本票、债券、存款单、仓单、提单兑现或者提货日期先于债务履行期的，质权人可以在债务履行期届满前兑现或者提货，并与出质人协议将兑现的价款或者提取的货物用于提前清偿所担保的债权或者向与出质人约定的第三人提存。

第七十八条 以依法可以转让的股票出质的，出质人与质权人应当订立书面合同,并向证券登记机构办理出质登记。质押合同自登记之日起生效。股票出质后,不得转让,但经出质人与质权人协商同意的可以转让。出质人转让股票所得的价款应当向质权人提前清偿所担保的债权或者向与质权人约定的第三人提存。以有限责任公司的股份出质的,适用公司法股份转让的有关规定。质押合同自股份出质记载于股东名册之日起生效。

第七十九条 以依法可以转让的商标专用权,专利权、著作权中的财产权出质的,出质人与质权人应当订立书面合同,并向其管理部门办理出质登记。质押合同自登记之日起生效。

第八十条 本法第七十九条规定的权利出质后,出质人不得转让或者许可他人使用,但经出质人与质权人协商同意的可以转让或者许可他人使用。出质人所得的转让费、许可费应当向质权人提前清偿所担保的债权或者向与质权人约定的第三人提存。

第八十一条 权利质押除适用本节规定外,适用本章第一节的规定。

第五章 留置

第八十二条 本法所称留置,是指依照本法第八十四条的规定,债权人按照合同约定占有债务人的动产,债务人不按照合同约定的期限履行债务的,债权人有权依照本法规定留置该财产,以该财产折价或者以拍卖、变卖该财产的价款优先受偿。

第八十三条 留置担保的范围包括主债权及利息、违约金、损害赔偿金、留置物保管费用和实现留置权的费用。

第八十四条 因保管合同、运输合同、加工承揽合同发生的债权,债务人不履行债务的,债权人有留置权。法律规定可以留置的其他合同,适用前款规定。当事人可以在合同中约定不得留置的物。

第八十五条 留置的财产为可分物的,留置物的价值应当相当于债务的金额。

第八十六条　留置权人负有妥善保管留置物的义务。因保管不善致使留置物灭失或者毁损的，留置权人应当承担民事责任。

第八十七条　债权人与债务人应当在合同中约定，债权人留置财产后，债务人应当在不少于两个月的期限内履行债务。债权人与债务人在合同中未约定的，债权人留置债务人财产后，应当确定两个月以上的期限，通知债务人在该期限内履行债务。债务人逾期仍不履行的，债权人可以与债务人协议以留置物折价，也可以依法拍卖、变卖留置物。留置物折价或者拍卖、变卖后，其价款超过债权数额的部分归债务人所有，不足部分由债务人清偿。

第八十八条　留置权因下列原因消灭：（一）债权消灭的；（二）债务人另行提供担保并被债权人接受的。

第六章　定金

第八十九条　当事人可以约定一方向对方给付定金作为债权的担保。债务人履行债务后，定金应当抵作价款或者收回。给付定金的一方不履行约定的债务的，无权要求返还定金；收受定金的一方不履行约定的债务的，应当双倍返还定金。

第九十条　定金应当以书面形式约定。当事人在定金合同中应当约定交付定金的期限。定金合同从实际交付定金之日起生效。

第九十一条　定金的数额由当事人约定，但不得超过主合同标的额的百分之二十。

第七章　附则

第九十二条　本法所称不动产是指土地以及房屋、林木等地上定着物。本法所称动产是指不动产以外的物。

第九十三条　本法所称保证合同、抵押合同、质押合同、定金合同可以是单独订立的书面合同,包括当事人之间的具有担保性质的信函、传真等,也可以是主合同中的担保条款。

第九十四条　抵押物、质物、留置物折价或者变卖,应当参照市场价格。

第九十五条　海商法等法律对担保有特别规定的,依照其规定。

第九十六条　本法自 1995 年 10 月 1 日起施行。

3.2 《最高人民法院关于适用〈中华人民共和国担保法〉若干问题的解释》

最高人民法院关于适用《中华人民共和国担保法》若干问题的解释
中华人民共和国最高人民法院公告
法释[2000]44号

《最高人民法院关于适用〈中华人民共和国担保法〉若干问题的解释》已于2000年9月29日由最高人民法院审判委员会第1133次会议通过，现予公布，自2000年12月13日起施行。

二○○○年十二月八日

为了正确适用《中华人民共和国担保法》(以下简称担保法)，结合审判实践经验，对人民法院审理担保纠纷案件适用法律问题作出如下解释。

一、关于总则部分的解释

第一条 当事人对由民事关系产生的债权，在不违反法律、法规强制性规定的情况下，以担保法规定的方式设定担保的，可以认定为有效。

第二条 反担保人可以是债务人，也可以是债务人之外的其他人。

反担保方式可以是债务人提供的抵押或者质押，也可以是其他人提供的保证、抵押或者质押。

第三条 国家机关和以公益为目的的事业单位、社会团体违反法律规定提供担保的，担保合同无效。因此给债权人造成损失的，应当根据担保法第五条第二款的规定处理。

第四条　董事、经理违反《中华人民共和国公司法》第六十条的规定,以公司资产为本公司的股东或者其他个人债务提供担保的,担保合同无效。除债权人知道或者应当知道的外,债务人、担保人应当对债权人的损失承担连带赔偿责任。

第五条　以法律、法规禁止流通的财产或者不可转让的财产设定担保的,担保合同无效。

以法律、法规限制流通的财产设定担保的,在实现债权时,人民法院应当按照有关法律、法规的规定对该财产进行处理。

第六条　有下列情形之一的,对外担保合同无效:

(一)未经国家有关主管部门批准或者登记对外担保的;

(二)未经国家有关主管部门批准或者登记,为境外机构向境内债权人提供担保的;

(三)为外商投资企业注册资本、外商投资企业中的外方投资部分的对外债务提供担保的;

(四)无权经营外汇担保业务的金融机构、无外汇收入的非金融性质的企业法人提供外汇担保的;

(五)主合同变更或者债权人将对外担保合同项下的权利转让,未经担保人同意和国家有关主管部门批准的,担保人不再承担担保责任。但法律、法规另有规定的除外。

第七条　主合同有效而担保合同无效,债权人无过错的,担保人与债务人对主合同债权人的经济损失,承担连带赔偿责任;债权人、担保人有过错的,担保人承担民事责任的部分,不应超过债务人不能清偿部分的二分之一。

第八条　主合同无效而导致担保合同无效,担保人无过错的,担保人不承担民事责任;担保人有过错的,担保人承担民事责任的部分,不应超过债务人不能清偿部分的三分之一。

第九条　担保人因无效担保合同向债权人承担赔偿责任后,可以向债务人追偿,或者在承担赔偿责任的范围内,要求有过错的反担保人承担赔偿责任。

担保人可以根据承担赔偿责任的事实对债务人或者反担保人另行提起诉讼。

第十条 主合同解除后,担保人对债务人应当承担的民事责任仍应承担担保责任。但是,担保合同另有约定的除外。

第十一条 法人或者其他组织的法定代表人、负责人超越权限订立的担保合同,除相对人知道或者应当知道其超越权限的以外,该代表行为有效。

第十二条 当事人约定的或者登记部门要求登记的担保期间,对担保物权的存续不具有法律约束力。

担保物权所担保的债权的诉讼时效结束后,担保权人在诉讼时效结束后的二年内行使担保物权的,人民法院应当予以支持。

二、关于保证部分的解释

第十三条 保证合同中约定保证人代为履行非金钱债务的,如果保证人不能实际代为履行,对债权人因此造成的损失,保证人应当承担赔偿责任。

第十四条 不具有完全代偿能力的法人、其他组织或者自然人,以保证人身份订立保证合同后,又以自己没有代偿能力要求免除保证责任的,人民法院不予支持。

第十五条 担保法第七条规定的其他组织主要包括:

(一)依法登记领取营业执照的独资企业、合伙企业;

(二)依法登记领取营业执照的联营企业;

(三)依法登记领取营业执照的中外合作经营企业;

(四)经民政部门核准登记的社会团体;

(五)经核准登记领取营业执照的乡镇、街道、村办企业。

第十六条　从事经营活动的事业单位、社会团体为保证人的，如无其他导致保证合同无效的情况，其所签定的保证合同应当认定为有效。

第十七条　企业法人的分支机构未经法人书面授权提供保证的，保证合同无效。因此给债权人造成损失的，应当根据担保法第五条第二款的规定处理。

企业法人的分支机构经法人书面授权提供保证的，如果法人的书面授权范围不明，法人的分支机构应当对保证合同约定的全部债务承担保证责任。

企业法人的分支机构经营管理的财产不足以承担保证责任的，由企业法人承担民事责任。

企业法人的分支机构提供的保证无效后应当承担赔偿责任的，由分支机构经营管理的财产承担。企业法人有过错的，按照担保法第二十九条的规定处理。

第十八条　企业法人的职能部门提供保证的，保证合同无效。债权人知道或者应当知道保证人为企业法人的职能部门的，因此造成的损失由债权人自行承担。

债权人不知保证人为企业法人的职能部门，因此造成的损失，可以参照担保法第五条第二款的规定和第二十九条的规定处理。

第十九条　两个以上保证人对同一债务同时或者分别提供保证时，各保证人与债权人没有约定保证份额的，应当认定为连带共同保证。

连带共同保证的保证人以其相互之间约定各自承担的份额对抗债权人的，人民法院不予支持。

第二十条　连带共同保证的债务人在主合同规定的债务履行期届满没有履行债务的，债权人可以要求债务人履行债务，也可以要求任何一个保证人承担全部保证责任。

连带共同保证的保证人承担保证责任后,向债务人不能追偿的部分,由各连带保证人按其内部约定的比例分担。没有约定的,平均分担。

第二十一条 按份共同保证的保证人按照保证合同约定的保证份额承担保证责任后,在其履行保证责任的范围内对债务人行使追偿权。

第二十二条 第三人单方以书面形式向债权人出具担保书,债权人接受且未提出异议的,保证合同成立。

主合同中虽然没有保证条款,但是,保证人在主合同上以保证人的身份签字或者盖章的,保证合同成立。

第二十三条 最高额保证合同的不特定债权确定后,保证人应当对在最高债权额限度内就一定期间连续发生的债权余额承担保证责任。

第二十四条 一般保证的保证人在主债权履行期间届满后,向债权人提供了债务人可供执行财产的真实情况的,债权人放弃或者怠于行使权利致使该财产不能被执行,保证人可以请求人民法院在其提供可供执行财产的实际价值范围内免除保证责任。

第二十五条 担保法第十七条第三款第(一)项规定的债权人要求债务人履行债务发生的重大困难情形,包括债务人下落不明、移居境外,且无财产可供执行。

第二十六条 第三人向债权人保证监督支付专款专用的,在履行了监督支付专款专用的义务后,不再承担责任。未尽监督义务造成资金流失的,应当对流失的资金承担补充赔偿责任。

第二十七条 保证人对债务人的注册资金提供保证的,债务人的实际投资与注册资金不符,或者抽逃转移注册资金的,保证人在注册资金不足或者抽逃转移注册资金的范围内承担连带保证责任。

第二十八条 保证期间,债权人依法将主债权转让给第三人的,保证债权同时转让，保证人在原保证担保的范围内对受让人承担保证责任。但是保证人与债权人事先约定仅对特定的债权人承担保证责任或者禁止债权转让的，保证人不再承担保证责任。

第二十九条　保证期间，债权人许可债务人转让部分债务未经保证人书面同意的，保证人对未经其同意转让部分的债务，不再承担保证责任。但是，保证人仍应当对未转让部分的债务承担保证责任。

第三十条　保证期间，债权人与债务人对主合同数量、价款、币种、利率等内容作了变动，未经保证人同意的，如果减轻债务人的债务的，保证人仍应当对变更后的合同承担保证责任；如果加重债务人的债务的，保证人对加重的部分不承担保证责任。

债权人与债务人对主合同履行期限作了变动，未经保证人书面同意的，保证期间为原合同约定的或者法律规定的期间。

债权人与债务人协议变动主合同内容，但并未实际履行的，保证人仍应当承担保证责任。

第三十一条　保证期间不因任何事由发生中断、中止、延长的法律后果。

第三十二条　保证合同约定的保证期间早于或者等于主债务履行期限的，视为没有约定，保证期间为主债务履行期届满之日起六个月。

保证合同约定保证人承担保证责任直至主债务本息还清时为止等类似内容的，视为约定不明，保证期间为主债务履行期届满之日起二年。

第三十三条　主合同对主债务履行期限没有约定或者约定不明的，保证期间自债权人要求债务人履行义务的宽限期届满之日起计算。

第三十四条　一般保证的债权人在保证期间届满前对债务人提起诉讼或者申请仲裁的，从判决或者仲裁裁决生效之日起，开始计算保证合同的诉讼时效。

连带责任保证的债权人在保证期间届满前要求保证人承担保证责任的，从债权人要求保证人承担保证责任之日起，开始计算保证合同的诉讼时效。

第三十五条 保证人对已经超过诉讼时效期间的债务承担保证责任或者提供保证的，又以超过诉讼时效为由抗辩的，人民法院不予支持。

第三十六条 一般保证中，主债务诉讼时效中断，保证债务诉讼时效中断；连带责任保证中，主债务诉讼时效中断，保证债务诉讼时效不中断。

一般保证和连带责任保证中，主债务诉讼时效中止的，保证债务的诉讼时效同时中止。

第三十七条 最高额保证合同对保证期间没有约定或者约定不明的，如最高额保证合同约定有保证人清偿债务期限的，保证期间为清偿期限届满之日起六个月。没有约定债务清偿期限的，保证期间自最高额保证终止之日或自债权人收到保证人终止保证合同的书面通知到达之日起六个月。

第三十八条 同一债权既有保证又有第三人提供物的担保的，债权人可以请求保证人或者物的担保人承担担保责任。当事人对保证担保的范围或者物的担保的范围没有约定或者约定不明的，承担了担保责任的担保人，可以向债务人追偿，也可以要求其他担保人清偿其应当分担的份额。

同一债权既有保证又有物的担保的，物的担保合同被确认无效或者被撤销，或者担保物因不可抗力的原因灭失而没有代位物的，保证人仍应当按合同的约定或者法律的规定承担保证责任。

债权人在主合同履行期届满后怠于行使担保物权，致使担保物的价值减少或者毁损、灭失的，视为债权人放弃部分或者全部物的担保。保证人在债权人放弃权利的范围内减轻或者免除保证责任。

第三十九条　主合同当事人双方协议以新贷偿还旧贷，除保证人知道或者应当知道的外，保证人不承担民事责任。

新贷与旧贷系同一保证人的，不适用前款的规定。

第四十条　主合同债务人采取欺诈、胁迫等手段，使保证人在违背真实意思的情况下提供保证的，债权人知道或者应当知道欺诈、胁迫事实的，按照担保法第三十条的规定处理。

第四十一条　债务人与保证人共同欺骗债权人，订立主合同和保证合同的，债权人可以请求人民法院予以撤销。因此给债权人造成损失的，由保证人与债务人承担连带赔偿责任。

第四十二条　人民法院判决保证人承担保证责任或者赔偿责任的，应当在判决书主文中明确保证人享有担保法第三十一条规定的权利。判决书中未予明确追偿权的，保证人只能按照承担责任的事实，另行提起诉讼。

保证人对债务人行使追偿权的诉讼时效，自保证人向债权人承担责任之日起开始计算。

第四十三条　保证人自行履行保证责任时，其实际清偿额大于主债权范围的，保证人只能在主债权范围内对债务人行使追偿权。

第四十四条　保证期间，人民法院受理债务人破产案件的，债权人既可以向人民法院申报债权，也可以向保证人主张权利。

债权人申报债权后在破产程序中未受清偿的部分，保证人仍应当承担保证责任。债权人要求保证人承担保证责任的，应当在破产程序终结后六个月内提出。

第四十五条　债权人知道或者应当知道债务人破产，既未申报债权也未通知保证人，致使保证人不能预先行使追偿权的，保证人在该债权在破产程序中可能受偿的范围内免除保证责任。

第四十六条　人民法院受理债务人破产案件后，债权人未申报债权的,各连带共同保证的保证人应当作为一个主体申报债权,预先行使追偿权。

三、关于抵押部分的解释

第四十七条 以依法获准尚未建造的或者正在建造中的房屋或者其他建筑物抵押的,当事人办理了抵押物登记,人民法院可以认定抵押有效。

第四十八条 以法定程序确认为违法、违章的建筑物抵押的,抵押无效。

第四十九条 以尚未办理权属证书的财产抵押的,在第一审法庭辩论终结前能够提供权利证书或者补办登记手续的,可以认定抵押有效。

当事人未办理抵押物登记手续的,不得对抗第三人。

第五十条 以担保法第三十四条第一款所列财产一并抵押的,抵押财产的范围应当以登记的财产为准。抵押财产的价值在抵押权实现时予以确定。

第五十一条 抵押人所担保的债权超出其抵押物价值的,超出的部分不具有优先受偿的效力。

第五十二条 当事人以农作物和与其尚未分离的土地使用权同时抵押的,土地使用权部分的抵押无效。

第五十三条 学校、幼儿园、医院等以公益为目的的事业单位、社会团体,以其教育设施、医疗卫生设施和其他社会公益设施以外的财产为自身债务设定抵押的,人民法院可以认定抵押有效。

第五十四条 按份共有人以其共有财产中享有的份额设定抵押的,抵押有效。

共同共有人以其共有财产设定抵押,未经其他共有人的同意,抵押无效。但是,其他共有人知道或者应当知道而未提出异议的视为同意，抵押有效。

第五十五条 已经设定抵押的财产被采取查封、扣押等财产保全或者执行措施的，不影响抵押权的效力。

第五十六条 抵押合同对被担保的主债权种类、抵押财产没有约定或者约定不明，根据主合同和抵押合同不能补正或者无法推定的，抵押不成立。

法律规定登记生效的抵押合同签订后，抵押人违背诚实信用原则拒绝办理抵押登记致使债权人受到损失的，抵押人应当承担赔偿责任。

第五十七条 当事人在抵押合同中约定，债务履行期届满抵押权人未受清偿时，抵押物的所有权转移为债权人所有的内容无效。该内容的无效不影响抵押合同其他部分内容的效力。

债务履行期届满后抵押权人未受清偿时，抵押权人和抵押人可以协议以抵押物折价取得抵押物。但是，损害顺序在后的担保物权人和其他债权人利益的，人民法院可以适用合同法第七十四条、第七十五条的有关规定。

第五十八条 当事人同一天在不同的法定登记部门办理抵押物登记的，视为顺序相同。

因登记部门的原因致使抵押物进行连续登记的，抵押物第一次登记的日期，视为抵押登记的日期，并依此确定抵押权的顺序。

第五十九条 当事人办理抵押物登记手续时，因登记部门的原因致使其无法办理抵押物登记，抵押人向债权人交付权利凭证的，可以认定债权人对该财产有优先受偿权。但是，未办理抵押物登记的，不得对抗第三人。

第六十条 以担保法第四十二条第（二）项规定的不动产抵押的，县级以上地方人民政府对登记部门未作规定，当事人在土地管理部门或者房产管理部门办理了抵押物登记手续，人民法院可以确认其登记的效力。

第六十一条 抵押物登记记载的内容与抵押合同约定的内容不一致的,以登记记载的内容为准。

第六十二条 抵押物因附合、混合或者加工使抵押物的所有权为第三人所有的,抵押权的效力及于补偿金;抵押物所有人为附合物、混合物或者加工物的所有人的,抵押权的效力及于附合物、混合物或者加工物;第三人与抵押物所有人为附合物、混合物或者加工物的共有人的,抵押权的效力及于抵押人对共有物享有的份额。

第六十三条 抵押权设定前为抵押物的从物的,抵押权的效力及于抵押物的从物。但是,抵押物与其从物为两个以上的人分别所有时,抵押权的效力不及于抵押物的从物。

第六十四条 债务履行期届满,债务人不履行债务致使抵押物被人民法院依法扣押的,自扣押之日起抵押权人收取的由抵押物分离的天然孳息和法定孳息,按照下列顺序清偿:

(一)收取孳息的费用;

(二)主债权的利息;

(三)主债权。

第六十五条 抵押人将已出租的财产抵押的,抵押权实现后,租赁合同在有效期内对抵押物的受让人继续有效。

第六十六条 抵押人将已抵押的财产出租的,抵押权实现后,租赁合同对受让人不具有约束力。

抵押人将已抵押的财产出租时,如果抵押人未书面告知承租人该财产已抵押的,抵押人对出租抵押物造成承租人的损失承担赔偿责任;如果抵押人已书面告知承租人该财产已抵押的,抵押权实现造成承租人的损失,由承租人自己承担。

第六十七条 抵押权存续期间,抵押人转让抵押物未通知抵押权人或者未告知受让人的,如果抵押物已经登记的,抵押权人仍可以行使抵押权；取得抵押物所有权的受让人，可以代替债务人清偿其全部债务，使抵押权消灭。受让人清偿债务后可以向抵押人追偿。

如果抵押物未经登记的，抵押权不得对抗受让人，因此给抵押权人造成损失的，由抵押人承担赔偿责任。

第六十八条　抵押物依法被继承或者赠与的，抵押权不受影响。

第六十九条　债务人有多个普通债权人的，在清偿债务时，债务人与其中一个债权人恶意串通，将其全部或者部分财产抵押给该债权人，因此丧失了履行其他债务的能力，损害了其他债权人的合法权益，受损害的其他债权人可以请求人民法院撤销该抵押行为。

第七十条　抵押人的行为足以使抵押物价值减少的，抵押权人请求抵押人恢复原状或提供担保遭到拒绝时，抵押权人可以请求债务人履行债务，也可以请求提前行使抵押权。

第七十一条　主债权未受全部清偿的，抵押权人可以就抵押物的全部行使其抵押权。

抵押物被分割或者部分转让的，抵押权人可以就分割或者转让后的抵押物行使抵押权。

第七十二条　主债权被分割或者部分转让的，各债权人可以就其享有的债权份额行使抵押权。

主债务被分割或者部分转让的，抵押人仍以其抵押物担保数个债务人履行债务。但是，第三人提供抵押的，债权人许可债务人转让债务未经抵押人书面同意的，抵押人对未经其同意转让的债务，不再承担担保责任。

第七十三条　抵押物折价或者拍卖、变卖该抵押物的价款低于抵押权设定时约定价值的，应当按照抵押物实现的价值进行清偿。不足清偿的剩余部分，由债务人清偿。

第七十四条　抵押物折价或者拍卖、变卖所得的价款，当事人没有约定的，按下列顺序清偿：

（一）实现抵押权的费用；

（二）主债权的利息；

（三）主债权。

第七十五条 同一债权有两个以上抵押人的，债权人放弃债务人提供的抵押担保的，其他抵押人可以请求人民法院减轻或者免除其应当承担的担保责任。

同一债权有两个以上抵押人的，当事人对其提供的抵押财产所担保的债权份额或者顺序没有约定或者约定不明的，抵押权人可以就其中任一或者各个财产行使抵押权。

抵押人承担担保责任后，可以向债务人追偿，也可以要求其他抵押人清偿其应当承担的份额。

第七十六条 同一动产向两个以上债权人抵押的，当事人未办理抵押物登记，实现抵押权时，各抵押权人按照债权比例受偿。

第七十七条 同一财产向两个以上债权人抵押的，顺序在先的抵押权与该财产的所有权归属一人时，该财产的所有权人可以以其抵押权对抗顺序在后的抵押权。

第七十八条 同一财产向两个以上债权人抵押的，顺序在后的抵押权所担保的债权先到期的，抵押权人只能就抵押物价值超出顺序在先的抵押担保债权的部分受偿。

顺序在先的抵押权所担保的债权先到期的，抵押权实现后的剩余价款应予提存，留待清偿顺序在后的抵押担保债权。

第七十九条 同一财产法定登记的抵押权与质权并存时，抵押权人优先于质权人受偿。

同一财产抵押权与留置权并存时，留置权人优先于抵押权人受偿。

第八十条 在抵押物灭失、毁损或者被征用的情况下，抵押权人可以就该抵押物的保险金、赔偿金或者补偿金优先受偿。

抵押物灭失、毁损或者被征用的情况下，抵押权所担保的债权未届清偿期的，抵押权人可以请求人民法院对保险金、赔偿金或补偿金等采取保全措施。

第八十一条　最高额抵押权所担保的债权范围，不包括抵押物因财产保全或者执行程序被查封后或债务人、抵押人破产后发生的债权。

第八十二条　当事人对最高额抵押合同的最高限额、最高额抵押期间进行变更，以其变更对抗顺序在后的抵押权人的，人民法院不予支持。

第八十三条　最高额抵押权所担保的不特定债权，在特定后，债权已届清偿期的，最高额抵押权人可以根据普通抵押权的规定行使其抵押权。

抵押权人实现最高额抵押权时，如果实际发生的债权余额高于最高限额的，以最高限额为限，超过部分不具有优先受偿的效力；如果实际发生的债权余额低于最高限额的，以实际发生的债权余额为限对抵押物优先受偿。

四、关于质押部分的解释

（一）动产质押

第八十四条　出质人以其不具有所有权但合法占有的动产出质的，不知出质人无处分权的质权人行使质权后，因此给动产所有人造成损失的，由出质人承担赔偿责任。

第八十五条　债务人或者第三人将其金钱以特户、封金、保证金等形式特定化后，移交债权人占有作为债权的担保，债务人不履行债务时，债权人可以以该金钱优先受偿。

第八十六条　债务人或者第三人未按质押合同约定的时间移交

质物的,因此给质权人造成损失的,出质人应当根据其过错承担赔偿责任。

第八十七条 出质人代质权人占有质物的,质押合同不生效;质权人将质物返还于出质人后,以其质权对抗第三人的,人民法院不予支持。

因不可归责于质权人的事由而丧失对质物的占有,质权人可以向不当占有人请求停止侵害、恢复原状、返还质物。

第八十八条 出质人以间接占有的财产出质的,质押合同自书面通知送达占有人时视为移交。占有人收到出质通知后,仍接受出质人的指示处分出质财产的,该行为无效。

第八十九条 质押合同中对质押的财产约定不明,或者约定的出质财产与实际移交的财产不一致的,以实际交付占有的财产为准。

第九十条 质物有隐蔽瑕疵造成质权人其他财产损害的,应由出质人承担赔偿责任。但是,质权人在质物移交时明知质物有瑕疵而予以接受的除外。

第九十一条 动产质权的效力及于质物的从物。但是,从物未随同质物移交质权人占有的,质权的效力不及于从物。

第九十二条 按照担保法第六十九条的规定将质物提存的,质物提存费用由质权人负担;出质人提前清偿债权的,应当扣除未到期部分的利息。

第九十三条 质权人在质权存续期间,未经出质人同意,擅自使用、出租、处分质物,因此给出质人造成损失的,由质权人承担赔偿责任。

第九十四条 质权人在质权存续期间,为担保自己的债务,经出质人同意,以其所占有的质物为第三人设定质权的,应当在原质权所担保的债权范围之内,超过的部分不具有优先受偿的效力。转质权的效力优于原质权。

质权人在质权存续期间,未经出质人同意,为担保自己的债务,在其所占有的质物上为第三人设定质权的无效。质权人对因转质而发生的损害承担赔偿责任。

第九十五条　债务履行期届满质权人未受清偿的,质权人可以继续留置质物,并以质物的全部行使权利。出质人清偿所担保的债权后,质权人应当返还质物。

债务履行期届满,出质人请求质权人及时行使权利,而质权人怠于行使权利致使质物价格下跌的,由此造成的损失,质权人应当承担赔偿责任。

第九十六条　本解释第五十七条、第六十二条、第六十四条、第七十一条、第七十二条、第七十三条、第七十四条、第八十条之规定,适用于动产质押。

(二)权利质押

第九十七条　以公路桥梁、公路隧道或者公路渡口等不动产收益权出质的,按照担保法第七十五条第(四)项的规定处理。

第九十八条　以汇票、支票、本票出质,出质人与质权人没有背书记载"质押"字样,以票据出质对抗善意第三人的,人民法院不予支持。

第九十九条　以公司债券出质的,出质人与质权人没有背书记载"质押"字样,以债券出质对抗公司和第三人的,人民法院不予支持。

第一百条　以存款单出质的,签发银行核押后又受理挂失并造成存款流失的,应当承担民事责任。

第一百零一条　以票据、债券、存款单、仓单、提单出质的,质权人再转让或者质押的无效。

第一百零二条　以载明兑现或者提货日期的汇票、支票、本票、债券、存款单、仓单、提单出质的,其兑现或者提货日期后于债务履行期的,质权人只能在兑现或者提货日期届满时兑现款项或者提取货物。

第一百零三条　以股份有限公司的股份出质的,适用《中华人民共和国公司法》有关股份转让的规定。

以上市公司的股份出质的,质押合同自股份出质向证券登记机构办理出质登记之日起生效。

以非上市公司的股份出质的,质押合同自股份出质记载于股东名册之日起生效。

第一百零四条　以依法可以转让的股份、股票出质的,质权的效力及于股份、股票的法定孳息。

第一百零五条　以依法可以转让的商标专用权,专利权、著作权中的财产权出质的,出质人未经质权人同意而转让或者许可他人使用已出质权利的,应当认定为无效。因此给质权人或者第三人造成损失的,由出质人承担民事责任。

第一百零六条　质权人向出质人、出质债权的债务人行使质权时,出质人、出质债权的债务人拒绝的,质权人可以起诉出质人和出质债权的债务人,也可以单独起诉出质债权的债务人。

五、关于留置部分的解释

第一百零七条　当事人在合同中约定排除留置权,债务履行期届满,债权人行使留置权的,人民法院不予支持。

第一百零八条　债权人合法占有债务人交付的动产时,不知债务人无处分该动产的权利,债权人可以按照担保法第八十二条的规定行使留置权。

第一百零九条　债权人的债权已届清偿期,债权人对动产的占有与其债权的发生有牵连关系,债权人可以留置其所占有的动产。

第一百一十条　留置权人在债权未受全部清偿前，留置物为不可分物的，留置权人可以就其留置物的全部行使留置权。

第一百一十一条　债权人行使留置权与其承担的义务或者合同的特殊约定相抵触的，人民法院不予支持。

第一百一十二条　债权人的债权未届清偿期，其交付占有标的物的义务已届履行期的，不能行使留置权。但是，债权人能够证明债务人无支付能力的除外。

第一百一十三条　债权人未按担保法第八十七条规定的期限通知债务人履行义务，直接变价处分留置物的，应当对此造成的损失承担赔偿责任。债权人与债务人按照担保法第八十七条的规定在合同中约定宽限期的，债权人可以不经通知，直接行使留置权。

第一百一十四条　本解释第六十四条、第八十条、第八十七条、第九十一条、第九十三条的规定，适用于留置。

六、关于定金部分的解释

第一百一十五条　当事人约定以交付定金作为订立主合同担保的，给付定金的一方拒绝订立主合同的，无权要求返还定金；收受定金的一方拒绝订立合同的，应当双倍返还定金。

第一百一十六条　当事人约定以交付定金作为主合同成立或者生效要件的，给付定金的一方未支付定金，但主合同已经履行或者已经履行主要部分的，不影响主合同的成立或者生效。

第一百一十七条　定金交付后，交付定金的一方可以按照合同的约定以丧失定金为代价而解除主合同，收受定金的一方可以双倍返还定金为代价而解除主合同。对解除主合同后责任的处理，适用《中华人民共和国合同法》的规定。

第一百一十八条　当事人交付留置金、担保金、保证金、订约金、押金或者订金等，但没有约定定金性质的，当事人主张定金权利的，人民法院不予支持。

第一百一十九条 实际交付的定金数额多于或者少于约定数额，视为变更定金合同；收受定金一方提出异议并拒绝接受定金的，定金合同不生效。

第一百二十条 因当事人一方迟延履行或者其他违约行为，致使合同目的不能实现，可以适用定金罚则。但法律另有规定或者当事人另有约定的除外。

当事人一方不完全履行合同的，应当按照未履行部分所占合同约定内容的比例，适用定金罚则。

第一百二十一条 当事人约定的定金数额超过主合同标的额百分之二十的，超过的部分，人民法院不予支持。

第一百二十二条 因不可抗力、意外事件致使主合同不能履行的，不适用定金罚则。因合同关系以外第三人的过错，致使主合同不能履行的，适用定金罚则。受定金处罚的一方当事人，可以依法向第三人追偿。

七、关于其他问题的解释

第一百二十三条 同一债权上数个担保物权并存时，债权人放弃债务人提供的物的担保的，其他担保人在其放弃权利的范围内减轻或者免除担保责任。

第一百二十四条 企业法人的分支机构为他人提供保证的，人民法院在审理保证纠纷案件中可以将该企业法人作为共同被告参加诉讼。但是商业银行、保险公司的分支机构提供保证的除外。

第一百二十五条 一般保证的债权人向债务人和保证人一并提起诉讼的，人民法院可以将债务人和保证人列为共同被告参加诉讼。但是，应当在判决书中明确在对债务人财产依法强制执行后仍不能履行债务时，由保证人承担保证责任。

第一百二十六条 连带责任保证的债权人可以将债务人或者保证人作为被告提起诉讼，也可以将债务人和保证人作为共同被告提起诉讼。

第一百二十七条 债务人对债权人提起诉讼，债权人提起反诉的，保证人可以作为第三人参加诉讼。

第一百二十八条 债权人向人民法院请求行使担保物权时，债务人和担保人应当作为共同被告参加诉讼。

同一债权既有保证又有物的担保的，当事人发生纠纷提起诉讼的，债务人与保证人、抵押人或者出质人可以作为共同被告参加诉讼。

第一百二十九条 主合同和担保合同发生纠纷提起诉讼的，应当根据主合同确定案件管辖。担保人承担连带责任的担保合同发生纠纷，债权人向担保人主张权利的，应当由担保人住所地的法院管辖。

主合同和担保合同选择管辖的法院不一致的，应当根据主合同确定案件管辖。

第一百三十条 在主合同纠纷案件中，对担保合同未经审判，人民法院不应当依据对主合同当事人所作出的判决或者裁定，直接执行担保人的财产。

第一百三十一条 本解释所称"不能清偿"指对债务人的存款、现金、有价证券、成品、半成品、原材料、交通工具等可以执行的动产和其他方便执行的财产执行完毕后，债务仍未能得到清偿的状态。

第一百三十二条 在案件审理或者执行程序中，当事人提供财产担保的，人民法院应当对该财产的权属证书予以扣押，同时向有关部门发出协助执行通知书，要求其在规定的时间内不予办理担保财产的转移手续。

第一百三十三条 担保法施行以前发生的担保行为，适用担保行为发生时的法律法规和有关司法解释。

担保法施行以后因担保行为发生的纠纷案件，在本解释公布施行前已经终审，当事人申请再审或者按审判监督程序决定再审的，不适用本解释。

担保法施行以后因担保行为发生的纠纷案件，在本解释公布施行后尚在一审或二审阶段的，适用担保法和本解释。

第一百三十四条　最高人民法院在担保法施行以前作出的有关担保问题的司法解释，与担保法和本解释相抵触的，不再适用。

3.3 《最高人民法院关于审理独立保函纠纷案件若干问题的规定》

最高人民法院关于审理独立保函纠纷案件若干问题的规定
法释〔2016〕24号

《最高人民法院关于审理独立保函纠纷案件若干问题的规定》已于2016年7月11日由最高人民法院审判委员会第1688次会议通过，现予公布，自2016年12月1日起施行。

最高人民法院

2016年11月18日

为正确审理独立保函纠纷案件，切实维护当事人的合法权益，服务和保障"一带一路"建设，促进对外开放，根据《中华人民共和国民法通则》《中华人民共和国合同法》《中华人民共和国担保法》《中华人民共和国涉外民事关系法律适用法》《中华人民共和国民事诉讼法》等法律，结合审判实际，制定本规定：

第一条　本规定所称的独立保函，是指银行或非银行金融机构作为开立人，以书面形式向受益人出具的，同意在受益人请求付款并提交符合保函要求的单据时，向其支付特定款项或在保函最高金额内付款的承诺。

前款所称的单据，是指独立保函载明的受益人应提交的付款请求书、违约声明、第三方签发的文件、法院判决、仲裁裁决、汇票、发票等表明发生付款到期事件的书面文件。

独立保函可以依保函申请人的申请而开立，也可以依另一金融机构的指示而开立。开立人依指示开立独立保函的，可以要求指示人向其开立用以保障追偿权的独立保函。

第二条　本规定所称的独立保函纠纷，是指在独立保函的开立、撤销、修改、转让、付款、追偿等环节产生的纠纷。

第三条　保函具有下列情形之一，当事人主张保函性质为独立保函的，人民法院应予支持，但保函未载明据以付款的单据和最高金额的除外：

（一）保函载明见索即付；

（二）保函载明适用国际商会《见索即付保函统一规则》等独立保函交易示范规则；

（三）根据保函文本内容，开立人的付款义务独立于基础交易关系及保函申请法律关系，其仅承担相符交单的付款责任。

当事人以独立保函记载了对应的基础交易为由，主张该保函性质为一般保证或连带保证的，人民法院不予支持。

当事人主张独立保函适用担保法关于一般保证或连带保证规定的，人民法院不予支持。

第四条　独立保函的开立时间为开立人发出独立保函的时间。

独立保函一经开立即生效，但独立保函载明生效日期或事件的除外。

独立保函未载明可撤销，当事人主张独立保函开立后不可撤销的，人民法院应予支持。

第五条　独立保函载明适用《见索即付保函统一规则》等独立保函交易示范规则，或开立人和受益人在一审法庭辩论终结前一致援引的，人民法院应当认定交易示范规则的内容构成独立保函条款的组成部分。

不具有前款情形，当事人主张独立保函适用相关交易示范规则的，人民法院不予支持。

第六条　受益人提交的单据与独立保函条款之间、单据与单据之间表面相符，受益人请求开立人依据独立保函承担付款责任的，人民法院应予支持。

开立人以基础交易关系或独立保函申请关系对付款义务提出抗辩的，人民法院不予支持，但有本规定第十二条情形的除外。

第七条　人民法院在认定是否构成表面相符时，应当根据独立保函载明的审单标准进行审查；独立保函未载明的，可以参照适用国际商会确定的相关审单标准。

单据与独立保函条款之间、单据与单据之间表面上不完全一致，但并不导致相互之间产生歧义的，人民法院应当认定构成表面相符。

第八条　开立人有独立审查单据的权利与义务，有权自行决定单据与独立保函条款之间、单据与单据之间是否表面相符，并自行决定接受或拒绝接受不符点。

开立人已向受益人明确表示接受不符点，受益人请求开立人承担付款责任的，人民法院应予支持。

开立人拒绝接受不符点，受益人以保函申请人已接受不符点为由请求开立人承担付款责任的，人民法院不予支持。

第九条　开立人依据独立保函付款后向保函申请人追偿的，人民法院应予支持，但受益人提交的单据存在不符点的除外。

第十条　独立保函未同时载明可转让和据以确定新受益人的单据，开立人主张受益人付款请求权的转让对其不发生效力的，人民法院应予支持。独立保函对受益人付款请求权的转让有特别约定的，从其约定。

第十一条　独立保函具有下列情形之一，当事人主张独立保函权利义务终止的，人民法院应予支持：

（一）独立保函载明的到期日或到期事件届至，受益人未提交符合独立保函要求的单据；

（二）独立保函项下的应付款项已经全部支付；

（三）独立保函的金额已减额至零；

（四）开立人收到受益人出具的免除独立保函项下付款义务的文件；

（五）法律规定或者当事人约定终止的其他情形。

独立保函具有前款权利义务终止的情形，受益人以其持有独立保函文本为由主张享有付款请求权的，人民法院不予支持。

第十二条　具有下列情形之一的，人民法院应当认定构成独立保函欺诈：

（一）受益人与保函申请人或其他人串通，虚构基础交易的；

（二）受益人提交的第三方单据系伪造或内容虚假的；

（三）法院判决或仲裁裁决认定基础交易债务人没有付款或赔偿责任的；

（四）受益人确认基础交易债务已得到完全履行或者确认独立保函载明的付款到期事件并未发生的；

（五）受益人明知其没有付款请求权仍滥用该权利的其他情形。

第十三条　独立保函的申请人、开立人或指示人发现有本规定第十二条情形的，可以在提起诉讼或申请仲裁前，向开立人住所地或其他对独立保函欺诈纠纷案件具有管辖权的人民法院申请中止支付独立保函项下的款项，也可以在诉讼或仲裁过程中提出申请。

第十四条　人民法院裁定中止支付独立保函项下的款项，必须同时具备下列条件：

（一）止付申请人提交的证据材料证明本规定第十二条情形的存在具有高度可能性；

（二）情况紧急，不立即采取止付措施，将给止付申请人的合法权益造成难以弥补的损害；

（三）止付申请人提供了足以弥补被申请人因止付可能遭受损失

的担保。

止付申请人以受益人在基础交易中违约为由请求止付的,人民法院不予支持。

开立人在依指示开立的独立保函项下已经善意付款的,对保障该开立人追偿权的独立保函,人民法院不得裁定止付。

第十五条　因止付申请错误造成损失,当事人请求止付申请人赔偿的,人民法院应予支持。

第十六条　人民法院受理止付申请后,应当在四十八小时内作出书面裁定。裁定应当列明申请人、被申请人和第三人,并包括初步查明的事实和是否准许止付申请的理由。

裁定中止支付的,应当立即执行。

止付申请人在止付裁定作出后三十日内未依法提起独立保函欺诈纠纷诉讼或申请仲裁的,人民法院应当解除止付裁定。

第十七条　当事人对人民法院就止付申请作出的裁定有异议的,可以在裁定书送达之日起十日内向作出裁定的人民法院申请复议。复议期间不停止裁定的执行。

人民法院应当在收到复议申请后十日内审查,并询问当事人。

第十八条　人民法院审理独立保函欺诈纠纷案件或处理止付申请,可以就当事人主张的本规定第十二条的具体情形,审查认定基础交易的相关事实。

第十九条　保函申请人在独立保函欺诈诉讼中仅起诉受益人的,独立保函的开立人、指示人可以作为第三人申请参加,或由人民法院通知其参加。

第二十条　人民法院经审理独立保函欺诈纠纷案件,能够排除合理怀疑地认定构成独立保函欺诈,并且不存在本规定第十四条第三款情形的,应当判决开立人终止支付独立保函项下被请求的款项。

第二十一条　受益人和开立人之间因独立保函而产生的纠纷案件，由开立人住所地或被告住所地人民法院管辖，独立保函载明由其他法院管辖或提交仲裁的除外。当事人主张根据基础交易合同争议解决条款确定管辖法院或提交仲裁的，人民法院不予支持。

独立保函欺诈纠纷案件由被请求止付的独立保函的开立人住所地或被告住所地人民法院管辖，当事人书面协议由其他法院管辖或提交仲裁的除外。当事人主张根据基础交易合同或独立保函的争议解决条款确定管辖法院或提交仲裁的，人民法院不予支持。

第二十二条　涉外独立保函未载明适用法律，开立人和受益人在一审法庭辩论终结前亦未就适用法律达成一致的，开立人和受益人之间因涉外独立保函而产生的纠纷适用开立人经常居所地法律；独立保函由金融机构依法登记设立的分支机构开立的，适用分支机构登记地法律。

涉外独立保函欺诈纠纷，当事人就适用法律不能达成一致的，适用被请求止付的独立保函的开立人经常居所地法律；独立保函由金融机构依法登记设立的分支机构开立的，适用分支机构登记地法律；当事人有共同经常居所地的，适用共同经常居所地法律。

涉外独立保函止付保全程序，适用中华人民共和国法律。

第二十三条　当事人约定在国内交易中适用独立保函，一方当事人以独立保函不具有涉外因素为由，主张保函独立性的约定无效的，人民法院不予支持。

第二十四条　对于按照特户管理并移交开立人占有的独立保函开立保证金，人民法院可以采取冻结措施，但不得扣划。保证金账户内的款项丧失开立保证金的功能时，人民法院可以依法采取扣划措施。

开立人已履行对外支付义务的，根据该开立人的申请，人民法院应当解除对开立保证金相应部分的冻结措施。

第二十五条　本规定施行后尚未终审的案件,适用本规定;本规定施行前已经终审的案件,当事人申请再审或者人民法院按照审判监督程序再审的,不适用本规定。

第二十六条　本规定自 2016 年 12 月 1 日起施行。

3.4 《中华人民共和国物权法》(节录)

中华人民共和国物权法(节录)

(2007年3月16日第十届全国人民代表大会第五次会议通过)

第四编 担保物权
第十五章 一般规定

第一百七十条 担保物权人在债务人不履行到期债务或者发生当事人约定的实现担保物权的情形，依法享有就担保财产优先受偿的权利，但法律另有规定的除外。

第一百七十一条 债权人在借贷、买卖等民事活动中，为保障实现其债权，需要担保的，可以依照本法和其他法律的规定设立担保物权。

第三人为债务人向债权人提供担保的，可以要求债务人提供反担保。反担保适用本法和其他法律的规定。

第一百七十二条 设立担保物权，应当依照本法和其他法律的规定订立担保合同。担保合同是主债权债务合同的从合同。主债权债务合同无效，担保合同无效，但法律另有规定的除外。

担保合同被确认无效后，债务人、担保人、债权人有过错的，应当根据其过错各自承担相应的民事责任。

第一百七十三条 担保物权的担保范围包括主债权及其利息、违约金、损害赔偿金、保管担保财产和实现担保物权的费用。当事人另有约定的，按照约定。

第一百七十四条 担保期间，担保财产毁损、灭失或者被征收等，担保物权人可以就获得的保险金、赔偿金或者补偿金等优先受偿。

被担保债权的履行期未届满的，也可以提存该保险金、赔偿金或者补偿金等。

第一百七十五条　第三人提供担保，未经其书面同意，债权人允许债务人转移全部或者部分债务的，担保人不再承担相应的担保责任。

第一百七十六条　被担保的债权既有物的担保又有人的担保的，债务人不履行到期债务或者发生当事人约定的实现担保物权的情形，债权人应当按照约定实现债权；没有约定或者约定不明确，债务人自己提供物的担保的，债权人应当先就该物的担保实现债权；第三人提供物的担保的，债权人可以就物的担保实现债权，也可以要求保证人承担保证责任。提供担保的第三人承担担保责任后，有权向债务人追偿。

第一百七十七条　有下列情形之一的，担保物权消灭：

（一）主债权消灭；

（二）担保物权实现；

（三）债权人放弃担保物权；

（四）法律规定担保物权消灭的其他情形。

第一百七十八条　担保法与本法的规定不一致的，适用本法。

第十六章　抵押权

第一节　一般抵押权

第一百七十九条　为担保债务的履行，债务人或者第三人不转移财产的占有，将该财产抵押给债权人的，债务人不履行到期债务或者发生当事人约定的实现抵押权的情形，债权人有权就该财产优先受偿。

前款规定的债务人或者第三人为抵押人，债权人为抵押权人，提供担保的财产为抵押财产。

第一百八十条 债务人或者第三人有权处分的下列财产可以抵押：

（一）建筑物和其他土地附着物；

（二）建设用地使用权；

（三）以招标、拍卖、公开协商等方式取得的荒地等土地承包经营权；

（四）生产设备、原材料、半成品、产品；

（五）正在建造的建筑物、船舶、航空器；

（六）交通运输工具；

（七）法律、行政法规未禁止抵押的其他财产。

抵押人可以将前款所列财产一并抵押。

第一百八十一条 经当事人书面协议，企业、个体工商户、农业生产经营者可以将现有的以及将有的生产设备、原材料、半成品、产品抵押，债务人不履行到期债务或者发生当事人约定的实现抵押权的情形，债权人有权就实现抵押权时的动产优先受偿。

第一百八十二条 以建筑物抵押的，该建筑物占用范围内的建设用地使用权一并抵押。以建设用地使用权抵押的，该土地上的建筑物一并抵押。

抵押人未依照前款规定一并抵押的，未抵押的财产视为一并抵押。

第一百八十三条 乡镇、村企业的建设用地使用权不得单独抵押。以乡镇、村企业的厂房等建筑物抵押的，其占用范围内的建设用地使用权一并抵押。

第一百八十四条 下列财产不得抵押：

（一）土地所有权；

（二）耕地、宅基地、自留地、自留山等集体所有的土地使用权，但法律规定可以抵押的除外；

（三）学校、幼儿园、医院等以公益为目的的事业单位、社会团体的教育设施、医疗卫生设施和其他社会公益设施；

（四）所有权、使用权不明或者有争议的财产；

（五）依法被查封、扣押、监管的财产；

（六）法律、行政法规规定不得抵押的其他财产。

第一百八十五条 设立抵押权，当事人应当采取书面形式订立抵押合同。

抵押合同一般包括下列条款：

（一）被担保债权的种类和数额；

（二）债务人履行债务的期限；

（三）抵押财产的名称、数量、质量、状况、所在地、所有权归属或者使用权归属；

（四）担保的范围。

第一百八十六条 抵押权人在债务履行期届满前，不得与抵押人约定债务人不履行到期债务时抵押财产归债权人所有。

第一百八十七条 以本法第一百八十条第一款第一项至第三项规定的财产或者第五项规定的正在建造的建筑物抵押的，应当办理抵押登记。抵押权自登记时设立。

第一百八十八条 以本法第一百八十条第一款第四项、第六项规定的财产或者第五项规定的正在建造的船舶、航空器抵押的，抵押权自抵押合同生效时设立；未经登记，不得对抗善意第三人。

第一百八十九条 企业、个体工商户、农业生产经营者以本法第一百八十一条规定的动产抵押的，应当向抵押人住所地的工商行政管理部门办理登记。抵押权自抵押合同生效时设立；未经登记，不得对抗善意第三人。

依照本法第一百八十一条规定抵押的，不得对抗正常经营活动中已支付合理价款并取得抵押财产的买受人。

第一百九十条 订立抵押合同前抵押财产已出租的，原租赁关系不受该抵押权的影响。抵押权设立后抵押财产出租的，该租赁关系不得对抗已登记的抵押权。

第一百九十一条 抵押期间，抵押人经抵押权人同意转让抵押财产的，应当将转让所得的价款向抵押权人提前清偿债务或者提存。转让的价款超过债权数额的部分归抵押人所有，不足部分由债务人清偿。

抵押期间，抵押人未经抵押权人同意，不得转让抵押财产，但受让人代为清偿债务消灭抵押权的除外。

第一百九十二条 抵押权不得与债权分离而单独转让或者作为其他债权的担保。债权转让的，担保该债权的抵押权一并转让，但法律另有规定或者当事人另有约定的除外。

第一百九十三条 抵押人的行为足以使抵押财产价值减少的，抵押权人有权要求抵押人停止其行为。抵押财产价值减少的，抵押权人有权要求恢复抵押财产的价值，或者提供与减少的价值相应的担保。抵押人不恢复抵押财产的价值也不提供担保的，抵押权人有权要求债务人提前清偿债务。

第一百九十四条 抵押权人可以放弃抵押权或者抵押权的顺位。抵押权人与抵押人可以协议变更抵押权顺位以及被担保的债权数额等内容，但抵押权的变更，未经其他抵押权人书面同意，不得对其他抵押权人产生不利影响。

债务人以自己的财产设定抵押，抵押权人放弃该抵押权、抵押权顺位或者变更抵押权的，其他担保人在抵押权人丧失优先受偿权益的范围内免除担保责任，但其他担保人承诺仍然提供担保的除外。

第一百九十五条 债务人不履行到期债务或者发生当事人约定的实现抵押权的情形，抵押权人可以与抵押人协议以抵押财产折价或者以拍卖、变卖该抵押财产所得的价款优先受偿。协议损害其他债权人利益的，其他债权人可以在知道或者应当知道撤销事由之日起一年内请求人民法院撤销该协议。

抵押权人与抵押人未就抵押权实现方式达成协议的,抵押权人可以请求人民法院拍卖、变卖抵押财产。

抵押财产折价或者变卖的,应当参照市场价格。

第一百九十六条 依照本法第一百八十一条规定设定抵押的,抵押财产自下列情形之一发生时确定:

(一)债务履行期届满,债权未实现;

(二)抵押人被宣告破产或者被撤销;

(三)当事人约定的实现抵押权的情形;

(四)严重影响债权实现的其他情形。

第一百九十七条 债务人不履行到期债务或者发生当事人约定的实现抵押权的情形,致使抵押财产被人民法院依法扣押的,自扣押之日起抵押权人有权收取该抵押财产的天然孳息或者法定孳息,但抵押权人未通知应当清偿法定孳息的义务人的除外。

前款规定的孳息应当先充抵收取孳息的费用。

第一百九十八条 抵押财产折价或者拍卖、变卖后,其价款超过债权数额的部分归抵押人所有,不足部分由债务人清偿。

第一百九十九条 同一财产向两个以上债权人抵押的,拍卖、变卖抵押财产所得的价款依照下列规定清偿:

(一)抵押权已登记的,按照登记的先后顺序清偿;顺序相同的,按照债权比例清偿;

(二)抵押权已登记的先于未登记的受偿;

(三)抵押权未登记的,按照债权比例清偿。

第二百条 建设用地使用权抵押后,该土地上新增的建筑物不属于抵押财产。该建设用地使用权实现抵押权时,应当将该土地上新增的建筑物与建设用地使用权一并处分,但新增建筑物所得的价款,抵押权人无权优先受偿。

第二百零一条 依照本法第一百八十条第一款第三项规定的土

地承包经营权抵押的,或者依照本法第一百八十三条规定以乡镇、村企业的厂房等建筑物占用范围内的建设用地使用权一并抵押的,实现抵押权后,未经法定程序,不得改变土地所有权的性质和土地用途。

第二百零二条 抵押权人应当在主债权诉讼时效期间行使抵押权;未行使的,人民法院不予保护。

第二节 最高额抵押权

第二百零三条 为担保债务的履行,债务人或者第三人对一定期间内将要连续发生的债权提供担保财产的,债务人不履行到期债务或者发生当事人约定的实现抵押权的情形,抵押权人有权在最高债权额限度内就该担保财产优先受偿。

最高额抵押权设立前已经存在的债权,经当事人同意,可以转入最高额抵押担保的债权范围。

第二百零四条 最高额抵押担保的债权确定前,部分债权转让的,最高额抵押权不得转让,但当事人另有约定的除外。

第二百零五条 最高额抵押担保的债权确定前,抵押权人与抵押人可以通过协议变更债权确定的期间、债权范围以及最高债权额,但变更的内容不得对其他抵押权人产生不利影响。

第二百零六条 有下列情形之一的,抵押权人的债权确定:

(一)约定的债权确定期间届满;

(二)没有约定债权确定期间或者约定不明确,抵押权人或者抵押人自最高额抵押权设立之日起满二年后请求确定债权;

(三)新的债权不可能发生;

(四)抵押财产被查封、扣押;

(五)债务人、抵押人被宣告破产或者被撤销;

(六)法律规定债权确定的其他情形。

第二百零七条　最高额抵押权除适用本节规定外,适用本章第一节一般抵押权的规定。

第十七章　质　权
第一节　动产质权

第二百零八条　为担保债务的履行,债务人或者第三人将其动产出质给债权人占有的,债务人不履行到期债务或者发生当事人约定的实现质权的情形,债权人有权就该动产优先受偿。

前款规定的债务人或者第三人为出质人,债权人为质权人,交付的动产为质押财产。

第二百零九条　法律、行政法规禁止转让的动产不得出质。

第二百一十条　设立质权,当事人应当采取书面形式订立质权合同。

质权合同一般包括下列条款:

(一)被担保债权的种类和数额;

(二)债务人履行债务的期限;

(三)质押财产的名称、数量、质量、状况;

(四)担保的范围;

(五)质押财产交付的时间。

第二百一十一条　质权人在债务履行期届满前,不得与出质人约定债务人不履行到期债务时质押财产归债权人所有。

第二百一十二条　质权自出质人交付质押财产时设立。

第二百一十三条　质权人有权收取质押财产的孳息,但合同另有约定的除外。

前款规定的孳息应当先充抵收取孳息的费用。

第二百一十四条　质权人在质权存续期间,未经出质人同意,擅自使用、处分质押财产,给出质人造成损害的,应当承担赔偿责任。

第二百一十五条　质权人负有妥善保管质押财产的义务;因保管不善致使质押财产毁损、灭失的,应当承担赔偿责任。

质权人的行为可能使质押财产毁损、灭失的,出质人可以要求质权人将质押财产提存,或者要求提前清偿债务并返还质押财产。

第二百一十六条　因不能归责于质权人的事由可能使质押财产毁损或者价值明显减少,足以危害质权人权利的,质权人有权要求出质人提供相应的担保;出质人不提供的,质权人可以拍卖、变卖质押财产,并与出质人通过协议将拍卖、变卖所得的价款提前清偿债务或者提存。

第二百一十七条　质权人在质权存续期间,未经出质人同意转质,造成质押财产毁损、灭失的,应当向出质人承担赔偿责任。

第二百一十八条　质权人可以放弃质权。债务人以自己的财产出质,质权人放弃该质权的,其他担保人在质权人丧失优先受偿权益的范围内免除担保责任,但其他担保人承诺仍然提供担保的除外。

第二百一十九条　债务人履行债务或者出质人提前清偿所担保的债权的,质权人应当返还质押财产。

债务人不履行到期债务或者发生当事人约定的实现质权的情形,质权人可以与出质人协议以质押财产折价,也可以就拍卖、变卖质押财产所得的价款优先受偿。

质押财产折价或者变卖的,应当参照市场价格。

第二百二十条　出质人可以请求质权人在债务履行期届满后及时行使质权;质权人不行使的,出质人可以请求人民法院拍卖、变卖质押财产。

出质人请求质权人及时行使质权,因质权人怠于行使权利造成损害的,由质权人承担赔偿责任。

第二百二十一条　质押财产折价或者拍卖、变卖后,其价款超过债权数额的部分归出质人所有,不足部分由债务人清偿。

第二百二十二条　出质人与质权人可以协议设立最高额质权。

最高额质权除适用本节有关规定外，参照本法第十六章第二节最高额抵押权的规定。

第二节　权利质权

第二百二十三条　债务人或者第三人有权处分的下列权利可以出质：

（一）汇票、支票、本票；

（二）债券、存款单；

（三）仓单、提单；

（四）可以转让的基金份额、股权；

（五）可以转让的注册商标专用权、专利权、著作权等知识产权中的财产权；

（六）应收账款；

（七）法律、行政法规规定可以出质的其他财产权利。

第二百二十四条　以汇票、支票、本票、债券、存款单、仓单、提单出质的，当事人应当订立书面合同。质权自权利凭证交付质权人时设立；没有权利凭证的，质权自有关部门办理出质登记时设立。

第二百二十五条　汇票、支票、本票、债券、存款单、仓单、提单的兑现日期或者提货日期先于主债权到期的，质权人可以兑现或者提货，并与出质人协议将兑现的价款或者提取的货物提前清偿债务或者提存。

第二百二十六条　以基金份额、股权出质的，当事人应当订立书面合同。以基金份额、证券登记结算机构登记的股权出质的，质权自证券登记结算机构办理出质登记时设立；以其他股权出质的，质权自工商行政管理部门办理出质登记时设立。

基金份额、股权出质后，不得转让，但经出质人与质权人协商同意的除外。出质人转让基金份额、股权所得的价款，应当向质权人提前清偿债务或者提存。

第二百二十七条　以注册商标专用权、专利权、著作权等知识产权中的财产权出质的，当事人应当订立书面合同。质权自有关主管部门办理出质登记时设立。

知识产权中的财产权出质后，出质人不得转让或者许可他人使用，但经出质人与质权人协商同意的除外。出质人转让或者许可他人使用出质的知识产权中的财产权所得的价款，应当向质权人提前清偿债务或者提存。

第二百二十八条　以应收账款出质的，当事人应当订立书面合同。质权自信贷征信机构办理出质登记时设立。

应收账款出质后，不得转让，但经出质人与质权人协商同意的除外。出质人转让应收账款所得的价款，应当向质权人提前清偿债务或者提存。

第二百二十九条　权利质权除适用本节规定外，适用本章第一节动产质权的规定。

第十八章　留置权

第二百三十条　债务人不履行到期债务，债权人可以留置已经合法占有的债务人的动产，并有权就该动产优先受偿。

前款规定的债权人为留置权人，占有的动产为留置财产。

第二百三十一条　债权人留置的动产，应当与债权属于同一法律关系，但企业之间留置的除外。

第二百三十二条　法律规定或者当事人约定不得留置的动产，不得留置。

第二百三十三条　留置财产为可分物的，留置财产的价值应当相当于债务的金额。

第二百三十四条　留置权人负有妥善保管留置财产的义务；因保

管不善致使留置财产毁损、灭失的，应当承担赔偿责任。

第二百三十五条　留置权人有权收取留置财产的孳息。

前款规定的孳息应当先充抵收取孳息的费用。

第二百三十六条　留置权人与债务人应当约定留置财产后的债务履行期间；没有约定或者约定不明确的，留置权人应当给债务人两个月以上履行债务的期间，但鲜活易腐等不易保管的动产除外。债务人逾期未履行的，留置权人可以与债务人协议以留置财产折价，也可以就拍卖、变卖留置财产所得的价款优先受偿。

留置财产折价或者变卖的，应当参照市场价格。

第二百三十七条　债务人可以请求留置权人在债务履行期届满后行使留置权；留置权人不行使的，债务人可以请求人民法院拍卖、变卖留置财产。

第二百三十八条　留置财产折价或者拍卖、变卖后，其价款超过债权数额的部分归债务人所有，不足部分由债务人清偿。

第二百三十九条　同一动产上已设立抵押权或者质权，该动产又被留置的，留置权人优先受偿。

第二百四十条　留置权人对留置财产丧失占有或者留置权人接受债务人另行提供担保的，留置权消灭。

附　则

第二百四十六条　法律、行政法规对不动产统一登记的范围、登记机构和登记办法作出规定前，地方性法规可以依照本法有关规定作出规定。

第二百四十七条　本法自 2007 年 10 月 1 日起施行。

3.5 《中华人民共和国民法总则》(节录)

中华人民共和国民法总则(节录)

(2017年3月15日第十二届全国人民代表大会第五次会议通过)

第六章 民事法律行为

第四节 民事法律行为的附条件和附期限

第一百五十八条 民事法律行为可以附条件,但是按照其性质不得附条件的除外。附生效条件的民事法律行为,自条件成就时生效。附解除条件的民事法律行为,自条件成就时失效。

第一百五十九条 附条件的民事法律行为,当事人为自己的利益不正当地阻止条件成就的,视为条件已成就;不正当地促成条件成就的,视为条件不成就。

第一百六十条 民事法律行为可以附期限,但是按照其性质不得附期限的除外。附生效期限的民事法律行为,自期限届至时生效。附终止期限的民事法律行为,自期限届满时失效。

第九章 诉讼时效

第一百八十八条 向人民法院请求保护民事权利的诉讼时效期间为三年。法律另有规定的,依照其规定。

诉讼时效期间自权利人知道或者应当知道权利受到损害以及义务人之日起计算。法律另有规定的,依照其规定。但是自权利受到损害之日起超过二十年的,人民法院不予保护;有特殊情况的,人民法院可以根据权利人的申请决定延长。

第一百八十九条 当事人约定同一债务分期履行的,诉讼时效期间自最后一期履行期限届满之日起计算。

第一百九十条　无民事行为能力人或者限制民事行为能力人对其法定代理人的请求权的诉讼时效期间，自该法定代理终止之日起计算。

第一百九十一条　未成年人遭受性侵害的损害赔偿请求权的诉讼时效期间，自受害人年满十八周岁之日起计算。

第一百九十二条　诉讼时效期间届满的，义务人可以提出不履行义务的抗辩。

诉讼时效期间届满后，义务人同意履行的，不得以诉讼时效期间届满为由抗辩；义务人已自愿履行的，不得请求返还。

第一百九十三条　人民法院不得主动适用诉讼时效的规定。

第一百九十四条　在诉讼时效期间的最后六个月内，因下列障碍，不能行使请求权的，诉讼时效中止：

（一）不可抗力；

（二）无民事行为能力人或者限制民事行为能力人没有法定代理人，或者法定代理人死亡、丧失民事行为能力、丧失代理权；

（三）继承开始后未确定继承人或者遗产管理人；

（四）权利人被义务人或者其他人控制；

（五）其他导致权利人不能行使请求权的障碍。

自中止时效的原因消除之日起满六个月，诉讼时效期间届满。

第一百九十五条　有下列情形之一的，诉讼时效中断，从中断、有关程序终结时起，诉讼时效期间重新计算：

（一）权利人向义务人提出履行请求；

（二）义务人同意履行义务；

（三）权利人提起诉讼或者申请仲裁；

（四）与提起诉讼或者申请仲裁具有同等效力的其他情形。

第一百九十六条　下列请求权不适用诉讼时效的规定：

（一）请求停止侵害、排除妨碍、消除危险；

（二）不动产物权和登记的动产物权的权利人请求返还财产；

（三）请求支付抚养费、赡养费或者扶养费；

（四）依法不适用诉讼时效的其他请求权。

第一百九十七条　诉讼时效的期间、计算方法以及中止、中断的事由由法律规定，当事人约定无效。

当事人对诉讼时效利益的预先放弃无效。

第一百九十八条　法律对仲裁时效有规定的，依照其规定；没有规定的，适用诉讼时效的规定。

第一百九十九条　法律规定或者当事人约定的撤销权、解除权等权利的存续期间，除法律另有规定外，自权利人知道或者应当知道权利产生之日起计算，不适用有关诉讼时效中止、中断和延长的规定。存续期间届满，撤销权、解除权等权利消灭。

第十章　期间计算

第二百条　民法所称的期间按照公历年、月、日、小时计算。

第二百零一条　按照年、月、日计算期间的，开始的当日不计入，自下一日开始计算。

按照小时计算期间的，自法律规定或者当事人约定的时间开始计算。

第二百零二条　按照年、月计算期间的，到期月的对应日为期间的最后一日；没有对应日的，月末日为期间的最后一日。

第二百零三条　期间的最后一日是法定休假日的，以法定休假日结束的次日为期间的最后一日。

期间的最后一日的截止时间为二十四时；有业务时间的，停止业务活动的时间为截止时间。

第二百零四条　期间的计算方法依照本法的规定，但是法律另有规定或者当事人另有约定的除外。

第十一章 附 则

第二百零五条 民法所称的"以上""以下""以内""届满",包括本数;所称的"不满""超过""以外",不包括本数。

第二百零六条 本法自 2017 年 10 月 1 日起施行。

3.6 《中华人民共和国合同法》(节录)

中华人民共和国合同法(节录)

(1999年3月15日第九届全国人民代表大会第二次会议通过)

第十六章 建设工程合同

第二百六十九条 建设工程合同是承包人进行工程建设,发包人支付价款的合同。

建设工程合同包括工程勘察、设计、施工合同。

第二百七十条 建设工程合同应当采用书面形式。

第二百七十一条 建设工程的招标投标活动,应当依照有关法律的规定公开、公平、公正进行。

第二百七十二条 发包人可以与总承包人订立建设工程合同,也可以分别与勘察人、设计人、施工人订立勘察、设计、施工承包合同。发包人不得将应当由一个承包人完成的建设工程肢解成若干部分发包给几个承包人。

总承包人或者勘察、设计、施工承包人经发包人同意,可以将自己承包的部分工作交由第三人完成。第三人就其完成的工作成果与总承包人或者勘察、设计、施工承包人向发包人承担连带责任。承包人不得将其承包的全部建设工程转包给第三人或者将其承包的全部建设工程肢解以后以分包的名义分别转包给第三人。

禁止承包人将工程分包给不具备相应资质条件的单位。禁止分包单位将其承包的工程再分包。建设工程主体结构的施工必须由承包人自行完成。

第二百七十三条 国家重大建设工程合同,应当按照国家规定的程序和国家批准的投资计划、可行性研究报告等文件订立。

第二百七十四条　勘察、设计合同的内容包括提交有关基础资料和文件（包括概预算）的期限、质量要求、费用以及其他协作条件等条款。

第二百七十五条　施工合同的内容包括工程范围、建设工期、中间交工工程的开工和竣工时间、工程质量、工程造价、技术资料交付时间、材料和设备供应责任、拨款和结算、竣工验收、质量保修范围和质量保证期、双方相互协作等条款。

第二百七十六条　建设工程实行监理的，发包人应当与监理人采用书面形式订立委托监理合同。发包人与监理人的权利和义务以及法律责任，应当依照本法委托合同以及其他有关法律、行政法规的规定。

第二百七十七条　发包人在不妨碍承包人正常作业的情况下，可以随时对作业进度、质量进行检查。

第二百七十八条　隐蔽工程在隐蔽以前，承包人应当通知发包人检查。发包人没有及时检查的，承包人可以顺延工程日期，并有权要求赔偿停工、窝工等损失。

第二百七十九条　建设工程竣工后，发包人应当根据施工图纸及说明书、国家颁发的施工验收规范和质量检验标准及时进行验收。验收合格的，发包人应当按照约定支付价款，并接收该建设工程。

建设工程竣工经验收合格后，方可交付使用；未经验收或者验收不合格的，不得交付使用。

第二百八十条　勘察、设计的质量不符合要求或者未按照期限提交勘察、设计文件拖延工期，造成发包人损失的，勘察人、设计人应当继续完善勘察、设计，减收或者免收勘察、设计费并赔偿损失。

第二百八十一条　因施工人的原因致使建设工程质量不符合约定的，发包人有权要求施工人在合理期限内无偿修理或者返工、改建。

经过修理或者返工、改建后，造成逾期交付的，施工人应当承担违约责任。

第二百八十二条　因承包人的原因致使建设工程在合理使用期限内造成人身和财产损害的，承包人应当承担损害赔偿责任。

第二百八十三条　发包人未按照约定的时间和要求提供原材料、设备、场地、资金、技术资料的，承包人可以顺延工程日期，并有权要求赔偿停工、窝工等损失。

第二百八十四条　因发包人的原因致使工程中途停建、缓建的，发包人应当采取措施弥补或者减少损失，赔偿承包人因此造成的停工、窝工、倒运、机械设备调迁、材料和构件积压等损失和实际费用。

第二百八十五条　因发包人变更计划，提供的资料不准确，或者未按照期限提供必需的勘察、设计工作条件而造成勘察、设计的返工、停工或者修改设计，发包人应当按照勘察人、设计人实际消耗的工作量增付费用。

第二百八十六条　发包人未按照约定支付价款的，承包人可以催告发包人在合理期限内支付价款。发包人逾期不支付的，除按照建设工程的性质不宜折价、拍卖的以外，承包人可以与发包人协议将该工程折价，也可以申请人民法院将该工程依法拍卖。建设工程的价款就该工程折价或者拍卖的价款优先受偿。

第二百八十七条　本章没有规定的，适用承揽合同的有关规定。

3.7 《中华人民共和国建筑法》(节录)

中华人民共和国建筑法(节录)

(1997年11月1日第八届全国人民代表大会常务委员会第二十八次会议通过根据2011年4月22日第十一届全国人民代表大会常务委员会第二十次会议《关于修改〈中华人民共和国建筑法〉的决定》修正)

第三章 建筑工程发包与承包
第一节 一般规定

第十五条 建筑工程的发包单位与承包单位应当依法订立书面合同,明确双方的权利和义务。

发包单位和承包单位应当全面履行合同约定的义务。不按照合同约定履行义务的,依法承担违约责任。

第十六条 建筑工程发包与承包的招标投标活动,应当遵循公开、公正、平等竞争的原则,择优选择承包单位。

建筑工程的招标投标,本法没有规定的,适用有关招标投标法律的规定。

第十七条 发包单位及其工作人员在建筑工程发包中不得收受贿赂、回扣或者索取其他好处。

承包单位及其工作人员不得利用向发包单位及其工作人员行贿、提供回扣或者给予其他好处等不正当手段承揽工程。

第十八条 建筑工程造价应当按照国家有关规定,由发包单位与承包单位在合同中约定。公开招标发包的,其造价的约定,须遵守招标投标法律的规定。

发包单位应当按照合同的约定，及时拨付工程款项。

第二节 发包

第十九条 建筑工程依法实行招标发包，对不适于招标发包的可以直接发包。

第二十条 建筑工程实行公开招标的，发包单位应当依照法定程序和方式，发布招标公告，提供载有招标工程的主要技术要求、主要的合同条款、评标的标准和方法以及开标、评标、定标的程序等内容的招标文件。

开标应当在招标文件规定的时间、地点公开进行。开标后应当按照招标文件规定的评标标准和程序对标书进行评价、比较，在具备相应资质条件的投标者中，择优选定中标者。

第二十一条 建筑工程招标的开标、评标、定标由建设单位依法组织实施，并接受有关行政主管部门的监督。

第二十二条 建筑工程实行招标发包的，发包单位应当将建筑工程发包给依法中标的承包单位。建筑工程实行直接发包的，发包单位应当将建筑工程发包给具有相应资质条件的承包单位。

第二十三条 政府及其所属部门不得滥用行政权力，限定发包单位将招标发包的建筑工程发包给指定的承包单位。

第二十四条 提倡对建筑工程实行总承包，禁止将建筑工程肢解发包。

建筑工程的发包单位可以将建筑工程的勘察、设计、施工、设备采购一并发包给一个工程总承包单位，也可以将建筑工程勘察、设计、施工、设备采购的一项或者多项发包给一个工程总承包单位；但是，不得将应当由一个承包单位完成的建筑工程肢解成若干部分发包给几个承包单位。

第二十五条 按照合同约定，建筑材料、建筑构配件和设备由工程承包单位采购的,发包单位不得指定承包单位购入用于工程的建筑材料、建筑构配件和设备或者指定生产厂、供应商。

第三节 承 包

第二十六条 承包建筑工程的单位应当持有依法取得的资质证书,并在其资质等级许可的业务范围内承揽工程。

禁止建筑施工企业超越本企业资质等级许可的业务范围或者以任何形式用其他建筑施工企业的名义承揽工程。禁止建筑施工企业以任何形式允许其他单位或者个人使用本企业的资质证书、营业执照,以本企业的名义承揽工程。

第二十七条 大型建筑工程或者结构复杂的建筑工程,可以由两个以上的承包单位联合共同承包。共同承包的各方对承包合同的履行承担连带责任。

两个以上不同资质等级的单位实行联合共同承包的,应当按照资质等级低的单位的业务许可范围承揽工程。

第二十八条 禁止承包单位将其承包的全部建筑工程转包给他人,禁止承包单位将其承包的全部建筑工程肢解以后以分包的名义分别转包给他人。

第二十九条 建筑工程总承包单位可以将承包工程中的部分工程发包给具有相应资质条件的分包单位;但是,除总承包合同中约定的分包外,必须经建设单位认可。施工总承包的,建筑工程主体结构的施工必须由总承包单位自行完成。

建筑工程总承包单位按照总承包合同的约定对建设单位负责;分包单位按照分包合同的约定对总承包单位负责。总承包单位和分包单位就分包工程对建设单位承担连带责任。

禁止总承包单位将工程分包给不具备相应资质条件的单位。禁止分包单位将其承包的工程再分包。

后 记

工程保证担保合同的债权人需要以担保的方式保障其债权的实现，担保合同（担保函）的条款一般都需要得到债权人的认可，许多担保合同（担保函）的文本是债权人提供的格式文本。债权人不仅普遍要求担保人承担连带保证责任，还要求必须在担保合同（担保函）中明确约定"不可撤销、不挑剔、不争辩、无条件"支付索赔款等内容。在《独立保函规定》实施之后，很多债权人都明确要求提供独立保函。担保本身就是高风险行业，而担保人开立这种独立保函，无疑将面临更为巨大的风险，担保人开立独立保函时应更为审慎。

笔者认为，虽然设定工程保证担保的目的是为了保障债权人实现债权，但是，司法实践中，法院和仲裁机构在审理工程保证担保合同纠纷案件时，不仅应保护债权人在符合担保合同约定的条件时能够通过索赔来实现其债权，**同时也应保护担保人免受不正当索赔的侵害**。这样才能体现法律公平正义的基本价值取向。

笔者在本书中的观点，实际上是提供一些在订立、履行工程保证担保合同以及在发生工程保证担保合同纠纷时，考虑问题以及应诉、抗辩的思路和方法，仅供参考。